Arnulf Baring
Gregor Schöllgen
*Kanzler, Krisen, Koalitionen*

Arnulf Baring
Gregor Schöllgen

# *Kanzler*
# *Krisen*
# *Koalitionen*

Siedler

# Inhalt

Vorwort
7

*Fundierung*
Konrad Adenauer und Ludwig Erhard
1945–1966
9

*Umbau*
Kurt Georg Kiesinger und Willy Brandt
1966–1974
95

*Sicherung*
Helmut Schmidt und Helmut Kohl
1974–1990
164

*Ausbau?*
Helmut Kohl und Gerhard Schröder
1990–2002
249

Literatur
311

Namenverzeichnis
313

Bildnachweis
319

# Vorwort

Kanzler werden ist schwer, Kanzler bleiben erst recht. Am schwierigsten aber wird der Auszug aus dem Amt, der Abschied von der Macht. Kein Bundeskanzler ist bislang freiwillig von der politischen Bühne abgetreten. Warum nicht? Was zog sieben Männer verschiedener Herkunft, Begabung und Zielsetzung ins Kanzleramt? Warum hielten sie dort zwischen drei und sechzehn Jahren aus, obgleich die Last der Verantwortung an die Grenze dessen stößt, »was man auf die Dauer ertragen kann«, wie einer von ihnen, Helmut Schmidt, dieser Tage gesagt hat? Was hat sie am rechtzeitigen, umsichtigen Ausstieg aus der Kanzlerkarriere gehindert?

Diese Fragen haben uns gereizt, und so sind wir, ohne lange zu zögern, der Einladung nachgekommen, die Geschichte des Landes im Spiegel der Biographien seiner Kanzler zu erzählen. Wie groß diese Herausforderung tatsächlich gewesen ist, wissen wir heute. Daß wir sie in kurzer Zeit meistern konnten, verdanken wir nicht zuletzt der Unterstützung durch unsere Mitarbeiter Frank Fischer, Heike Scharf und Sylvia Taschka, die sich engagiert an der Entstehung des Manuskripts beteiligt haben, sowie der umsichtigen Koordination durch Thomas Karlauf und Thomas Sparr.

*Arnulf Baring*, Berlin        *Gregor Schöllgen*, Erlangen

## *Fundierung*
## Konrad Adenauer und Ludwig Erhard
## 1945–1966

Konrad Adenauer fühlte sich sicher. Da er regelmäßig Auslandssender hörte, glaubte er, daß die Amerikaner in Richtung Mainz, die Engländer in Richtung Wesel vorrückten. Sein Wohnort Rhöndorf und die Umgebung, auf der Ostseite des Rheins, hoch am Hang des Siebengebirges, würden also nicht zum unmittelbaren Kriegsschauplatz werden. Aber es kam anders. Weil deutsche Truppen die Rheinbrücke von Remagen, ein Dutzend Kilometer stromaufwärts, nicht rechtzeitig sprengten, änderten die Amerikaner ihre Pläne und stießen am 7. März 1945 über den Strom vor. So geriet Rhöndorf unmittelbar in die Kampfzone. Granaten schlugen in Adenauers Garten ein, trafen sein Haus, richteten erhebliche Zerstörung an. Im unterirdischen Weinkeller fanden er und seine vierzehnköpfige Familie, außerdem vier geflohene französische Kriegsgefangene, die er bei sich aufgenommen hatte, notdürftig Schutz – hinter dem Wohnhaus, im Faulen Berg.

Erst nach acht Tagen wagte sich der Hausherr wieder ins Freie und atmete auf. Gewiß, seine Heimat war von ausländischen Mächten erobert. Doch für ihn war es eine Befreiung. Kurz nach dem Machtantritt der Nationalsozialisten war Adenauer als Oberbürgermeister von Köln abgesetzt worden. Wiederholt hatte er sich seitdem verstecken müssen, war mehrfach verhaftet und zuletzt im November 1944 aus der Gestapohaft entlassen worden, in die er nach dem gescheiterten Staatsstreich des 20. Juli geraten war. Jetzt aber war die Zeit jahrelanger Zurückgezogenheit und Gefahr vorbei. Schon Ende März wurde er von amerikanischen Offizieren aufgefordert, erneut die Verwaltung der Stadt Köln zu übernehmen. In Begleitung seiner Frau machte sich Konrad Adenauer auf den Weg in seine schwer zerstörte Geburtsstadt.

Auch der Franke Ludwig Erhard wartete in den Frühjahrstagen 1945 auf die Niederlage Hitler-Deutschlands. Als Gegner nationalsozialistischer Planwirtschaft hatte er schon 1944 in einer Denkschrift Grundzüge für den wirtschaftlichen Wiederaufbau Deutschlands nach dem Ende des Krieges entwickelt. Seine Stunde schlug, als die Amerikaner in Fürth eintrafen. Eigentlich hatte Erhard die Hochschullaufbahn einschlagen wollen. Aber in der Überzeugung, mit seinen wirtschaftlichen Konzepten den Schlüssel eines demokratischen Wiederaufbaus seiner Heimat zu besitzen, nahm er ohne Zögern den Auftrag der Amerikaner an, die Fürther Wirtschaft wieder in Gang zu setzen. Wenig später sollte ihm diese Aufgabe auch für Bayern, dann für das ganze von den Westmächten besetzte Deutschland zufallen.

Nicht alle, die den alliierten Truppen bei ihrer Ankunft begegneten, waren durch ihr Verhalten während der letzten zwölf Jahre so einwandfrei entlastet wie Adenauer und Erhard. Kurt Georg Kiesinger war vom 1. März 1933 bis zum bitteren Ende Mitglied der NSDAP gewesen. Ende April, als Adenauer und Erhard bereits an den Wiederaufbau dachten, reiste er nach Landshut, wo der deutsche Auslandsrundfunk des Auswärtigen Amtes ein Ausweichquartier eingerichtet hatte; seit 1940 war er stellvertretend für dessen Rundfunkpropaganda verantwortlich. Wenige Tage nach seiner Ankunft wurde Kiesinger von einer amerikanischen Patrouille aufgegriffen und zum Verhör geschickt. Das war der Beginn einer achtzehnmonatigen Internierungshaft.

Am 7. und 9. Mai wurde offiziell besiegelt, was alle längst hatten kommen sehen: Im Hauptquartier General Eisenhowers in Reims und – zwei Tage darauf – im sowjetischen Hauptquartier in Berlin-Karlshorst kam es zur bedingungslosen Kapitulation des Großdeutschen Reiches. Beim Eintreffen dieser Nachricht in Stockholm fielen sich Willy Brandt und Rut Hansen, seine Lebensgefährtin und spätere Ehefrau, glücklich in die Arme. Brandt war als Gegner des Nationalsozialismus schon 1933 in die Emigration nach Norwegen, dann nach Schweden gegangen und hatte von dort aus im Widerstand gegen das Regime gestanden.

Von einem »Alpdruck« befreit war in seinen eigenen Worten auch Brandts späterer politischer Weggefährte und parteiinterner Rivale Helmut Schmidt, als der Krieg im Mai 1945 zu Ende ging. Wie Brandt hielt er sich zum Zeitpunkt der deutschen Kapitulation nicht in Deutschland auf. Schmidt saß in britischer Kriegsgefangenschaft. Beim Machtantritt der Nationalsozialisten war er gerade 14 Jahre alt gewesen und, wie fast alle Männer seines Jahrgangs, mit Achtzehn zum halbjährigen Arbeits- und danach zum zweijährigen Wehrdienst eingezogen worden, der in seinem Fall direkt in den Kriegsdienst überging. Immer schwerer ließen sich für ihn die Pflicht des Soldaten und eine zunehmende Abneigung gegen die NS-Herrschaft miteinander vereinbaren. In der Gefangenschaft wurde Schmidt »unter dem Einfluß älterer Offiziere« zum Sozialdemokraten. So begann sein politischer Weg in die Nachkriegszeit.

Deutlich jünger als Schmidt, nämlich erst knapp drei Jahre alt, war Helmut Kohl, als die Nationalsozialisten die Macht in Deutschland übernahmen. Seit Herbst 1944 hielt sich der Hitlerjunge in Berchtesgaden auf – die deutschen Behörden gingen davon aus, daß es für Kinder auf dem Land sicherer sei. Dort überstand Kohl das Kriegsende unversehrt und machte sich schnellstmöglich auf den Heimweg nach Ludwigshafen zu seiner Familie – zunächst mit dem Fahrrad, dann zu Fuß. Tagelang war er unterwegs, bis er bei Mannheim die Brücke von Germersheim erreichte, die ihn über den Rhein in seine Geburtsstadt führen sollte. Doch statt der Brücke sah der Fünfzehnjährige nur Trümmer, Schiffswracks und jenseits des Rheins die rauchenden Ruinen Ludwigshafens.

Ähnliche Bilder boten sich Konrad Adenauer und Willy

Brandt, als sie 1945 ihre Geburtsstädte Köln und Lübeck betraten. Erst 1998 ist mit dem 1944 geborenen Gerhard Schröder ein Bundeskanzler angetreten, für den solche Erlebnisse nicht mehr zu den bewußten Erfahrungen seines Lebens gehören. Ludwig Erhard, der reserviert Oppositionelle, Kurt Georg Kiesinger, der Mitläufer, Willy Brandt, der Exilant, Helmut Schmidt, der Offizier, Helmut Kohl, der Hitlerjunge, dessen älterer Bruder im vorletzten Kriegsjahr gefallen war – sie alle trugen lebenslang schwer an ihren Erfahrungen in und mit der Diktatur.

Anders Konrad Adenauer und Gerhard Schröder. Die Wurzeln des einen reichten zu tief, als daß Hitlers Deutschland ihnen etwas hätte anhaben können; dem anderen fehlten sie, um eine prägende Erfahrung zu bilden. Ansonsten hatten Gerhard Schröder und Konrad Adenauer manches gemein – miteinander und mit den übrigen Nachfolgern und Vorgängern im Kanzleramt. Vor allem die Faszination der Macht. »Politik ist eine Leidenschaft«, wußte Adenauer. »Macht«, so erkannte Gerhard Schröder bereits als niedersächsischer Ministerpräsident, »macht süchtig«, verleite »dazu, alle Hemmungen fahren zu lassen, bloß um sich die nächste Dosis einverleiben zu können«. Für Menschen mit solcher Veranlagung ist die Kanzlerschaft der Höhepunkt der Karriere, ja des ganzen Lebens.

Aber Kanzler werden ist schwer. Der Weg ist lang und führt steil bergauf. Der Pfad – unsicher, schmal, mit Stolpersteinen gepflastert, von unvermuteten Abgründen gesäumt – bietet immer nur einem Platz. Der Aufstieg verschlingt Zeit und Energien. Ans Ziel gelangt, muß der neue Regierungschef mit den verbliebenen Kräften haushalten. Die statistische Lebensmitte liegt längst hinter ihm: Helmut Kohl war mit 52 Jahren der jüngste Kanzler, es folgen Gerhard Schröder mit 54, Willy Brandt und Helmut Schmidt mit 55, Kurt Georg Kiesinger mit 62 und Ludwig Erhard mit 66 Jahren. Konrad Adenauer übertraf sie alle: 73 Jahre war er alt, als er ins Kanzleramt einzog.

Schon Adenauers Beispiel zeigt aber auch, daß Kanzler zu werden eine Sache ist, rechtzeitig und umsichtig den Ausstieg aus dem Kanzleramt zu schaffen, eine andere. Das ist bislang keinem gelungen, keiner räumte seinen Platz freiwillig. Adenauer und Erhard fielen 1963 beziehungsweise 1966 Kanzlermördern aus den eigenen Reihen zum Opfer, wobei der kleinere Koalitionspartner FDP jeweils sekundierte. Kiesinger feierte im September 1969 einen Wahlsieg, der keiner wurde. Der Sturz Willy Brandts im Mai 1974 war eine traurige Mischung aus Selbst- und Fremddemontage, der Mann mit seinen Kräften am Ende. Helmut Schmidt sollte es richten, und es gelang. Doch nach über acht Amtsjahren und einem erfolgreichen konstruktiven Mißtrauensvotum der Opposition mußte er seinem weithin unterschätzten Nachfolger Helmut Kohl weichen. Der brach im Herbst 1996 den Amtsrekord seines erklärten politischen Großvaters Konrad Adenauer: die Kanzlerschaft des Pfälzers ging ins nunmehr fünfzehnte Jahr. Zwei Jahre später mußte auch er seinen Abschied nehmen. Helmut Kohl war als erster Bundeskanzler direkt abgewählt worden.

Gerhard Schröder, der Triumphator des historischen Wahlsonntags, konnte am 27. September 1998 den größten Stimmenvorsprung für sich verbuchen, den je ein Herausforderer erzielt hatte. Machtwechsel in Bonn, der letzte vor dem Umzug der Bundespolitik nach Berlin. Zeitenwende? Richtungswechsel? Wachsende Herausforderungen, drinnen und draußen. Der Ausgang bleibt ungewiß. Keinem Kanzler halfen die Erfahrungen seiner Amtsvorgänger so wenig wie Schröder. Adenauer? Eine Sagengestalt. Die alte Bundesrepublik und ihre idyllische Einhegung, im Rückblick ein Puppenheim, sind vorbei, wurden Geschichte. Der Kanzler der Berliner Republik regiert ein anderes Land, in einer anderen Welt.

Und damals – nach der Katastrophe? Wer nach Ende des Zweiten Weltkrieges durch die rauchenden Trümmerlandschaften Deutschlands stieg, tat sich schwer, nach vorne zu blicken, an eine Zukunft zu glauben. Wo einst Straßen und Alleen das Bild der Metropolen geprägt, wo Rathäuser und Kathedralen, Bahnhöfe und Geschäfte oder das eigene Zuhause gestanden hatten, erstreckten sich Trümmerfelder, soweit das Auge reichte. 131 deutsche Städte waren während des Krieges durch Bombenangriffe in Schutt und Asche gelegt worden, darunter München und Frankfurt, Köln und Hamburg, Dresden und Berlin, das Willy Brandt nach dem Krieg so erlebte: »Krater, Höhlen, Schuttberge, Trümmerfelder, Geröllhalden, Ruinen, die kaum noch erkennen ließen, daß hier einst Häuser gestanden hatten, Kabel und Wasserleitungen, die wie die zerstückelten Eingeweide eines vorsintflutlichen Untiers aus der Erde ragten, keine Heizung, kein Licht, jeder kleine Garten ein Friedhof und über allem wie eine unbewegliche Wolke der Gestank der Verwesung.«

Dennoch gab es Millionen, für die dieses »Niemandsland am Rande der Welt« ein Ziel, die einzig verbliebene Hoffnung war: Bis zum Oktober 1946 strömten nicht weniger als zwölf Millionen Menschen in die Ruinenlandschaften – Vertriebene aus Ost- und Ostmitteleuropa, Flüchtlinge auf der Suche nach Sicherheit vor Stalins Statthaltern und Armeen. Eine ungeheure Herausforderung, machten sich doch in den westlichen Besatzungszonen, in denen das Riesenheer der Vertriebenen anstrandete, die desolate Ernährungslage, der Zusammenbruch der Energieversorgung und des Verkehrswesens, die Zerstörung von mehr als der Hälfte des Wohnraums, aber auch die Spätfolgen nationalsozialistischer Wirtschafts- und Währungspolitik erst jetzt in vollem Ausmaß bemerkbar. Im Westen verhinderte das Eingreifen der Besatzungsmächte das Schlimmste, vor allem während des harten Winters 1946/47. In der von den Sowjets okkupierten Zone verdüsterten Demontagen und Deportationen die Lage dauerhaft.

Die Trümmer und Ruinen waren sichtbar, die Verwüstung und Verwirrung in den Köpfen der meisten Deutschen waren es nicht. Als sich den Alliierten nach und nach die Verbre-

*Vorübergehend geschlossen: Insgesamt finden zwölf Millionen Flüchtlinge und Vertriebene in den Westzonen eine neue Heimat*

chen des nationalsozialistischen Deutschland offenbarten, wirkte das wie die Rechtfertigung ihres Sieges, ihrer Politik schlechthin. Kein Wunder, daß diese Bilanz die Prioritäten setzte: Der Wiederaufbau des Landes war unausweichlich; vordringlich aber waren Antworten auf die Frage nach Schuld und Verantwortung.

Den meisten war bewußt, daß man im Nürnberger Tribunal tatsächlich nur die »Hauptkriegsverbrecher«, einige wenige führende Repräsentanten des Regimes, zur Rechenschaft gezogen und verurteilt hatte. Wie aber stand es um das Volk? Wer war Täter, wer nur Mitläufer, und wer konnte als entlastet gelten? Gab es eine Kollektivschuld? Wie vollständig Deutschland diskreditiert war, konnte man immerhin sehen: In Nürnberg stand nie zur Debatte, auch einen Vertreter des »anderen«, nicht-nationalsozialistischen Deutschland als Ankläger zuzulassen.

Die alleinige staatliche Macht übte seit Juni 1945 der in Berlin sitzende Alliierte Kontrollrat der Besatzungsmächte aus. Zwischen Großbritannien, den USA, der Sowjetunion und Frankreich war Deutschland in Zonen geteilt. Das konnte nicht gutgehen. Immerhin saßen hier Vier im Boot der sogenannten Anti-Hitler-Koalition, die eigentlich nur ein einziges gemeinsames Ziel gehabt hatten: die Niederwerfung Deutschlands. Alles andere war Dissens, bestenfalls Kompromiß.

Gewiß, auch Amerikaner und Briten ließen damals keinen Zweifel, was sie von ihren deutschen Kriegsgegnern und deren Art der Kriegführung hielten. Aber sie folgten dabei im allgemeinen Regeln und Gesetzen, die von den Besiegten selbst häufig genug außer Kraft gesetzt worden waren. Anders sah es im Machtbereich der Sowjetunion aus: Wo Stalins Rote Armee vorrückte, waren Mord, Vergewaltigung und Plünderung an der Tagesordnung, und allzuoft waren die Opfer Unschuldige, auch unzählige Frauen und Kinder. Daß die Deutschen auf ihren Eroberungs- und Vernichtungsfeldzügen im Osten kaum anders vorgegangen waren, minderte die Leiden dieser Menschen nicht. Kein Wunder also, daß sich, bald nach Einstellung der Kampfhandlungen, zwischen den Westmächten und der Sowjetunion ein Gegensatz auftat, den die »Anti-Hitler-Koalition« nur kurzzeitig zugedeckt, aber niemals überwunden hatte.

Dabei kam es zu einem bemerkenswerten Vorgang: Die Frage nach der Behandlung des besiegten Deutschland, die in sich die Probleme von Entnazifizierung und Demokratisierung, von Wiedergutmachung und wirtschaftlichem Neuaufbau, von Entmachtung und neuer Staatlichkeit barg, wurde von den weltpolitischen Ereignissen überholt, von ihnen beantwortet. Am Ende einer rasanten Entwicklung standen 1949 zwei Staatsgründungen. Sie verkörperten geradezu das Unvermögen der beiden Welt- und neuen Vormächte USA und Sowjetunion, sich über Deutschland zu verständigen.

Die Sowjets fackelten nicht lange, schufen vollendete Tatsachen. So führten sie zwar, wie auf der Potsdamer Konferenz im Sommer 1945 mit Briten und Amerikanern vereinbart, in ihrer Besatzungszone eine umfassende Entnazifizierung durch, sorgten aber gleichzeitig und vorrangig dafür, daß bewährte Kommunisten an die Schalthebel der politischen und wirtschaftlichen Verwaltung gelangten. Die Entnazifizierung sollte in erster Linie potentiell feindlich betrachtete bürgerliche »Elemente« kaltstellen, ausschalten. Grundsätzlich galt das auch für die traditionsreichste deutsche Partei: Schon im April 1946 wurde in der Sowjetischen Besatzungszone (SBZ) gegen den erbitterten Widerstand vieler Sozialdemokraten, insbesondere ihres Vorsitzenden in den Westzonen, Kurt Schumacher, die Vereinigung der SPD mit der KPD zur Sozialistischen Einheitspartei (SED) vollzogen: Die Teilung des Landes war in der Spaltung der Partei vorweggenommen.

Die Gefahr, daß die Sowjetunion einen Teil Deutschlands zu einem ihrer kommunistischen Satellitenstaaten machen würde, war groß. Und selbst das empfanden manche nur als eine erste Etappe auf dem Weg sowjetischer Expansionsabsichten. Das russische Fernziel heiße Weltherrschaft, beschrieb der amerikanische Präsident später seine auf der

Potsdamer Konferenz gewonnene Gewißheit. Seine Gegenstrategie lautete »Eindämmung«. Am 12. März 1947 verkündete Harry S. Truman vor dem amerikanischen Kongreß die nach ihm benannte Doktrin: Alle, »deren Freiheit von militanten Minderheiten oder durch einen von außen ausgeübten Druck bedroht« würde, könnten auf amerikanische Unterstützung hoffen – jedenfalls auf wirtschaftliche und finanzielle. An wen diese Botschaft gerichtet war, mußte der Präsident nicht eigens erläutern.

Diese dramatische Kehrtwende der amerikanischen Außenpolitik zeitigte auch für die Bevölkerung der westlichen Besatzungszonen in Deutschland umgehend und unmittelbar Wirkung. Die ursprünglich angepeilte umfassende Entnazifizierung geriet angesichts der neuen weltpolitischen Situation in den Hintergrund, zeitweilig fast aus dem Blick. Für die vormaligen Kriegsgegner Deutschlands gab es eine neue Herausforderung: Das Böse, das man sechs Jahre lang bekämpft hatte, schien in anderem, knallrotem Gewand erneut zum Angriff auf die freie Welt anzusetzen. Dem galt es gegenzusteuern. Schon im Juni 1947 zogen die Amerikaner die Konsequenzen aus Trumans Ankündigung und brachten ein gigantisches wirtschaftliches Hilfsprogramm für Europa auf den Weg, das nach seinem Erfinder, Außenminister George Marshall, bekannt geworden ist und auch die drei Westzonen einbezog. Nur ein Jahr später übergaben deren Militärgouverneure den Ministerpräsidenten der inzwischen neugebildeten westdeutschen Länder die »Frankfurter Dokumente«, in denen sie zur Ausarbeitung einer gemeinsamen Verfassung aufgerufen wurden. Eine Bundesrepublik Deutschland kam in Sicht.

Das war die Stunde Ludwig Erhards. Der hatte die Zeit genutzt, hatte seine marktwirtschaftlichen Konzepte weiterentwickelt. Jetzt bekam er die Chance, sie umzusetzen. Bereits zum 1. Januar 1947 hatten Amerikaner und Briten ihre Besatzungszonen zur sogenannten Bizone zusammengelegt, und am 2. März 1948 wurde Erhard zum »Direktor der Verwaltung der Wirtschaft«, sozusagen zum Wirtschaftsminister dieses »Vereinigten Wirtschaftsgebietes« ernannt. Damit bekleidete er den wohl einflußreichsten Posten, den ein deutscher Politiker zu diesem Zeitpunkt einnehmen konnte. Erhard nutzte die Befugnisse bis hart an die Grenzen des Erlaubten. Als am 20. Juni 1948, auf Anordnung der Westmächte und in einer Nacht- und Nebelaktion, eine Währungsreform durchgeführt wurde, riß er die Initiative an sich.

Ohne daß die Alliierten oder der deutsche Länderrat dieses Vorgehen gebilligt hätten, ließ Erhard seinen Pressesprecher über den Rundfunk das Ende der Bewirtschaftung und die Aufhebung der Preiskontrollen für eine große Zahl von Waren bekanntgeben – ein Befreiungsschlag. Die Währungswurde an eine Wirtschaftsreform gekoppelt, und die Westdeutschen wurden zum Sprung in das kalte, unbekannte Wasser der freien Marktwirtschaft gezwungen. Der Erfolg gab Erhard recht. Nachdem die Besatzungsmächte sein Vorgehen zunächst für übereilt gehalten hatten, außerdem im November 1948 fast zehn Millionen Beschäftigte in der Bizone in den Streik getreten waren, begann um die Jahreswende langsam, aber merklich der Aufschwung. Das kalte Wasser verwandelte sich gewissermaßen in ein wohltemperiertes, belebendes, energiespendendes Bad, und der zigarrerauchende Erhard wurde im Laufe der Zeit zum Symbol für einen neuen, ungekannten, ungeahnten Wohlstand.

Das war die eine Seite, aber es gab auch eine andere. Weil nicht nur die Deutschen, sondern auch die Sowjets von der Währungsreform überrascht wurden, entschloß sich Stalin, Nägel mit Köpfen zu machen. Wie zuvor den Alliierten Kontrollrat für Deutschland, legte er durch den Rückzug des sowjetischen Vertreters jetzt auch die Alliierte Kommandantur Berlins lahm und ließ seinerseits in der SBZ sowie in »Groß-Berlin« am Morgen des 23. Juni eine eigene Währung installieren. In der Nacht gingen dann auf den Straßen und in den Wohnungen Berlins die Lichter aus; tags darauf funktionierten weder Strom noch Gas. Die Eisenbahnen standen still, die Binnenschiffahrt ruhte, die Zugangswege nach Berlin waren plötzlich unpassierbar – alles angeblich wegen »technischer Schwierigkeiten«. Stalin hatte sämtliche Land- und Wasserverbindungen in die ehemalige Reichshauptstadt kappen lassen.

Das war der Anfang der fast einjährigen Blockade Berlins und zugleich der Auftakt zu einer der ungewöhnlichsten und spektakulärsten Aktionen der Luftfahrt: Dieselben Flugzeuge, die noch wenige Jahre zuvor Zerstörung und Tod über die Stadt gebracht hatten, kehrten jetzt, geflogen von ihren amerikanischen und britischen Besatzungen, als »Rosinenbomber« zurück und beförderten Nahrung, Brennstoffe und Medikamente in die geschundene Metropole – 900 Maschinen täglich mit einer durchschnittlichen Lieferung von 13 000 Tonnen. »Schaut auf diese Stadt!«, beschwor der Berliner Bürgermeister Ernst Reuter am 9. September 1948 die »Völker der Welt«. Diskrete Verhandlungen, unter anderem am Rande der Vereinten Nationen, zogen sich in die Länge. Erst als Stalin die Aussichtslosigkeit seiner Blockade eingesehen hatte, lenkte er ein: Am 12. Mai 1949 hoben die Sowjets die Blockade auf. Die Stadt aber blieb geteilt – kein gutes Omen für die Zukunft Deutschlands.

Die Weichen waren längst auf Teilung gestellt. Im Sommer 1945, wenige Wochen nach dem Vorlauf in der SBZ, waren auch in der britischen und amerikanischen, später in der französischen Zone Parteien zugelassen worden. Bald kam es zu Wiedergründungen, namentlich von SPD und KPD, aber auch zu neuen Formierungen – allen voran der CDU beziehungsweise ihrer bayerischen Schwesterpartei CSU. Diese verstanden sich als »Volksparteien« im weitesten Sinne, offen für alle Schichten der Bevölkerung und vor allem: für Angehörige der beiden großen Konfessionen in Deutschland. Von den zahlreichen übrigen Parteien setzte sich langfristig nur die FDP, ein Zusammenschluß der beiden liberalen Strömungen des Deutschen Reiches, als mitgestaltende bundespolitische Kraft durch. Bei den anderen handelte es sich zu-

*Was ist sie wert? Einführung der D-Mark, 20. Juni 1948*

meist um regionale Zusammenschlüsse wie die Bayernpartei oder die Niedersächsische Landespartei, die von ihrer ganzen Anlage und Programmatik her keine Volksparteien werden konnten.

Daß allein die neugegründete CDU der traditionsreichen SPD den Führungsanspruch in Deutschland streitig machen konnte, lag an den Persönlichkeiten der ersten Stunde: Konrad Adenauer konnte Kurt Schumacher das Wasser reichen. Als der große, schlanke, kerzengerade Herr nach dem Krieg erneut die politische Arena betrat, lag seine politische Zukunft nach menschlichem Ermessen hinter ihm. 1876 geboren, hatte Adenauer 1906, also mit dreißig Jahren, als Vertreter der Zentrumspartei in Köln seine kommunalpolitische Karriere begonnen. 1917 wurde der vom Militärdienst befreite Rheinländer Oberbürgermeister von Köln, damals übrigens als jüngstes Stadtoberhaupt in ganz Deutschland. Seit 1920 gehörte er außerdem dem Preußischen Staatsrat an, zeitweilig als dessen Präsident. 1933 von den Nationalsozialisten aus dem Kölner Rathaus vertrieben, verbrachte Adenauer die folgenden zwölf Jahre zurückgezogen – in der inneren Emigration und wiederholt in Angst um sein Leben. 1944 saß er in Gestapo-Haft. Während dieser Zeit arbeitete Konrad Adenauer nicht, wie die Angehörigen der deutschen Opposition gegen Hitler, an politischen Konzeptionen für das »andere Deutschland« oder verfaßte, wie sein Nachfolger im Kanzleramt Ludwig Erhard, Denkschriften für den wirtschaftlichen Wiederaufbau. Vielmehr ging er unauffällig privaten Neigungen nach und versuchte sich, weitgehend erfolglos, als Erfinder.

Unmittelbar nach Kriegsende kehrte Konrad Adenauer auf die politische Bühne zurück, ungebrochen, nüchtern, verantwortungsbereit: Er wisse, was nun zu tun sei – es lag offen zutage, man mußte es nur anpacken. Tatsächlich erwiesen sich sein Alter und seine Lebenserfahrung als unschätzbarer Vorteil. Er war nicht – wie die Jüngeren – wesentlich von Hitlers Deutschland geprägt. Die zwölf Jahre des »Tausendjährigen Reiches« empfand auch er als furcht-

*Nachkriegserfahrung: Alliierte »Rosinenbomber« über Berlin, 1948/49*

bar. Aber sie waren eine vorübergehende, kurze Schreckenszeit, eine triste Episode, kein bleibendes, ewiges Trauma. Adenauers Wurzeln reichten zu tief, als daß Diktatur und »Stunde Null« sie ernsthaft hätten beschädigen können. Er war persönlich und politisch im tüchtigen, starken, selbstsicheren Deutschen Kaiserreich groß geworden. Rheinisch und katholisch, wie er war, zeigte er sich wenig anfällig für dessen forsche Töne und Attitüden, gehörte, so gesehen, zu den Außenseitern. Aber die Zeitprägung war stärker als die gesellschaftliche Randlage. Adenauer blieb lebenslang ein selbstbewußter Deutscher, gleichermaßen zielstrebig und gelassen. Solche Eigenschaften waren gefordert, als es darum ging, dem fragilen Kunstprodukt Bundesrepublik solide, dauerhafte Fundamente zu verschaffen: Wirtschaftswunder, Westintegration, Wiederbewaffnung, vor allem eine stabile, führungsstarke Demokratie. André François-Poncet, als französischer Botschafter und Hoher Kommissar jahrzehntelang mit den Deutschen vertraut, hat hellsichtig gemeint, ihr Land müsse einen rauhen Kanzler haben.

Diesen Wesenszug teilte Adenauer mit vielen seiner Generation – kein Wunder nach den Erfahrungen der zurückliegenden Jahre. Mancher wurde durch sie zum Menschenverächter. Nicht so Konrad Adenauer – zumindest konnte er, weil er humorvoll war, schlagfertig und witzig, seinen Zynismus tarnen. Seinem großen innenpolitischen Gegner gelang das weniger gut. Carlo Schmid, Sozialdemokrat der ersten Stunde, hat gesagt, man blicke bei Kurt Schumacher in das »Schmerzensantlitz« des Dritten Reiches. Schon im Ersten Weltkrieg, als junger Kriegsfreiwilliger, hatte Schumacher seinen rechten Arm verloren. Infolge jahrelanger Konzentrationslagerhaft unter den Nationalsozialisten mußte ihm später ein Bein amputiert werden. Sein Gesicht wurde von einem nervösen Zucken geplagt. Schumachers Reden waren durchtränkt von höhnischem Sarkasmus und bitterer Ironie. Dieser Mann strahlte im Gegensatz zu Adenauer äußerlich wenig Hoffnung aus, was angesichts seines Schicksals nicht überrascht. Sein geschundener Körper erweckte Mitleid,

*Gezeichnet: Kurt Schumacher und Herbert Wehner, Juli 1949*

seine geistige Schärfe und Überlegenheit Respekt, bei nicht wenigen auch Furcht. Schumacher verkörperte gleichsam die Erinnerung an das Unheil, das Deutschland auch über sich selbst gebracht hatte.

Die Unterschiede der Charaktere zwischen den beiden waren auffallend; die Gegensätze in der Sache erst recht. Am Ende seines langen Lebens nach der prinzipiellen Schranke zwischen ihm und Schumacher befragt, nannte Adenauer 1965 ohne Zögern dessen »Nationalismus«. Gewiß, wie sein christdemokratischer Kontrahent war auch der erste SPD-Vorsitzende der Nachkriegszeit ein Befürworter westlicher Werte, die in seiner Lesart ohnehin die grundlegenden Werte »aller Menschen mit moralischem Verantwortungsgefühl für ihre Mitmenschen« waren. Allerdings hatte das Gebot nationaler Einheit für Schumacher höhere Priorität als die politische Anbindung an den Westen. Der kernige Sozialdemokrat aus Kulm an der Weichsel hoffte, Deutschland könne zusammen mit den anderen mitteleuropäischen Ländern eine Art »Dritte Kraft« zwischen West und Ost bilden. Damit stand er in der Tradition prominenter deutscher Politiker der Weimarer Zeit, die Deutschlands außenpolitische Rolle im Ausgleich zwischen West und Ost gesehen hatten.

Für den Kölner Konrad Adenauer dagegen gab es, Teilung hin oder her, nur einen Weg vernünftiger, verantwortungsbewußter deutscher Politik, und der führte nach Westen. Nach der Währungsreform war die nächste große Etappe auf diesem Weg die Ausarbeitung und Verabschiedung einer Verfassung. Dazu waren die Ministerpräsidenten der neun westdeutschen Länder und die Bürgermeister der zwei Stadtstaaten Hamburg und Bremen bereits im Juli 1948 von den drei westlichen Militärgouverneuren aufgerufen worden. Doch bei der Beratung über die weitere Vorgehensweise meldeten sich deutsche Skrupel und Vorbehalte vernehmlich zu Wort: Schrieb die Verabschiedung einer Verfassung nicht auf unabsehbare Zeit die Teilung fest? Letztlich gab es wenig Alternativen. Die einzige Möglichkeit, zu einer stärkeren Verhandlungsposition gegenüber den Alliierten zu gelangen, war die

Staatsbildung. Also nahm man, nach einigem Zögern, den Auftrag an, setzte allerdings durch, daß die Verfassung nur als »Grundgesetz« ausgegeben würde, um den provisorischen Charakter des Staatengebildes zu betonen. Nachdem die Militärgouverneure den Text nach wiederholten Einsprüchen und Korrekturen am 12. Mai genehmigt hatten, wurde die neue Verfassung am 23. Mai 1949 feierlich verkündet.

Aus 331 Meter Höhe schaut man von der Kuppe des Petersbergs auf die Stadt Bonn herab. Hier, auf dem höchsten Punkt des malerischen Siebengebirges, hatte schon lange vor dem Krieg ein Kurhotel Besucher und Gäste angelockt, die in der Vulkanlandschaft gesunden wollten. Jetzt war das Gebäude Hauptsitz der drei Hohen Kommmissare, wie die vormaligen Militärgouverneure hießen, seit das Besatzungsstatut im April 1949 veröffentlicht und ein halbes Jahr später, am 21. September, in Kraft getreten war. Tag für Tag, wenn Konrad Adenauer mit der Fähre vom östlich des Flusses gelegenen Rhöndorf ins linksrheinische Bonn übersetzte, hatte er den Berg im Blick: Dort oben also saßen die Vertreter der Vereinigten Staaten, Großbritanniens und Frankreichs und beobachteten mit wachsamen Augen die ersten politischen Gehversuche der zweiten deutschen Demokratie – bereit und berechtigt einzugreifen, sobald die Deutschen vom gewünschten Kurs abzukommen drohten. Sie konnten jedes Gesetz zu Fall bringen, und selbstverständlich vertraten sie die Bundesrepublik nach außen: Fremde Botschafter wurden bei ihnen akkreditiert, nicht beim Bundespräsidenten. Die Bundesrepublik Deutschland war noch über Jahre kein souveräner Staat.

Kein beneidenswerter Zustand, besonders nicht für die neue Regierung, die in vitalen Fragen abhängig, ja ohnmächtig war, vor allem auch bei jenem Thema, das auf der Skala außenpolitischer Forderungen und Wünsche damals noch ganz oben rangierte: der Wiedervereinigung Deutschlands. In diesem Punkt waren sich fast alle einig, die beiden großen Parteien ohnehin. Konrad Adenauer wie Kurt Schumacher bauten auf die »Magnettheorie«. Ein wirtschaftlich prosperierender Westen werde binnen kurzer Zeit eine so unwiderstehliche Anziehungskraft auf die DDR ausüben, daß die Sowjetunion den östlichen Teil Deutschlands schließlich aufgeben müsse – wobei Schumacher unter »Westen« die Bundesrepublik, Adenauer ein geeintes Westeuropa verstand: das deutsche Gewicht, allein genommen, werde zu schwach sein.

In gewisser Weise sollten sie damit recht behalten, Adenauer mehr als Schumacher, auch wenn diese Entwicklung vier Jahrzehnte auf sich warten ließ. Anfänglich stand für die beiden Parteivorsitzenden wie für die Mehrheit der Deutschen zudem fest, daß sich das Gebot der »Wiedervereinigung« auch auf jene Gebiete östlich von Oder und Neiße beziehe, die 1937 zu Deutschland gehört hatten und als Folge der Potsdamer Vereinbarungen unter polnische und sowjetische Verwaltung geraten waren. Deutschland »3 geteilt? niemals!« konnte man bis in die sechziger Jahre hinein auf großen Tafeln in deutschen Städten lesen.

Damit endeten die Gemeinsamkeiten zwischen den Vertretern der beiden großen Volksparteien aber auch schon. Adenauer setzte, stärker noch als vor Gründung der Bundesrepublik, auf die unbedingte außen- und sicherheitspolitische Anbindung an den Westen, zugleich auf eine »Politik der Stärke« gegenüber »Sowjetrußland«, wie er in der Sprachregelung der zwanziger Jahre zu sagen pflegte. Schumacher hielt diese Stratgie für gefährlich, für unvereinbar mit der Aufforderung des Grundgesetzes, in freier Selbstbestimmung die Einheit und Freiheit Deutschlands zu vollenden. Adenauers Politik werde nicht etwa die Teilung des Landes überwinden, sondern seine Spaltung zementieren.

Im Wahlkampf des Sommers 1949 prallten die Gegensätze aufeinander – schärfer denn je. CDU und SPD beurteilten ja nicht nur die Westintegration und die mit ihr zusammenhängende Zukunft Gesamtdeutschlands höchst unterschiedlich. Auch in wirtschafts- und gesellschaftspolitischen Fragen gab es wenige Gemeinsamkeiten. Das maßgeblich von Ludwig Erhard formulierte Konzept einer Sozialen

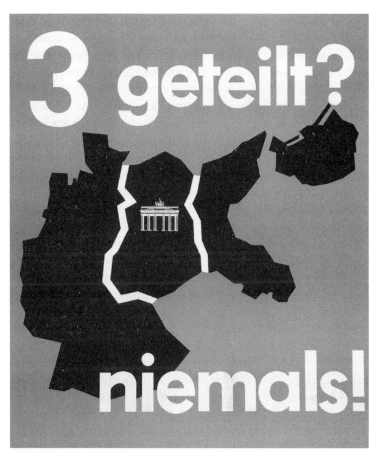

*Welches Deutschland soll es sein? Bis in die sechziger Jahre wurde auf emaillierten Großtafeln eine Wiedervereinigung Deutschlands in den Grenzen von 1937 gefordert – also einschließlich der 1945 an Polen und die Sowjetunion gefallenen Gebiete*

Marktwirtschaft, auf das sich die Christdemokraten im Sommer 1949 endgültig festgelegt hatten, war auch nur schwer mit jenen Planungs- und Lenkungsmaßnahmen vereinbar, welche die meisten Sozialdemokraten beim Wiederaufbau des zerstörten Landes vorerst für unverzichtbar hielten.

Jetzt waren die Wähler gefragt; am 14. August 1949 wurden sie an die Urnen gerufen. Sieht man von Landtagswahlen ab, war das die erste freie und geheime Wahl in Deutschland nach 17 Jahren. Die Spannung war auch auf alliierter Seite groß. Das Ergebnis ließ Raum für Interpretationen. Keine Partei kam auch nur über die 30-Prozent-Hürde, von einer absoluten Mehrheit gar nicht zu reden. Die SPD, der man den Wahlsieg zugetraut hatte, mußte sich, für alle überraschend, mit 29,2 Prozent der Stimmen zufriedengeben, erhielt im ersten Bundestag sogar weniger Mandate als CDU und CSU, die insgesamt 31 Prozent der Stimmen für sich verbuchen und damit die stärkste Fraktion stellen konnten. Zusammen aber hatten die beiden großen demokratischen Volksparteien weit mehr als die Hälfte der Mandate. Die Liberalen erzielten erstaunliche 11,9 Prozent der Stimmen, ein Ergebnis, das an ihre besten Jahre nach Gründung des Deutschen Reiches oder auch nach Errichtung der Weimarer Republik erinnerte. Somit empfahl sich die FDP schon im ersten Bundestag als potentieller Koalitionspartner. Die übrigen fast 30 Prozent verteilten sich auf mehrere kleine Parteien, von denen immerhin sechs den Einzug ins Parlament geschafft hatten. Das erinnerte manchen an Weimarer Verhältnisse.

Aus denen aber wollte man lernen, die Konsequenzen ziehen. Sie lagen in einer starken, trag- und handlungsfähigen Koalition. Wie auch später in politisch schwierigen Zeiten schien sich eine Große Koalition anzubieten – trotz aller Gegensätze. Entschiedener Gegner eines solchen Zweckbündnisses war Konrad Adenauer. Nicht alle in seiner Partei dachten damals wie er. Zwar war der Patriarch in den letzten Jahren zu einer Führungspersönlichkeit innerhalb der CDU aufgestiegen, aber er war nicht die einzige. Karl Arnold, der nordrhein-westfälische Ministerpräsident, Jakob Kaiser, der ehemalige CDU-Vorsitzende der SBZ, und andere mehr machten Adenauer nicht nur seinen Führungsanspruch streitig, sondern sie vertraten auch alternative politische Konzepte. Die Idee eines geeinten, blockfreien Deutschlands, das Brücke zwischen Ost und West sein sollte, gehörte dazu, aber auch die Hoffnung auf den innenpolitischen Brückenschlag einer Großen Koalition aus CDU und SPD.

Jetzt bewies Adenauer, was in ihm steckte: Am 21. August 1949, einem Sonntag, die Wahl lag gerade eine Woche zurück, lud der altersweise, listenreiche Routinier eine Reihe einflußreicher CDU/CSU-Mitglieder in sein Haus nach Rhöndorf ein. Augenscheinlich handelte es sich um eine Zusammenkunft privater Natur. Tatsächlich wurden unter der Regie Adenauers die Weichen für die Zukunft gestellt. Als Gastgeber hatte er den Vorteil auf seiner Seite: Er ergriff als erster das Wort, er bestimmte die Pausen, er sorgte für eine opulente Bewirtung und er beendete die Zusammenkunft, als er den Zeitpunkt für gekommen hielt. So fielen im Laufe dieses hochsommerlich heißen Tages die Würfel zu seinen Gunsten. Am Ende trat die Runde nicht nur für eine bürgerliche Regierungskoalition ein, bestehend aus CDU/CSU, FDP und der niedersächsisch-konservativen Deutschen Partei, sondern auf Vorschlag des Gastgebers auch für den FDP-Vorsitzenden Theodor Heuss als Bundespräsidenten sowie, natürlich nicht zuletzt, für Konrad Adenauer als Bundeskanzler. Ein, zwei Jahre könne er dieses Amt in seinem Alter nach Meinung seines Hausarztes noch ausüben, erklärte er den Versammelten in schlauer Bescheidenheit.

Geplant, getan: Am 12. September 1949 wurde Theodor Heuss zum Bundespräsidenten gewählt, drei Tage danach Konrad Adenauer zum Bundeskanzler – mit einer Stimme Mehrheit, seiner eigenen. Wenig später trat das erste Kabinett zusammen. In seiner aufschlußreichen Kombination von Namen und Ressorts spiegelte es die spezifische Lage der jungen Republik. Daß Ludwig Erhard das Wirtschaftsministerium übernahm, war keine Überraschung, und Fritz

Schäffer von der CSU galt auch deshalb als die geeignete Besetzung für das benachbarte Finanzressort, weil er dieses Amt schon in Bayern bekleidet hatte. Die Liberalen hatten wenig Mühe, ihren Vorsitzenden auf dem Sessel des Vizekanzlers zu plazieren. Daß Franz Blücher gleichzeitig das Ministerium für »Europafragen« übernahm, hatte weniger mit europapolitischen Visionen als mit den »Angelegenheiten des Marshall-Plans«, also mit der alles überragenden Frage zu tun, wie man mit den dramatischen Folgen des Krieges zurechtkommen könne.

Kein Wunder, daß neben den Europafragen auch die Vertriebenen und der Wiederaufbau eigene Ministerien erhielten. Andere, klassische Ressorts hingegen fehlten. Aber was hätte ein Land ohne äußere Souveränität auch mit einem Außen- und mit einem Verteidigungsministerium anfangen sollen? Erst mit der Wiedereinrichtung des Auswärtigen Amtes am 15. März 1951, Folge der gelockerten Besatzungsherrschaft, gab es wieder einen Außenminister – einen Posten, für den der Kanzler vorerst, bis zur Erlangung der fast vollständigen Souveränität im Mai 1955, keinen geeigneteren zu benennen wußte als sich selbst; und erst mit der Aufnahme der Bundesrepublik in die westlichen Verteidigungsgemeinschaften hatte das Land seit Juni 1955 einen richtigen Verteidigungsminister – zunächst Theodor Blank, seit Oktober 1956 dann Franz Josef Strauß. Der 1915 geborene Bayer, der es 1952 zum stellvertretenden Vorsitzenden der CSU gebracht hatte, war übrigens zuvor erster Chef des im Oktober 1955 eingerichteten Ministeriums für Atomfragen gewesen, wie die zwei Jahre später in »Bundesministerium für Atomkernenergie und Wasserwirtschaft« umbenannte Behörde damals noch hieß.

Nicht nur die Regierungsparteien richteten sich im Sommer 1949 in den neuen parlamentarischen Verhältnissen ein, auch Kurt Schumacher folgte den neuen Spielregeln und stellte in seiner Erwiderung auf Adenauers Regierungserklärung am 21. September 1949 für die SPD fest, daß »die Opposition sich nicht in der bloßen Verneinung der Regierungsvorschläge erschöpfen« könne; vielmehr wolle und müsse sie »mit konkreten Vorschlägen der Regierung« ihren »positiven Gestaltungswillen« aufzwingen. Also konstruktive, auf den Erhalt des Staatswesens bedachte Oppositionspolitik. Das war im Vergleich zu Weimarer Verhältnissen nicht selbstverständlich. Schumacher verkörperte die Figur eines parlamentarischen Oppositionsführers, den es bis dahin in Deutschland nicht gegeben hatte.

Die Opposition war für Adenauer ein Problem; die hauchdünne Mehrheit seiner Regierung war ein anderes. Aber der Kanzler hatte die eigenen Reihen insgesamt fest im Griff. Das lag an der Persönlichkeit des Patriarchen, der Partei, Fraktion und Koalition mit milder Autorität regierte; es lag aber auch an einigen Bestimmungen des Grundgesetzes, die Adenauer entschieden in seinem Sinne auslegte. So die Definition der Richtlinienkompetenz, dank derer der Bundeskanzler die Maximen der Politik bestimmt und dafür die Verantwortung trägt. Außerdem – und auch das half Adenauer – kann der Kanzler nur dann durch ein Mißtrauensvotum sein Amt verlieren, wenn aus den Reihen des Parlaments ein konstruktiver Gegenvorschlag kommt, also ein Nachfolger mit ausreichender Mehrheit gewählt wird. In der Geschichte der Bundesrepublik ist ein solches »konstruktives Mißtrauensvotum« zweimal gewagt worden, nur einmal mit Erfolg.

Während der Regierungszeit Adenauers verfiel niemand ernsthaft auf diese Idee, schon weil der Kanzler es verstand, seine Partei an sich zu binden, auf seine Person auszurichten. Ihre Gegner quittierten diese Strategie mit Spott. Ein »Kanzlerwahlverein« sei die CDU, eine Partei, die sich nicht über Inhalte und Programme, sondern über Personen definiere. Damit konnte man leben, solange sich Erfolge einstellten. Erst 1978, als sie entgegen allen Erwartungen in ihr zehntes Oppositionsjahr ging, sollte die Partei ein Grundsatzprogramm formulieren. Daran mochte in den Gründertagen von Partei und Republik niemand denken. Einstweilen waren

Programm, Partei und Regierungschef eins, zumal der Kanzler für einige Jahre die außen- und sicherheitspolitischen Kompetenzen an sich zu ziehen wußte. Das war ein Startvorteil, und Adenauer nutzte ihn entschlossen.

Als er 1949 Kanzler wurde, war er ein gestandener Mann, frei von Zögern und Selbstzweifeln. Konrad Adenauer wußte, daß sein Weg die Bundesrepublik zum Erfolg führen werde. Zwei Jahre vor seinem Tod antwortete er dem Journalisten Günter Gaus auf die Frage, ob es für ihn »nie eine Last bedeutet« habe, »Entschlüsse fassen zu müssen«, mit einem schlichten, unkommentierten »Nein«. Ob es einsame Entscheidungen gewesen seien? »Herr Gaus, Sie schreiben ja Bücher. Sind Sie da nicht ein Mann der einsamen Entschlüsse? Fragen Sie vorher Kollegen, was Sie schreiben sollen?« Der Beruf des Kanzlers, das wußte nun wirklich niemand besser als Adenauer, forderte seinen Tribut. Einsamkeit war der Preis, wenn man sich keine Schwäche erlauben konnte, entscheidungsstark und konsequent erscheinen mußte.

So zielstrebig und beharrlich Adenauer auch war, im Rahmen seiner Grundüberzeugungen blieb er flexibel. Pragmatiker war er, kein Intellektueller. Ausgefeilte Konzeptionen, an die man sich sklavisch zu halten hatte, waren seine Sache nicht. Seine erste Frage galt der Machbarkeit unter den jeweils gegebenen Umständen. Der Kanzler war ein Anhänger der »Kunst des Möglichen«, insoweit ein Bismarckianer reinen Wassers. In Verbindung mit seinem überlegenen taktischen Geschick sicherte ihm dieser pragmatische Zug über fast vier Legislaturperioden hinweg die einflußreichste Position im politischen Gefüge. Aber Taktik hin, Pragmatismus her: Konrad Adenauer war auch ein Mann fester Grundsätze und verbindlicher Maximen, gerade in der Politik. Die Sicherung individueller Freiheit, parlamentarischer Verantwortung und der europäisch-atlantischen Westbindung der Bundesrepublik rangierten dabei an vorderster Stelle. Schon zu Zeiten der Weimarer Republik war er nicht nur Demokrat aus Überzeugung gewesen, sondern auch Verfechter einer klaren Westorientierung Deutschlands, wobei ihm schon damals unter anderem eine Verklammerung der westdeutschen und der französischen Kohle- und Stahlindustrie vorschwebte.

Und dann war Adenauer ein Kind rheinisch-katholischen Bürgertums. Für ihn war Köln das Zentrum des christlichen Abendlandes. Die Vormachtstellung Preußens im Deutschen Reich war dem Lokalpatrioten wie vielen seiner Landsleute stets ein Dorn im Auge gewesen. Schon Anfang der zwanziger Jahre hatte er deshalb einen – von Preußen losgelösten – westdeutschen Bundesstaat im Rahmen des Reiches favorisiert, weshalb man ihn bisweilen – ob zu Recht oder zu Unrecht, sei dahingestellt – des Separatismus verdächtigte. Vertraulich hatte er damals geäußert, daß für ihn bei Braunschweig die »asiatische Steppe« beginne; in Magdeburg ziehe er immer die Vorhänge zu; wenn er über die Elbe fahre, spucke er aus dem Fenster. Nach dem Zweiten Weltkrieg gestand er, sich in Berlin immer wie in einer heidnischen Stadt gefühlt zu haben. Verwundert es da, wenn dem Mann bisweilen vorgeworfen wurde, ihm sei die deutsche Einheit keine Herzensangelegenheit gewesen?

Fest steht, daß sich diese Weltsicht gut jenem Handlungsrahmen einfügte, den die Alliierten den Deutschen der Nachkriegszeit zustanden. Sie alle, die Sowjets eingeschlossen, sahen in Preußen den Kern allen Übels. Deshalb hatten sie im Februar 1947 den Staat Preußen einvernehmlich aufgelöst – eine der ganz wenigen Entscheidungen, bei denen sie sich im Alliierten Kontrollrat einig waren. Adenauer hatte frühzeitig erkannt, welche Möglichkeiten die neue Lage bot – für Westdeutschland, für das Rheinland, für ihn selbst. Das Unglück des Vaterlandes, das er nicht herbeigeführt hatte, sondern für das andere verantwortlich waren, hatte eine Seite, aus der sich etwas machen ließ.

Die neue Lage war auf ihn und sein Konzept der Westbindung zugeschnitten. In einer radikal vereinfachten Situation, in der Deutschlands Osten in den Machtbereich der Sowjetunion geraten und Westdeutschland auf den europäisch-atlantischen Rückhalt zwingend angewiesen war, hatten seine alten Ziele plötzlich Chancen der Verwirklichung. Hindernisse, die in der Weimarer Republik seinem Vorhaben eines dauerhaften partnerschaftlichen Ausgleichs mit den westlichen Nachbarn im Wege gestanden hatten, waren beseitigt: Preußen war ausgelöscht, Berlin kam als Regierungssitz, als Hauptstadt unter den obwaltenden Umständen nicht in Frage, das wirtschaftliche und das politische Machtzentrum konnten künftig in einer Landschaft zusammenfallen. Bot sich nicht seine Heimat, das Land an Rhein und Ruhr, ganz natürlich als selbstbewußtes Kerngebiet eines neuen westdeutschen Staatsgefüges an? Adenauer fühlte seit 1945, daß seine Stunde gekommen war.

Wer er war, was er wollte, konnte alle Welt an einer symbolträchtigen Szene auf dem Petersberg ablesen. Am 21. September 1949 mußte Adenauer dort seinen Antrittsbesuch bei dem Amerikaner John McCloy, dem Briten Brian Robertson und André François-Poncet machen, der den für die Bundesrepublik besonders wichtigen französischen Nachbarn vertrat. Als dieser auf den Kanzler zuging, um ihn zu begrüßen, stellte Adenauer seinen Sinn für Stil, Selbstachtung und Würde, aber auch sein taktisches Geschick unter Beweis und ging ihm entgegen, als wolle er François-Poncet höflich den Weg verkürzen. Beinahe beiläufig, tatsächlich aber demonstrativ betrat er dabei jenen Teppich, der den Hohen Kommissaren vorbehalten war; der Bundeskanzler hatte auf dem blanken Boden warten sollen. Das sagte mehr als Worte: Der Anspruch der jungen Bundesrepublik war nicht mehr und nicht weniger als eine künftige Gleichberechtigung mit dem Westen.

Es blieb vorläufig bei Gesten. Die Macht lag bei den Alliierten. Sie konnte nur geduldig Schritt für Schritt zurückerlangt werden. Das erforderte Vertrauensarbeit, und deswegen akzeptierte Adenauer das am 22. November 1949 geschlossene sogenannte Petersberger Abkommen. Es eröffnete der Bundesrepublik die Möglichkeit, konsularische Be-

*Auf dem Teppich: Konrad Adenauer vermeidet die Diskriminierung der jungen Bundesrepublik, 21. September 1949*

ziehungen aufzunehmen und sich internationalen Organisationen anzuschließen; außerdem wurde die Demontage zahlreicher Betriebe offiziell beendet. Der Preis dafür war hoch. Er bestand im Beitritt zur Internationalen Ruhrbehörde, und das hieß nichts anderes, als daß der Kanzler jetzt jener fremden Kontrolle der Kohle- und Stahlproduktion an Rhein und Ruhr seinen Segen erteilte, die er – wie die meisten seiner Landsleute – noch kurz zuvor rundweg abgelehnt hatte. Konnte man überrascht sein, als bei der Debatte über dieses Abkommen im Bundestag die Emotionen hochkochten? Am 25. November, gegen drei Uhr morgens, entfuhr Schumacher in der aufgeheizten Atmosphäre der an Adenauer gerichtete Zwischenruf »Bundeskanzler der Alliierten!«, der mit Pfeifkonzerten und Buhrufen der Regierungsparteien quittiert wurde. Daraufhin wurde die Sitzung unterbrochen; drei Stunden später, um genau 6 Uhr 11 frühmorgens, wurde sie mit einem unerhörten Beschluß wiedereröffnet: Schumacher wurde für 20 Sitzungstage ausgeschlossen.

Für die Genossen, und nicht nur für ihren in nationalen Kategorien denkenden Vorsitzenden, war jeder bindende Schritt in Richtung Westen ein Beitrag zur Spaltung Deutschlands. Deswegen stimmten sie gegen die Aufnahme der Bundesrepublik als assoziiertes Mitglied in den Europarat; deshalb machte die SPD gegen deren Eintritt in die sogenannte Montanunion mobil. Am 9. Mai 1950 hatte Frankreichs Außenminister Robert Schuman vorgeschlagen, die gesamte französisch-deutsche Kohle- und Stahlproduktion unter eine gemeinsame Oberste Aufsichtsbehörde zu stellen. Das sollte ein Schritt zur Überwindung des »jahrhundertealten Gegensatzes zwischen Frankreich und Deutschland« und damit zugleich zur Einigung Europas sein. Zwei Jahre später trat tatsächlich zwischen Frankreich, der Bundesrepublik, Italien und den Benelux-Staaten der Vertrag zur Europäischen Gemeinschaft für Kohle und Stahl (EGKS) in Kraft. 1957 folgten mit den »Römischen Verträgen« die Europäische Wirtschaftsgemeinschaft (EWG) und die Europäische Atomgemeinschaft (EURATOM) – diesmal mit Zustimmung der

SPD. Bis heute bilden die drei Europäischen Gemeinschaften Grundpfeiler der Europäischen Union.

Aber der Kanzler wollte weiter, wollte die begonnene Westintegration vertiefen und forcieren. Den Anlaß für seinen spektakulären Vorstoß bot ihm kein Geringerer als Josef Stalin persönlich. Jedenfalls mußte man damals vermuten, der sowjetische Diktator stecke hinter jenem Überfall des kommunistischen Nordens auf den Süden der koreanischen Halbinsel, der am 25. Juni 1950 begann und die westliche Welt in einen Schockzustand versetzte. Innerhalb weniger Monate konnten die nordkoreanischen Verbände, seit der Jahreswende von hunderttausenden Soldaten aus Maos chinesischer Volksrepublik unterstützt, gleich zweimal die südkoreanische Hauptstadt Seoul einnehmen.

Einmal mehr schlug jetzt die Stunde Konrad Adenauers. Was im geteilten Korea möglich war, konnte auch im gespaltenen Deutschland nicht ausgeschlossen werden. Was lag näher, als sich auf den Ernstfall vorzubereiten, sich darauf einzustellen, daß Vergleichbares auch an der europäischen Nahtstelle des Ost-West-Gegensatzes geschehen konnte? Wie aber war, den Ernstfall ins Auge gefaßt, das freie Deutschland ohne die Deutschen selbst zu verteidigen? Die Konsequenzen aus diesem Szenario erforderten Mut – gegenüber den Alliierten, aber auch gegenüber den eigenen Landsleuten. Der Kanzler ging in die politische Offensive.

Eindringlich beschwor Adenauer die Westmächte, ihre Verteidigungsbemühungen zu steigern, verband jedoch seinen Appell mit einem Vorschlag: Gewiß, niemand könne in dieser Situation, gerade einmal fünf Jahre nach Beendigung des verheerenden Weltkriegs, wieder deutsche Soldaten wünschen oder wollen. Wenn es aber um einen Existenzkampf, wenn es darum gehe, das Vaterland zu verteidigen, würden sich die Deutschen nicht ihrer Pflicht entziehen, zumal man nicht übersehen dürfe, daß es inzwischen in der DDR schon wieder paramilitärische Verbände gebe. Sollten die Westmächte in dieser Situation ernsthaft daran denken, seine Landsleute an der Verteidigung des freien Teils Deutschlands, damit Europas und der Welt zu beteiligen, dann müßten sie jedoch die Weichen auch in anderer Hinsicht neu stellen: Nur unter der Voraussetzung »völliger Gleichberechtigung« der Bundesrepublik mit ihren westlichen Nachbarn sei der »deutsche Mensch« in der Lage, in einer dramatisch veränderten Welt die in ihn gesetzten Erwartungen zu erfüllen.

Natürlich unterbreitete der Kanzler seine weitgehenden Vorschläge nicht in aller Öffentlichkeit, umging vielmehr die eigene Partei, die eigene Fraktion, ja selbst die eigene Regierung und wandte sich vertraulich direkt an die westlichen Verbündeten – genauer gesagt: an deren Hochkommissare, da ihm, dem Kanzler der Besiegten und Besetzten, der unmittelbare Kontakt zu den Regierungen der Siegermächte in den ersten Jahren seiner Kanzlerschaft versperrt war. Da kein Geringerer als Winston S. Churchill, der große Herausforderer und Sieger über Adolf Hitler, soeben aus der Deckung des britischen Oppositionsführers heraus eine Europaarmee ins Gespräch gebracht hatte, wußte sich der Bundeskanzler auf vergleichsweise sicherem Terrain, jedenfalls was England anging.

Daß sich die Situation beim französischen Nachbarn anders darstellte, kann man verstehen. Dreimal – 1870/71, 1914 bis 1918 und 1940 bis 1944 – hatte man dort erlebt und erlitten, wie Deutsche Krieg führten. Wenn aber der Aufbau einer deutschen Armee nicht mehr zu vermeiden war, dann mußte er unter französischer Kontrolle erfolgen. Also ergriff man in Paris die Flucht nach vorn und entwickelte damit ein Verhaltensmuster, das die französische Deutschlandpolitik bis in jene Epoche hinein prägen sollte, in der 1989/90 unerwartet die Vereinigung des geteilten Deutschland auf der Tagesordnung stand.

Schon der Vorschlag zur Gründung der Montanunion war ein Versuch gewesen, einem raschen Wiedererstarken der deutschen Schwerindustrie zu Lasten der französischen entgegenzuarbeiten. Sicherheit vor Deutschland war das Gebot der Stunde, erst recht, wenn es um Rüstung und Verteidigung ging. Mit einem aufsehenerregenden Vorstoß riß daher der französische Ministerpräsident René Pleven die Initiative an sich und legte im Oktober 1950 den Plan einer europäischen Verteidigungsarmee vor – freilich zunächst mit Klauseln, die Deutschland diskriminierten und erst Monate später, dank amerikanischer Vermittlung, entschärft wurden.

Konnte man mehr verlangen als eine wirklich europäische Armee? Was war besser als die Möglichkeit, die deutsche Aufrüstung und die Beilegung der deutsch-französischen »Erbfeindschaft« in einer derartigen Weise konstruktiv zu verknüpfen? Und das war noch nicht alles: Mit dem Beitritt zur Europäischen Verteidigungsgemeinschaft (EVG) wurde der Bundesrepublik auch die Herstellung der äußeren Souveränität in Aussicht gestellt – Adenauers Hauptziel seit der Staatsgründung.

Andernorts hielt sich die Freude über eine solche Entwicklung begreiflicherweise in engen Grenzen: Nicht nur in Frankreich, auch in der Sowjetunion bestand nach den Erfahrungen des Zweiten Weltkrieges ein berechtigtes Sicherheitsbedürfnis gegenüber Deutschland. Ob die sogenannten Stalin-Noten, die im März 1952 in den drei westlichen Hauptstädten eintrafen, ein bloßes Störmanöver waren? Die Geister schieden sich, auch in der deutschen Debatte. Dabei war man gar nicht Stalins Ansprechpartner. Fest steht, daß der sowjetische Diktator von einem wiedervereinigten, neutralen Deutschland sprach. Für den Bundeskanzler war der Vorschlag teils unernst, teils riskant; abwehrend sprach er von einem bloßen »Fetzen Papier«. Ein Teil der Westdeutschen sah das anders und hoffte auf eine ernsthafte Prüfung des sowjetischen Angebots. Daß die Westmächte die Offerte einvernehmlich zurückwiesen, war ganz im Sinne Adenauers: So konnten die Verhandlungen über einen deutschen Wehrbeitrag weiterlaufen und die EVG-Verträge, wie vorgesehen, im Mai 1952 unterzeichnet werden.

Das sowjetische Störfeuer war also erfolgreich abgewehrt worden. Anders die Kampagnen der Kritiker und Gegner im eigenen Land und in den eigenen Reihen, darunter auch manche prominente Stimme. Gustav Heinemann, Adenauers Parteifreund und Innenminister, hatte bereits im Oktober 1950 aus Protest gegen die Pläne einer deutschen Wiederbewaffnung seinen Rücktritt erklärt. Zwei Jahre später gründete er die kurzlebige »Gesamtdeutsche Volkspartei« (GVP). Weil sie dahinsiechte, wandte er sich später der SPD zu. Damals wurde Heinemann zu einem der schärfsten innenpolitischen Gegner des Kanzlers. Zeitweilig stand er zusammen mit dem evangelischen Kirchenpräsidenten Martin Niemöller an der Spitze der gesellschaftlichen Bewegung gegen den deutschen Wehrbeitrag. Der Slogan »Ohne mich« rumorte jahrelang in der deutschen Innenpolitik. »Sieht man denn wirklich nicht«, fragte Gustav Heinemann, »daß die dominierende Weltanschauung unter uns aus den drei Sätzen besteht: Viel verdienen, Soldaten, die das verteidigen, und Kirchen, die beides segnen?« Und dann rührte er an den wunden Punkt: »Unsere Brüder und Schwestern drüben haben aber den Krieg nicht allein verloren!«

Wie es denen erging, hatte man westlich der Elbe am 17. Juni 1953 hilflos mit ansehen müssen. Dabei hatte alles harmlos begonnen, als Betriebsausflug einiger hundert Arbeiter und Angestellter der Baustelle des Krankenhauses Friedrichshain. Rasch aber entwickelte sich daraus an diesem 13. Juni 1953 eine Protestveranstaltung gegen die jüngsten Wirtschaftsbeschlüsse des SED-Politbüros, insbesondere gegen die Erhöhung der Arbeitsnormen. Vier Tage später erreichte die dadurch ausgelöste Streik- und Protestwelle, in der inzwischen auch der Ruf nach freien Wahlen hörbar wurde, ihren Höhepunkt. Als schließlich die Massen in mehr als 250 Städten, auch in Ost-Berlin, auf die Straßen gingen, war die Antwort des sowjetischen Stadtkommandanten von Berlin und der DDR-Staatsmacht unmißverständlich und kompromißlos: Ausnahmezustand, Panzereinsatz, Verhaftungen, standrechtliche Erschießungen. Am Ende wurden fünfzig Tote gezählt und, allein bis zum 1. Juli, etwa 8 000 Verhaftete.

*Im Spiegel der Medien: Der Gründungskanzler gibt sein erstes Fernsehinterview, 1957*

Der Protest war ein Hilferuf, der ungebrochen hohe Flüchtlingsstrom von DDR-Bürgern in den Westen war es auch. Dort aber stellte sich die Mehrheit zusehends taub. Gewiß, der 17. Juni 1953 wurde zum Nationalfeiertag erhoben und fortan jährlich begangen, bis der 3. Oktober 1990, der Tag der Vereinigung, an seine Stelle trat. Tatsächlich hatte man resigniert, waren der Bereitschaft zur Solidarität mit den DDR-Bewohnern angesichts der sowjetischen Übermacht enge Grenzen gesetzt. Weil man selbst bedroht war oder sich doch bedroht fühlte, war die Neigung, politische Risiken einzugehen, außerordentlich gering. Jedenfalls verlief die deutsche Opposition gegen die westliche Wiederbewaffnung letztlich im Sande.

Dennoch wurde die EVG verhindert, allerdings von anderer Seite. Ausgerechnet in dem Land, in dem der Plan entwickelt worden war, konnten sich seine Gegner durchsetzen: Am 30. August 1954 ließ eine Koalition quer durch alle Parteien in der französischen Nationalversammlung den EVG-Vertrag platzen. Adenauer erlebte in seinen eigenen Worten »die bitterste Enttäuschung und den größten Rückschlag« seiner gesamten Regierungszeit. Nicht nur für ihn selbst, sondern für ganz Europa sei das ein schwarzer, wenn nicht der schwärzeste Tag überhaupt gewesen.

Das Urteil des Kanzlers klingt allzu dramatisch. Aber auch im Abstand fast eines halben Jahrhunderts muß man zugeben, daß die Nicht-Ratifizierung des EVG-Vertrages die Schaffung einer europäischen Verteidigungs- und damit auch einer politischen Gemeinschaft bis heute verhindert hat. Die europäische Einigung wurde damals langfristig auf eine rein wirtschaftliche und dann währungspolitische Integration statt auf eine auch außen- und sicherheitspolitische Vereinigung festgelegt. Die Konsequenzen erleben wir in unseren Tagen: Seit dem 1. Januar 2002 gibt es mit dem Euro eine gemeinsame europäische Währung. Aber ein Konvent zur Beratung einer gemeinsamen Verfassung ist erst im Dezember 2001 in Aussicht genommen worden. Wann er mit einem Ergebnis aufwartet, und mit welchem, steht in den Sternen.

Die deutsche Wiederbewaffnung wurde durch das Scheitern der EVG nicht verhindert, sondern unter amerikanischer Mithilfe beschleunigt unter Dach und Fach gebracht. Am 5. Mai 1955 traten die sogenannten Pariser Verträge in Kraft: Die Bundesrepublik wurde Mitglied der NATO und der Westeuropäischen Union (WEU), einem Verteidigungsbündnis europäischer Staaten, das ursprünglich, 1948 und noch als »Westunion«, für den Fall »der Wiederaufnahme einer deutschen Angriffspolitik« gegründet worden war.

Im übrigen ging Adenauers Konzept auf. Im Gegenzug zu Bonns Bereitschaft, sich im Rahmen der atlantischen und europäischen Gemeinschaften an der Verteidigung der freien Welt zu beteiligen, gestanden die Westmächte der Bundesrepublik Deutschland die fast vollständige äußere Souveränität zu. Vorbehaltlich der alliierten Rechte bezüglich Berlins und Deutschlands als Ganzes war die Bonner Republik jetzt ein Staat wie jeder andere – mit einem eigenen Außen- und eigenem Verteidigungsminister, mit dem Recht, Botschafter zu entsenden und zu empfangen, und sogar mit einer eigenen Fluggesellschaft: Im Verlauf des Jahres 1955 nahm die »Lufthansa« nach langer Zwangspause etappenweise ihren Liniendienst wieder auf. Zehn Jahre nach der bedingungslosen Kapitulation des Deutschen Reiches saßen die Vertreter der rheinischen Republik also wieder im Kreise »dieser ganzen Nationen am gleichen Tisch«, wie der Bundeskanzler mit sichtbarer Genugtuung feststellte.

Adenauer sah sich bestätigt. Das ziemlich klägliche Scheitern der »Ohne Mich«-Bewegung zeigte, daß eine Mehrheit der Westdeutschen seine Politik unterstützte, seinen unnachgiebigen Kurs gegenüber den Sowjets für richtig hielt. Bei der Bundestagswahl im Herbst 1953 erreichte die Union 45,2 Prozent – ein Stimmenzuwachs von 14,2 Prozent. Interessant dabei war, daß diese Gewinne nicht etwa auf Kosten der SPD erzielt wurden, die lediglich 0,4 Prozent verlor, sondern daß sie zu Lasten der kleinen Parteien gingen.

Westbindung und strikter Antikommunismus waren wichtige Gründe für den Erfolg der Regierung Adenauer, aber es waren nicht die einzigen. Daß Ludwig Erhard als zugkräftige »Wahllokomotive« durch die Bundesrepublik dampfte, war mindestens so entscheidend. Schon bei der ersten Bundestagswahl hatte die CDU mit dem Namen Erhard zahlreiche Wähler für sich geworben. Vier Jahre später war die Popularität des Wirtschaftsministers ein Pfund, mit dem sich wuchern ließ: Was sich 1949 angekündigt hatte, wurde nun für jedermann spürbar – das »Wirtschaftswunder«.

Ein Wunder? Ausgerechnet im besiegten, weitgehend zerstörten und immer noch besetzten Deutschland? Den meisten kam es damals tatsächlich so vor. Der Nationalsozialismus hatte ja die überfällige Modernisierung der Wirtschaft und insbesondere der Großindustrie des Landes gerade aufgehalten, mitunter sogar zurückgeworfen. Deutschland war, so gesehen, ein Entwicklungsland mit erheblichem Nachholbedarf, beispielsweise beim eigenen Pkw, dem kommenden Statussymbol. Kein Wunder, daß jetzt, als die Wirtschaft wieder Tritt zu fassen begann, die Dämme brachen. Neue Perspektiven, wie das Erdöl als billige Energiequelle, kamen hinzu, beschleunigten den Aufbau- und Modernisierungsprozeß und mit ihm das enorme Wachstum der ersten Nachkriegsjahrzehnte. Die Deutschen wußten die Gunst der Stunde zu nutzen – mit Fleiß und mit Augenmaß: Bis in die sechziger Jahre hinein beschränkte sich die Lohnpolitik darauf, den Arbeitnehmern ihren Anteil am sogenannten Produktivitätsfortschritt zu sichern, so daß die Reallöhne im allgemeinen den Steigerungen der Produktivität entsprachen.

Wenn sich das reale Sozialprodukt je Einwohner in der Bundesrepublik zwischen 1950 und 1973 verdreifachte, war das also eine respektable, vornehmlich aus eigener Kraft erbrachte Leistung. Aber wäre sie ohne transatlantische Starthilfen denkbar gewesen? Mit den Marshall-Plan-Geldern garantierten die USA zugleich stabile Rahmenbedingungen und stärkten damit gerade in Deutschland die Zuversicht, daß eigene Anstrengungen nicht vergeblich sein würden. Die Amerikaner zeigten sich entschlossen, in Europa zu bleiben, woll-

*Den Gegner im Visier: Wahlplakate der fünfziger Jahre*

ten Deutschland keinesfalls den Sowjets überlassen. Außerdem drängte Washington auf eine rasche Eingliederung der Bundesrepublik in die Weltwirtschaft. Konnte es eine bessere Garantie gegen künftige Versuchungen deutscher Sonderwege, irgendwelcher Autarkiebestrebungen geben?

Außerdem hatten die Amerikaner ihre Lektion gelernt, Konsequenzen aus einer verfehlten Deutschlandpolitik der Zwischenkriegszeit gezogen. Reparationsforderungen, wie sie den Deutschen 1919 durch die alliierten Sieger im Versailler Vertrag auferlegt worden waren, hatten nicht nur bremsend auf die deutsche und damit auf die europäische und die Weltwirtschaft gewirkt, sondern auch erhebliche negative psychologische Wirkungen gezeitigt. Durch die Reparationszahlungen wurden die Deutschen ständig daran erinnert, daß sie als die eigentlich Verantwortlichen, die allein Schuldigen an der Katastrophe des Ersten Weltkrieges gebrandmarkt waren. Die Abwehrhaltung, die sich unter anderem daraus entwickelte, richtete sich aber nicht nur gegen das Zwangskorsett des »Versailler Diktats«, sondern häufig auch gegen die innere Ordnung, die republikanische Verfassung des Deutschen Reiches, die mit der äußeren Ordnung mehr als die Geburtsstunde gemeinsam hatte.

Und dann kam Bonn das weltpolitische Sturmtief zu Hilfe. Der Krieg in Korea löste nämlich nicht nur einen politischen Schock aus, sondern auch einen wirtschaftlichen Boom, und der wiederum trug seinen eigenen Teil zum wirtschaftlichen Aufstieg der Bundesrepublik bei. Da die anderen westlichen Industrienationen ihre Rüstungsproduktion zu Lasten des zivilen Sektors steigern mußten, erhielten westdeutsche Unternehmen unerwartet früh die Gelegenheit, die Auslandsnachfrage nach Investitions- und Konsumgütern zu befriedigen. Schon Anfang des Jahres 1952 konnte man in der Bundesrepublik erstmals wieder ein selbsttragendes Wachstum verbuchen.

Danach ging es stetig bergauf. Die jährlichen Steigerungsraten betrugen durchschnittlich 7,6 Prozent; der Index des Bruttosozialprodukts stieg innerhalb eines Jahrzehnts um mehr als das Doppelte; schon 1952 konnte der deutsche Export die Importe wieder überflügeln. War 1950 noch jeder Zehnte ohne Arbeit, so war es 1960 nur noch jeder Hundertste. Außerdem beschränkte sich der Aufschwung nicht auf den wirtschaftlichen Bereich, so wichtig er war. Zu den herausragenden Verdiensten der Gründungsväter der Republik, allen voran Adenauer und Erhard, zählte die Entscheidung, den ökonomischen Aufschwung mit durchgreifenden sozialpolitischen Maßnahmen zu flankieren: Allein bis 1956 entstanden jährlich 500 000 Wohnungen, vor allem für Flüchtlinge und Ausgebombte; im Bundesversorgungsgesetz wurde 1950 allen Militärangehörigen und unmittelbar durch Kriegseinwirkung geschädigten Zivilisten eine umfassende Rentenversorgung zugesichert; und das 1952 beschlossene Lastenausgleichsgesetz sollte die durch Krieg und Vertreibung entstandenen Schäden und Verluste im Maße des Möglichen gleichmäßig auf die Bevölkerung verteilen und vor allem die Integration der Flüchtlinge und Vertriebenen erleichtern, materiell abstützen.

Es war ein außerordentlicher Erfolg, daß nach einer totalen Niederlage, in einer Zeit schwierigen Wiederaufbaus, die Eingliederung vieler Millionen Menschen in so kurzer Zeit gelang. Im übrigen war das keine Einbahnstraße. Die meisten Flüchtlinge und Vertriebenen kamen zwar notgedrungen mit leeren Händen, bildeten aber ein einsatzfreudiges, flexibles Reservoir an dringend benötigter Arbeitskraft und trugen mit dieser, mit ihrem Wissen und mit ihrer Initiative, erheblich zum wirtschaftlichen Aufschwung bei. Es entsprach dieser Entwicklung, daß ihre Partei, der »Bund der Heimatvertriebenen und Entrechteten«, 1957 an der Fünf-Prozent-Hürde scheiterte und im Bundestag seither nie mehr vertreten war. Ein großer Teil ihrer Klientel fühlte sich inzwischen nicht mehr rechtlos.

Insgesamt gilt: Je erfolgreicher das »Provisorium« wurde, um so attraktiver erschien es, hier zu leben. Das fanden auch die Bewohner des Saarlands. Das Gebiet war 1946 aus der französischen Besatzungszone herausgelöst und wirtschaftlich an Frankreich angegliedert worden. 1954 einigten sich Deutschland und Frankreich auf ein europäisches Statut für das Saarland. Als im Oktober 1955 die Abstimmung darüber anstand, sprach sich eine überraschend deutliche Mehrheit von 67,7 Prozent der saarländischen Bevölkerung für eine Rückkehr zur Bundesrepublik aus. Am 1. Januar 1957 wurde das Saarland zum elften Bundesland, und nicht wenige sahen darin eine »kleine« Wiedervereinigung, einige sogar eine Bestätigung der »Magnettheorie«. Kein Zweifel, das bundesdeutsche Wirtschaftswunder war attraktiv. Denn nichts ist erfolgreicher als der Erfolg.

Und Erfolge gab es zuhauf, auch Rekorde – wirtschaftliche, politische, sportliche: im Sommer 1954 die Fußballweltmeisterschaft, dann, ein Jahr darauf, den millionsten »Käfer«. Der populäre Volkswagen, der erste deutsche Exportschlager nach dem Krieg, aber schon zuvor konzipiert, verkörperte alles. Er war Beleg für den wirtschaftlichen Wiederaufstieg, das Wirtschaftswunder, zugleich Ausdruck deutschen Leistungs- und Behauptungswillens und nicht zuletzt Symbol für die Konkurrenzfähigkeit und, so gesehen, die Gleichrangigkeit der jungen Republik. »Wir sind wieder wer!«, tönte es Mitte der fünfziger Jahre – trotzig, auch ein wenig selbstbewußt. Ein wenig.

Wer aber wieder auf die Beine kommt, ist zuvor gestrauchelt. Der Gestürzte neigt dazu, das zu vergessen. Wie war es mit den Deutschen? Wußten sie noch, warum sie sich mühsam hochkämpfen mußten? Natürlich. Waren ihnen die Ursachen der Zerstörung ihres Landes bewußt und die Vorbehalte, die man andernorts oft gegen sie hatte? Selbstverständlich. Die Bereitschaft zur öffentlichen Auseinandersetzung mit der nationalsozialistischen Vergangenheit war allerdings gering. Gewiß, es gab vereinzelte Bestrebungen von literarischer, publizistischer und wissenschaftlicher Seite; in die Breite wirkten sie allerdings nicht.

Bis die Auseinandersetzung mit der Diktatur weite Bevölkerungsschichten der jungen Republik erfaßte, sollten bei-

*Am laufenden Band: Der millionste VW-Käfer, Inbegriff des Wirtschaftswunders, August 1955*

nahe zwanzig Jahre ins Land gehen. Dann begannen neue Generationen den Ton anzugeben, Nachgeborene zumeist, die keine persönliche Erinnerung mehr daran hatten, was Krieg, Vernichtung, Vertreibung oder auch moralische Verwirrung bedeuteten. In den späten vierziger und frühen fünfziger Jahren, als die junge Bundesrepublik ihren Lebensweg begann, als sie das Laufen lernte, war das anders. War nicht allen selbstverständlich bewußt, in welcher Katastrophe, mit welcher Diskreditierung das Dritte Reich geendet hatte? Man hatte die Resultate ja täglich vor Augen, und daher war vordringlich, wieder auf die Beine zu kommen. Dabei tat man sich mit allem schwer, was an die Vergangenheit erinnerte.

Das galt auch für den Staat Israel, der 1948 vor allem von Überlebenden jenes rassenideologischen Vernichtungskrieges gegründet worden war, den die Deutschen während des Zweiten Weltkrieges gegen das europäische Judentum geführt hatten. Wenn es ein Mahnmal der Erinnerung gab, dann war es dieser Staat. Also mußten die Beziehungen der beiden deutschen Teilstaaten zu Israel von besonderer Natur sein. Bis in die Dämmerstunden des Kalten Krieges, bis zu einer positiven Entscheidung der Volkskammer vom April 1990, lehnte der eine, die DDR, die Übernahme jedweder historischen Verantwortung für das ab, was vor 1945 durch Deutsche geschehen war, da er sich nicht als Nachfolger des Deutschen Reiches begriff.

Anders die Bundesrepublik, die im übrigen damit auch ihren Alleinvertretungsanspruch unterstrich, anders ihr Kanzler: Seit März 1952 wurde in Den Haag über ein sogenanntes Wiedergutmachungsabkommen verhandelt. Am 10. September konnte es in Luxemburg unterzeichnet werden. Darin verpflichtete sich Bonn, innerhalb von zwölf Jahren drei Milliarden D-Mark an den Staat Israel zu zahlen und auf diese Weise die Eingliederung Hunderttausender jüdischer Flüchtlinge zu unterstützen. Es war bezeichnend, daß Konrad Adenauer die Stimmen der SPD benötigte, um das Unternehmen über die parlamentarischen Hürden zu bringen. Die Reserve – oder sogar offene Ablehnung – in den Reihen der Regierungskoalition war offenkundig.

Die Wiedergutmachungsleistungen gegenüber Israel und anderen Opfern der nationalsozialistischen Politik und Kriegführung war ja auch nur schwer mit jenen Maßnahmen vereinbar, die das politische Geschehen jener Jahre bestimmten. Nachdem die Entnazifizierung Ende der vierziger Jahre in deutsche Hände übergegangen war, waren Begnadigungen und Strafeinstellungsverfahren an der Tagesordnung. 1951 beschloß der Bundestag darüber hinaus eine Neufassung des Artikels 131 des Grundgesetzes. Sie ermöglichte ehemaligen Mitgliedern der NSDAP die Rückkehr in den öffentlichen Dienst.

Adenauer selbst arbeitete schon seit 1949 im Bundeskanzleramt eng mit dem Juristen Hans Globke zusammen, der als Kommentator der 1935 in Nürnberg erlassenen »Rassegesetze« zweifelhafte Bekanntheit genoß. 1953 machte der Kanzler ihn zu seinem Staatssekretär, eine Position, die er bis zum Ende der Adenauerschen Regierungszeit behielt. Er war ein vorzüglicher, geräuschloser Organisator. Unverdächtige, unbelastete Zeugen, auch aus den Reihen des Widerstands, hatten bei seiner Einstellung positiv für ihn ausgesagt: Er sei für die Gegner des Regimes ein verlässlicher, hilfsbereiter Informant gewesen. Aber es blieben doch Zweifel.

Die Rehabilitierung ehemaliger Nationalsozialisten, ihre Einbindung ins öffentliche Leben der Bundesrepublik, war fragwürdig. Läßt sich aber übersehen, daß hierin auch eine Integrationsleistung lag? Willy Brandt, in keiner Weise der vordergründigen historischen oder politischen Harmonisierung verdächtig, hat sich wiederholt zu diesem Thema, dieser Seite der Politik Konrad Adenauers geäußert. Er habe, sagte er in einem Gespräch aus Anlaß des einhundertsten Geburtstags des Altkanzlers, dessen Handhabung der braunen Vergangenheit anfänglich »recht kritisch« gesehen, neige aber im zeitlichen Abstand »zu einer positiveren Beurteilung«. Es sei möglicherweise eine große innenpolitische Leistung gewesen, Zeit zu gewinnen, Abstand zu schaffen, indem man die Aktivitäten während des Dritten Reiches nicht zum alleinigen Maßstab erhob. Man habe, meinte Brandt, ein Volk nicht spalten und gleichzeitig über die Ereignisse jener zwölf Jahre hinwegbringen können. Dank seiner ausgleichenden Rolle habe Adenauer einer neuen Generation die Möglichkeit eröffnet, selbständig heranzuwachsen, und zugleich »ein gutes Stück Stabilität« in den Staat – wie übrigens auch in die CDU – gebracht. Das bedeute viel. Adenauer, heißt es noch in Brandts Erinnerungen, »setzte auf Zeitgewinn und trug, mit einem Schuß Opportunismus, dazu bei, daß die Deutschen nicht heillos zerbrachen – im Streit über jenen moralischen Absturz, den sie gerade überlebt hatten«.

Im Umgang mit der Vergangenheit war der Kanzler weitaus unbefangener als der Bundespräsident. Theodor Heuss, ein 1884 geborener Schwabe, Schüler Friedrich Naumanns, der im März 1933 als linksliberaler Reichstagsabgeordneter für Hitlers Ermächtigungsgesetz gestimmt hatte, sprach sich zwar – wie Adenauer – deutlich gegen eine Kollektivschuld des deutschen Volkes aus, forderte aber eine »Kollektivscham«. Aus eben diesem Empfinden heraus und weil er die Auffassung vertrat, der Zweite Weltkrieg sei ein »Geschichtseinschnitt«, der »mit dem alten Sinn- und Wortvorrat nicht mehr umfaßt werden« könne, wollte Heuss der Bundesrepublik auch zu einer neuen Nationalhymne verhelfen. Adenauer sah das anders, setzte, gemeinsam mit der Regierung, das Deutschlandlied durch. Schon im August 1949 hatte er in die dritte Strophe der alten Nationalhymne eingestimmt, sie Mitte April 1950 in Berlin sogar intoniert, und auf diese Weise erkennen lassen, daß er zumindest an dieser Passage des Hoffmannschen Textes festzuhalten gedachte.

Ohnehin ließ sich die Vergangenheit nicht abschütteln, nicht einmal mit Aussicht auf Erfolg verdrängen. 1955 holte sie, auf unerwartete Weise, die junge Republik wieder ein. Noch knapp 10 000 Deutsche befanden sich in sowjetischer Kriegsgefangenschaft, als Adenauer, erstmals in seinem

Leben und auf Einladung der Sowjets, Mitte September 1955 nach Moskau reiste. Am Ende konnte der Kanzler einen auch psychologisch wichtigen Erfolg verbuchen. Die Sowjetunion hatte ihm die Rückführung der Kriegsgefangenen zugesagt. Als wenig später die ersten Züge mit den Heimkehrern eintrafen, waren nicht nur deren Angehörige tief gerührt. Bei Adenauers erstem öffentlichem Auftritt nach seiner Rückkehr aus Moskau konnte man beobachten, was dieser Erfolg bedeutete: Eine zierliche alte Frau, sichtlich überwältigt von ihren Emotionen, ging zögernd, hin- und hergerissen zwischen der Respekt gebietenden Unnahbarkeit Adenauers und ihrer Dankbarkeit, auf den Kanzler zu und küßte ihm die Hand – stellvertretend für viele. Adenauer erlebte einen Höhepunkt seiner Popularität.

Der Preis, den der Kanzler für die Entlassung der Kriegsgefangenen zu entrichten hatte, war hoch. In seiner Umgebung zögerte man, ob man ihn zahlen solle: Die Aufnahme diplomatischer Beziehungen zur Sowjetunion mochte für jeden anderen Staat angesichts der seit Stalins Tod 1953 aufkeimenden Entspannungshoffnungen ein willkommener Schritt zur Verständigung sein. Für die Bundesrepublik aber war er von großem, schwerem Gewicht. Denn der Austausch von Botschaftern mit der Sowjetunion bedeutete auch eine völkerrechtliche Aufwertung der DDR. Von nun an gab es in Moskau zwei deutsche Vertretungen. Das war ein Präzedenzfall, und der wiederum stellte den sorgfältig formulierten Alleinvertretungsanspruch der Bundesrepublik in Frage: Da nur sie, nicht aber das SED-Regime demokratisch legitimiert sei, hieß es in Bonn, könne, ja müsse die Bundesregierung für alle Deutschen sprechen. Jetzt, nach der Aufnahme diplomatischer Beziehungen zu Moskau, hatte man folglich ein Problem.

Um aus der Zwickmühle herauszukommen, entwarf der damalige Leiter der Politischen Abteilung des Auswärtigen Amtes, Wilhelm Grewe, schon auf dem Rückflug von Moskau einen Rechtfertigungsversuch, eine Handreichung, wie Bonn künftig verfahren solle: Die Aufnahme diplomatischer

Beziehungen zur Sowjetunion stelle einen Sonderfall dar, da diese als Siegermacht Mitverantwortung für Gesamtdeutschland trage. Jeder andere Staat aber, der die DDR anerkenne, begehe aus Sicht der Bundesrepublik einen »unfreundlichen Akt«, den man nicht hinnehmen könne. Für diesen Fall drohte man mit Konsequenzen. Sie konnten darin bestehen, den Geldhahn der Wirtschaftshilfe zu schließen, eine Sanktion, die vor allem bei den Staaten der sogenannten Dritten Welt Wirkung zeigte. Im äußersten Fall war man sogar bereit, die diplomatischen Beziehungen abzubrechen; so weit ging Bonn zweimal, 1957 im Falle Jugoslawiens und 1963 gegenüber Kuba.

Das war, je länger die deutsche Teilung andauerte, eine zusehends weltfremde Politik. Wie lange konnte man die staatliche Existenz der DDR schlicht leugnen? Außerdem war die Bundesrepublik durch die – nach Staatssekretär Walter Hallstein benannte – Doktrin erpreßbar geworden. Gerade die Staaten der Dritten Welt, zumal des Nahen Ostens, erkannten nämlich schnell, daß man den Spieß umdrehen konnte: Mit der Androhung, die DDR anzuerkennen, ließen sich Geschäfte machen, finanzielle Zusagen erzwingen. Gewiß, aufs Ganze gesehen erfüllte die »Hallstein-Doktrin« in der heißen Phase des Kalten Krieges ihren Zweck. Doch sobald die Konfrontation der beiden Supermächte in eine allmähliche Akzeptanz des Status quo überging, wurde sie hinderlich. Sie drohte auf längere Sicht, die Bundesrepublik zu isolieren.

Das Schicksal der »Hallstein-Doktrin« unterstrich die enorme Abhängigkeit der Bundesrepublik von ihren Verbündeten, allen voran den Vereinigten Staaten. Standen die Zeichen auf Sturm, auf Streit mit der Sowjetunion, der immer das Risiko eines bewaffneten Konflikts einschloß, mußte Bonn kämpferische Entschlossenheit demonstrieren. Drehte der Wind auf Entspannung, mußte man auch am Rhein versöhnliche Töne anschlagen. Die Deutschen, und allen voran ihr erster Kanzler, machten in jenen Jahren wiederholt die

*Eine für viele: Die Mutter eines freigelassenen Kriegsgefangenen dankt dem Kanzler nach seiner Rückkehr aus Moskau, September 1955*

schmerzliche Erfahrung, wie wenig sie den Verlauf eines Konflikts selbst dann beeinflussen konnten, wenn sie unmittelbar betroffen waren.

Washington hatte einen unvergleichlichen Trumpf in der Hand: In letzter Konsequenz konnten nur die Vereinigten Staaten von Amerika dem westdeutschen Teilstaat sein Überleben und damit eine Zukunft garantieren. Denn nur Washington verfügte über jene nuklearen Kapazitäten, die der Logik des Kalten Krieges entsprechend Sicherheit verbürgten. Je rascher aber der Ausbau der nuklearen Arsenale voranschritt und je gewaltiger ihre Zerstörungskraft wurde, um so mehr achteten beide Seiten, die USA wie die Sowjetunion, darauf, daß diese gerade nicht eingesetzt, vielmehr Mechanismen entwickelt wurden, die sicherstellten, daß ihre Bomber und Raketen am Boden blieben. »Mutual Assured Destruction« nannte man das damals. Spätestens seit der Kuba-Krise, als beide Seiten im Oktober 1962 ihre Streitkräfte in die allerhöchste Alarmbereitschaft versetzten, wußte man, was auf dem Spiel stand.

Die gegenseitige Neutralisierung im nuklearen Bereich, die 1972 auch förmlich fixiert wurde, führte allerdings schon in den fünfziger Jahren zu einer relativen Aufwertung der konventionellen Streitkräfte, insbesondere in Mitteleuropa, was das Gewicht der Bundesrepublik erhöhte. In diesem weltpolitischen Klima also begann in der Bundesrepublik der Aufbau einer Armee, die bald die robuste Stärke von mehr als einer halben Million Mann haben sollte. Sorgsam waren ihre Väter darauf bedacht, jede Verbindung zur diskreditierten Wehrmacht zu vermeiden. Gewiß, viele Offiziere hatten schon in der alten Armee gedient und gekämpft. Anders als deren Soldaten verstanden sich allerdings die Angehörigen der »Bundeswehr« als »Staatsbürger in Uniform«, und die militärische Führung des Landes war strikt der politischen untergeordnet.

Wohl auch deshalb war die öffentliche Akzeptanz der neuen Truppe von Anfang an erstaunlich hoch, obgleich sie durch aktuelle politische und militärische Ereignisse sowie

Entscheidungen immer wieder in Frage gestellt wurde, zum Beispiel in den Jahren 1957/58. Ausgelöst durch eine Umstellung der amerikanischen strategischen Planungen mit unmittelbaren Konsequenzen für die im Aufbau befindliche Bundeswehr, erhoben sich prominente Stimmen, unter ihnen Bundeskanzler Konrad Adenauer und Verteidigungsminister Franz Josef Strauß, und forderten die Ausrüstung der Streitkräfte mit Trägersystemen für taktische Nuklearwaffen.

Damit hatten der Kanzler und sein Minister die politische Schmerzgrenze vieler Bundesbürger überschritten. Als Adenauer dann auch noch auf einer Pressekonferenz im April 1957 die zur Debatte stehenden taktischen Atomwaffen als »eine Weiterentwicklung der Artillerie« und als »beinahe normale Waffen« zu verharmlosen suchte, gingen selbst Wissenschaftler auf die Barrikaden. Mit einem Appell setzten führende deutsche Atomphysiker, unter ihnen Otto Hahn, Werner Heisenberg und Carl Friedrich von Weizsäcker, die Öffentlichkeit ins Bild, daß taktische Atomwaffen die zerstörende Wirkung »normaler Atombomben« hätten. Jede einzelne sei »wie die erste Atombombe, die Hiroshima zerstört hat«. Die in Göttingen versammelte Gelehrtenschar forderte, freiwillig auf den Besitz von Atomwaffen jeder Art zu verzichten. Unter dem Motto »Kampf dem Atomtod« blieb aber auch diese Protestbewegung ohne Wirkung: Am 25. März 1958 faßte der Bundestag den Beschluß, die Streitkräfte mit Trägersystemen für taktische Nuklearwaffen auszurüsten.

Kanzler Adenauer und Minister Strauß konnten sich ihrer Sache sicher sein, weil es zum ersten und einzigen Mal in der Geschichte der Bundesrepublik eine wirkliche absolute Mehrheit gab. Am 15. September 1957 hatten CDU und CSU bei einer Wahlbeteiligung von beinahe 88 Prozent mehr als die Hälfte der Stimmen gewinnen können; vier Jahre zuvor hatten sie zwar die Mehrheit der Parlamentssitze, aber nicht die der Stimmen erhalten. Die SPD konnte mit 31,8 Prozent der Stimmen bestenfalls Verfassungsänderungen verhindern, für die eine Zweidrittelmehrheit notwendig war. Kein Zweifel: Dieses überragende Ergebnis der Unionsparteien war an erster Stelle der Erfolg des Kanzlers. Souveränität, Wirtschaftswunder, Rückgliederung des Saarlandes, Heimkehr der Kriegsgefangenen und nicht zuletzt die erst vor wenigen Monaten eingeführte dynamische Rente als »Solidarvertrag zwischen zwei Generationen« – all das verband die Mehrheit der Westdeutschen vornehmlich mit dem Namen Konrad Adenauer.

Er stand auf dem Gipfel seines Erfolgs. Daß nach dem Erreichen des Gipfels der Abstieg folgt, wollte er nicht wahrhaben. Konnte man es ihm verdenken? Konnte man erwarten, daß er in den Weichenstellungen des Jahres 1955, in den Pariser Verträgen und vor allem in der Rückgewinnung der Souveränität, den Höhe- und also den Scheitelpunkt seiner späten Karriere erkannte? Außenstehenden jedenfalls blieb nicht verborgen, daß Adenauer seinen politischen Einfallsreichtum erschöpft hatte. Was folgte, war wesentlich Bewahrung und Pflege des Erreichten. Neue Initiativen wurden kaum mehr ergriffen.

Dabei wären sie nötig gewesen, und das um so mehr, als 1957 der Sputnik-Schock die weltpolitischen Vorzeichen änderte. Den Sowjets war es nämlich gelungen, erstmals einen Satelliten in die Erdumlaufbahn zu starten und damit das Raumfahrtzeitalter zu eröffnen. Das hieß aber auch, daß es längerfristig die militärische Überlegenheit und Unantastbarkeit der USA nicht mehr gab. Konsequent setzte Washington fortan auf »flexible Vergeltung« und legte damit die Strategie des »massiven Gegenschlags«, auch im Falle eines sowjetischen Angriffs auf Westeuropa, zu den Akten.

Damit hatte Adenauer seine Probleme. Mißtrauisch interpretierte er die neuerliche Kehrtwende der amerikanischen Strategie als »Politik der Schwäche«. Nicht daß er Abrüstungsmaßnahmen grundsätzlich abgelehnt hätte. Nur wollte er die westliche Bereitschaft an Forderungen und Bedingungen geknüpft sehen, allen voran an die sowjetische Bereitschaft, einer Wiedervereinigung Deutschlands wenn nicht sogleich zuzustimmen, so doch jedenfalls kein definitives »Njet« entgegenzuschleudern. Dabei übersah oder ignorierte der alte Mann, daß eine Wiedervereinigung den Westmächten allenfalls noch ein Lippenbekenntnis, keinesfalls aber den Einsatz politischer oder gar militärischer Machtmittel wert war. Adenauers Stern begann zu sinken. Die Gunst der Stunde, die der ersten Hälfte seiner Regierungszeit beschieden war, schwand dahin. Auf dem Höhepunkt der Blockkonfrontation hatte Bonn ein eigenes Gewicht geltend machen können. Sobald sich wegen der Gefahr wechselseitiger Vernichtung die verfeindeten Weltmächte widerstrebend annäherten, begann sich das zu ändern.

Doch der Abschied von der Macht war lang, und er war mühsam. Wie vielen erfolgreichen Menschen und allen Kanzlern nach ihm fiel er Adenauer schwer – so schwer, daß er begann, Fehler zu begehen, einen würdigen Rücktritt zu versäumen. Unter seinen Fehlern war der folgenreichste, daß er nicht rechtzeitig für einen geeigneten Nachfolger sorgte. Dieses Versagen wiegt um so schwerer, als Adenauer selbst am besten wußte, daß das Ende seiner Kanzlerschaft nur eine Frage der Zeit war. Es macht die Sache nicht besser, daß andere vor ihm, etwa Otto von Bismarck, bei der Kanzlernachfolge den gleichen Fehler begangen hatten und andere nach ihm, Willy Brandt oder Helmut Kohl, bei der Regelung ihrer Nachfolge im Parteivorsitz ähnlich versagt haben. Natürlich spürte der greise Kanzler, der bereits 1956 die Achtzig überschritten hatte, daß seine Stellung nicht mehr unantastbar war. Er beriet sich auch mit engen Freunden, fand aber niemanden, dem er sein Erbe anvertrauen mochte, niemanden, dem er zutraute, es in seinem Sinne zu verwalten und fortzuführen, schon gar nicht in Ludwig Erhard.

Das Jahr 1959 schien die Chance zu eröffnen, gleich mehrere Fliegen mit einer Klappe zu schlagen, weil sich zur schwelenden Frage der Kanzlernachfolge die der Neuwahl des Bundespräsidenten gesellte. Der parteiübergreifend respektierte Theodor Heuss war an das Ende seiner zweiten Amtszeit gelangt, und das Grundgesetz forderte damit, zum Bedauern vieler, einen Amtswechsel. Die SPD nominierte Carlo Schmid, einen Mann von unbestrittenem politischem und persönlichem Format, der bei Anhängern aller Parteien hohes Ansehen genoß. Allerdings nicht bei Adenauer. Für den Kanzler war der Sozialdemokrat eine Gefahr, da er deutschlandpolitisch einen anderen Kurs als die Bundesregierung befürwortete. Noch dazu liebäugelte er mit einer Großen Koalition. Aus demselben Grund lehnte Adenauer eine Kandidatur mancher Unionsmitglieder, etwa Eugen Gerstenmaiers, ab. Statt dessen überraschte er erneut Freund wie Feind und befürwortete im Februar 1959 öffentlich die Nominierung seines Wirtschaftsministers Ludwig Erhard.

Doch diesmal hatte sich der Taktierer verschätzt. Für die Bevölkerung hatte sein Vorschlag den üblen Beigeschmack eines »Kronprinzenmordes«. Der populäre Vater des Wirtschaftswunders wurde von vielen nicht als künftiger Bundespräsident, sondern als Kanzleranwärter gehandelt. Adenauer hingegen hielt Erhard zwar für einen kompetenten Ökonomen, sprach ihm jedoch außenpolitische Fähigkeiten gänzlich ab. Auf internationalem Parkett, so hörte man aus Rhöndorf, habe der Mann der Wirtschaft weder Gespür noch Erfahrung und sei daher als Nachfolger denkbar ungeeignet. Daß der Kanzler außenpolitisches *Know-how* selbst erst seit 1949 gesammelt hatte, war vergessen. Auch wenn Adenauers Skepsis gegenüber Erhards Kanzlerqualitäten in den Folgejahren letztlich bestätigt werden sollte, war nicht zu verkennen, daß er mit der systematischen Demontage Erhards in der Öffentlichkeit, auch in der eigenen Partei, Sympathien verspielte.

Die Kandidatur Erhards als Bundespräsident war jedenfalls angesichts des öffentlichen und parteiinternen Widerstands nicht haltbar. Wer also dann? Während noch alle Welt rätselte, ging Adenauer erneut mit einem überraschenden Vorschlag in die Offensive: Er selbst, verkündete er am 8. April in einer von Rundfunk und Fernsehen übertragenen Ansprache, sei der geeignete Mann. Das ließ viele erfreut

*Ein Mann, ein Symbol: Wirtschaftsminister Ludwig Erhard*

aufhorchen. Hatte der verdiente Kanzler also doch erkannt, daß die Zeit gekommen war, würdig einen schrittweisen, stilvollen Abgang von der politischen Bühne zu inszenieren? Die *Münchner Abendzeitung* jedenfalls stand nicht allein, wenn sie erleichtert schrieb: Die »Große Wende: Adenauer dankt ab«.

Wer aber genau hinhörte, kam schnell ins Zweifeln. »Die Stellung, die Aufgabe und die Arbeit des Bundespräsidenten«, erklärte Adenauer seinem Volk, »wird in der deutschen Öffentlichkeit und damit auch international zu gering eingeschätzt. Sie ist viel größer, als man schlechthin glaubt.« Mit solchen Äußerungen brüskierte der Alte nicht nur den bisherigen Bundespräsidenten Heuss. Er machte auch deutlich, daß er noch lange nicht, und keineswegs freiwillig, bereit war, auf die Macht zu verzichten. Im Gegenteil wurde bald darauf bekannt, daß er vorhatte, auch als Bundespräsident Parteivorsitzender zu bleiben und sogar Kabinettssitzungen zu leiten. War es da nicht richtiger, praktischer, gleich auf dem Posten des Bundeskanzlers auszuharren? Also Rolle rückwärts. Am 5. Juni 1959 erklärte Adenauer seinen erstaunten Parteifreunden: »Seit ... dem Tage, an dem ich mich zur Annahme der Kandidatur bereit erklärte, hat sich die außenpolitische Situation ... verschlechtert. Ich glaube, bei dieser Entwicklung es nicht verantworten zu können, meinen jetzigen Posten als Bundeskanzler zu verlassen.«

Nicht Ludwig Erhard, nicht Carlo Schmid, schon gar nicht Konrad Adenauer, sondern Heinrich Lübke, der rechtschaffene, aber eher schlichte Bonner Minister für Ernährung, Landwirtschaft und Forsten aus den Reihen der CDU, wurde schließlich zum Bundespräsidenten gekürt. Erhard hoffte weiter auf den Bundeskanzlerposten, und Adenauer tat weiter alles, um genau das doch noch zu verhindern. Aber seine Schüsse, oft aus dem Hinterhalt, gingen nach hinten los; sein unkollegialer Umgang mit dem verdienten Wirtschaftspatriarchen erhöhte dessen Popularität, auch in den Reihen der CDU, während Adenauers Ansehen weiter Schaden litt.

Allerdings war das Argument, mit dem Adenauer seinen Aufenthalt im Kanzleramt zu verlängern suchte, nicht ganz von der Hand zu weisen, stand doch die deutsche Politik seit November 1958 im Schatten einer schweren internationalen Krise, deren Austragungsort einmal mehr die ehemalige, nun geteilte deutsche Hauptstadt war. Seit ihrer Gründung litt die DDR inmitten ihres staatlichen Territoriums an einer offenen, schmerzlichen Wunde: West-Berlin, der »Gräte im Hals« oder dem »Pfahl im Fleische«, wie es im Kreml hieß. So sehr sich die sowjetischen Machthaber auch bemühten, teils durch Propaganda, teils auch mit Gewalt, eine breite Zustimmung der DDR-Bevölkerung zu erzwingen; so sehr sie daran arbeiteten, die Bundesrepublik als imperialistischen Unrechtsstaat zu verunglimpfen – die ostdeutschen Menschen machten sich ein anderes Bild. Bei ihren damals noch erlaubten Besuchen im Westen sahen sie eine freie Presse und ein freies Parteiensystem. Der Wiederaufbau machte erkennbare Fortschritte und die Schaufenster waren gefüllt. Es ging sichtlich aufwärts.

Anders sah es östlich der Elbe aus. Die ökonomische Lage der DDR hatte sich zwar im Vergleich zum Beginn der fünfziger Jahre verbessert, doch sie war wesentlich schlechter als die westdeutsche. Ganz zu schweigen von den politischen Freiheiten, die der Klassenfeind bot. Und so zogen immer mehr Bürger der DDR die Konsequenzen und machten sich auf den Weg nach Westen. Von September 1949 bis August 1961 registrierte das Bundesministerium für Gesamtdeutsche Fragen über zweieinhalb Millionen Flüchtlinge aus der DDR, fast 20 Prozent ihrer Bewohner, die Hälfte davon unter 25 Jahre alt. Die Flucht war relativ leicht, solange es das Schlupfloch West-Berlin gab. Die DDR drohte auszubluten.

Soweit diese Abstimmung mit den Füßen Ost-Berlins Stellung schwächte, war sie ganz im Sinne der westlichen Politik. »Unsere Aufgabe im freien Berlin«, formulierte der damalige Regierende Bürgermeister der geteilten Stadt, Willy Brandt, »besteht darin, daß wir durch unser einfaches Dasein, durch unsere tägliche Arbeit die Konsolidierung, die Stabilisierung des aufgepfropften totalitären Regimes in der uns umgebenden Zone so weit wie möglich erschweren, so sehr wie möglich verlangsamen.« Doch genau das wollte und konnte der Kreml nicht länger hinnehmen. Am 27. November 1958 erreichte die Westmächte eine Note. Mit ihr kündigte Nikita S. Chruschtschow, der starke Mann der Sowjetunion, den Viermächte-Status von Berlin auf, forderte den Abzug der westlichen Truppen aus der Stadt und drängte auf Verhandlungen über den Status West-Berlins als entmilitarisierter Freier Stadt. Verbunden war der Forderungskatalog mit einem Ultimatum: Sollte man sich, so hieß es, innerhalb von sechs Monaten über die verlangte Neuregelung nicht verständigt haben, würden die sowjetischen Rechte über die Zufahrtswege nach Berlin an die DDR übergeben werden.

Der Westen zögerte: Wie weit würde Chruschtschow gehen? Immerhin hatte der jovial wirkende Kreml-Herr schon einmal, in der Suezkrise 1956, erstaunliche Härte demonstriert und mit dem Einsatz von Raketen gedroht, damals gegen London und Paris. Riskieren wollte man daher nichts, und so zog sich die zweite Berlin-Krise vier Jahre lang hin, bis sie 1962 beinahe geräuschlos beigelegt wurde. Die Patt-Situation verhinderte zwar ihre Eskalation, jedoch ebenso ihre Lösung. Ihren Höhepunkt erreichte sie 1961. Allein in den Monaten Januar bis August dieses Jahres hatten fast 160 000 DDR-Bürger die Flucht in die Bundesrepublik ergriffen – gejagt von der berechtigten Angst, die deutschdeutsche Grenze werde bald gänzlich geschlossen. Wohl wissend, daß die DDR einen Aderlaß solchen Ausmaßes nicht länger verkraften könne, drohte Chruschtschow im Juni 1961 abermals mit gravierenden Konsequenzen für die Enklave West-Berlin.

Inzwischen hatte er jenseits des Atlantiks einen neuen Gesprächspartner. Der junge und unerfahrene amerikanische Präsident John F. Kennedy, der erst zu Jahresbeginn das Weiße Haus bezogen hatte, reagierte nicht etwa mit massiven politischen oder gar militärischen Maßnahmen, sondern am 25. Juli 1961 mit einer behutsamen, defensiven Erklärung, den »three essentials«. Darin bestand Kennedy auf der amerikanischen »Anwesenheit« in »West-Berlin«, auf dem Recht auf »Zugang durch Ostdeutschland« sowie auf der Verpflichtung, »mehr als zwei Millionen Menschen die Selbstbestimmung ihrer Zukunft und die freie Wahl ihrer Lebensform zu gewährleisten – und diese Möglichkeit notfalls zu verteidigen«.

Damit hatte der Präsident eine Minimalposition der amerikanischen Deutschland- und Berlin-Politik formuliert. Und natürlich war seine Rede gerade in dieser Hinsicht ein Signal an die Adresse Moskaus. Die Botschaft war klar und eindeutig: Solange der Kreml die erwähnten drei Punkte respektiere, würde sich die westliche Vormacht an der Entwicklung in dessen Machtbereich grundsätzlich desinteressiert zeigen. Das Signal wurde verstanden. In der Nacht vom 12. auf den 13. August 1961 fingen Angehörige der DDR-Volksarmee an, ermächtigt durch die Staaten des Warschauer Paktes und ermutigt durch die Haltung des Westens, die Ost-West-Sektorengrenze inmitten Berlins abzusperren. Wenige Tage später begann das SED-Regime mit dem Bau einer Mauer quer durch die Stadt.

In West-Berlin und der Bundesrepublik reagierte man mit Bestürzung, Ohnmacht und Zorn. Die *Bild*-Zeitung ließ am 16. August auf Seite 1 die verbreitete hilflose Empörung zu Wort kommen: »Der Osten handelt – was tut der Westen?« Die Antwort lieferte das meinungsstarke Millionenblatt gleich mit: »Der Westen tut NICHTS! Präsident Kennedy schweigt ... und Adenauer schimpft auf Willy Brandt.« Den sowjetischen Machthabern traute man ohnehin alles zu. Aber es war nicht nur für die Berliner ein herber Schlag, daß die Schutzmacht Amerika, das große Vorbild im Kampf um die Freiheit, nichts unternahm. Obendrein ließ sie ihr eigener Kanzler im Stich. Viele Berliner haben Adenauer nie verziehen, daß er geraume Zeit verstreichen ließ, ehe er in die eingeschlossene Stadt flog. Gerhard Schröder, der Innenminister, stand nicht allein mit seiner Überzeugung, Adenauer habe durch dieses Zögern verhindert, daß sich bei den Bundestagswahlen vom 17. September 1961 der Triumph der Unionsparteien von 1957 wiederholte.

So wie der Stern des einen sank, stieg der eines anderen. Während der Kanzler wegen seines Verhaltens nach dem Mauerbau bei der Bevölkerung in Mißkredit geriet, empfahl sich der Regierende Bürgermeister von Berlin durch sein Auftreten vor Ort für größere Aufgaben: Anders als Adenauer hatte Willy Brandt, inzwischen Kanzlerkandidat der SPD, seinen Bundestagswahlkampf im Westen sogleich abgebrochen und war nach Berlin geflogen.

Während der jahrelangen Berlin-Krise hatte sich Brandt mehr und mehr zum gefährlichen Kontrahenten Adenauers entwickelt. Das lag schon an seinem Alter. 1960 wurde er 47, während der greise Kanzler 84 geworden war. Brandt war schon damals die Leitfigur, der Hoffnungsträger der Jungen. Er verband eine jugendliche, optimistische Ausstrahlung, die auf Frauen wie Männer wirkte, mit einem norddeutschen, etwas steifen Gefühl der Würde. Er besaß Charisma, wurde darin oft mit dem noch jüngeren John F. Kennedy verglichen, der gerade gegen Richard M. Nixon die amerikanische Präsidentschaft gewonnen hatte. Nach einer Unterhaltung mit Adenauer bemerkte Kennedy vertraulich: Wenn er mit dem Kanzler rede, habe er nicht nur das Gefühl, mit einer anderen Generation zu sprechen, sondern mit einem Mann einer anderen Welt. Dieses Gefühl breitete sich auch unter den Bundesbürgern aus. War nicht ein Wechsel überfällig?

Washington muß in den Wochen nach dem Bau der Berliner Mauer klar geworden sein, daß eine neue Politik gegenüber der Sowjetunion, die dem »Gleichgewicht des Schreckens« Rechnung trug, sich also um Entspannung bemühte, mit der alten Equipe wohl nicht durchführbar sei. Schon im Mai 1960 hatte Außenminister Heinrich von Brentano dem Kanzler besorgt Artikel führender New Yorker Blätter übersandt, in denen die Frage aufgeworfen wurde, ob Brandt wohl der Herausforderer Adenauers werde.

Hilflos: Die Deutschen und der Mauerbau

Die Berlin-Krise hatte dem Regierenden Bürgermeister seit 1958 zahlreiche Möglichkeiten eröffnet, sich im Ausland bekannt zu machen, sich überhaupt in der Rolle eines Sprechers des freien Westteils der Stadt international zu profilieren. Die dramatischen Umstände des Mauerbaus, übrigens auch einige amerikanische Aktionen in den folgenden Tagen, wie die Entsendung von Kampftruppen, hatten ihn wochenlang ins Rampenlicht gerückt und der ganzen Welt die Persönlichkeit des sozialdemokratischen Kanzlerkandidaten eingeprägt.

Daß Brandt sich im Laufe des Jahres 1960 als Kanzlerkandidat der SPD durchgesetzt hatte, war zugleich Ausdruck eines grundlegenden Wandlungsprozesses, mit dem die Sozialdemokratie den christlichen Regierungsparteien den Wind aus den Segeln zu nehmen hoffte. Die absolute Mehrheit der Union im Herbst 1957 war ein so deutliches Plebiszit zugunsten der Adenauerschen Politik gewesen, daß sich die SPD nicht länger gegen deren Grundlagen und Prinzipien stemmen konnte, wenn sie jemals an der Regierung beteiligt sein wollte. Auch gab es in der Partei schon seit Jahren starke Kräfte, welche die sozialistischen Kampfparolen des 19. Jahrhunderts für überlebt hielten und eine Neuorientierung der Partei forderten.

Jetzt schlug ihre Stunde. Am 15. November 1959 hatte der Godesberger Parteitag mit deutlicher Mehrheit ein neues Programm verabschiedet, mit dem die Genossen den Übergang von einer klassenkämpferisch auftretenden Arbeiterpartei hin zur modernen, undoktrinären Volkspartei vollzogen. Wenig später nahm die Partei dann einen zweiten, nicht minder radikalen Kurswechsel vor: Noch Mitte März 1959 hatten sich prominente SPD-Politiker in einem sogenannten Deutschlandplan für die Neutralisierung ganz Deutschlands und damit erneut gegen die Westbindung der Bundesrepublik ausgesprochen.

Unter ihnen war federführend Herbert Wehner. Der kantige, schwierige Sozialdemokrat, Jahrgang 1906, blickte auf ein spannungsreiches Leben zurück. Ursprünglich Mitglied

*Kann man ihn noch übersehen? Kanzler Adenauer und sein kommender Herausforderer, der Regierende Bürgermeister Willy Brandt, Januar 1960*

der SPD, hatte er sich in den späten zwanziger Jahren der KPD angeschlossen, war rasch an ihre Spitze, ins Politbüro aufgestigen, hatte das Moskauer Exil überlebt, wenn auch mit tiefen Blessuren, und sich, nach einer zweideutigen Stockholmer Zwischenstation, 1946 erneut der SPD angeschlossen. Hier gewann er rasch das Vertrauen Kurt Schumachers, stieg in die Parteiführung auf, wurde 1958, als Linker, zum stellvertretenden SPD-Vorsitzenden gewählt, war freilich fortan von einer Riege jüngerer Reformer umgeben, zu denen vor allem Willy Brandt und Helmut Schmidt gehörten.

Im Juni 1960 legte Wehner in einer fulminanten Bundestagsrede und, so Brandt, zum Erstaunen seiner »engsten Bonner Kombattanten« seinen eigenen Plan zu den Akten und stellte ein für allemal klar, daß auch die Sozialdemokraten die Westbindung uneingeschränkt als Grundlage künftiger Außen- und Deutschlandpolitik akzeptierten. Zugleich betonte er, das geteilte Deutschland könne »nicht unheilbar miteinander verfeindete christliche Demokraten und Sozialdemokraten ertragen«. Mit diesem Kurswechsel manövrierte Wehner sich, seine Fraktion und seine Partei gleichsam über Nacht vom politischen Abseits in die Sphäre der Regierungsfähigkeit.

Der Beifall hielt sich in Grenzen. Das Wahlergebnis von 1961 brachte nicht den erhofften Machtwechsel, obwohl man sich modern gegeben und den Wahlkampf nach den neuesten amerikanischen Methoden geführt hatte. Nicht zuletzt vertraute die SPD auf den deutlichen Stimmungsumschwung zugunsten Willy Brandts wegen seines energischen und doch besonnenen Verhaltens beim Mauerbau. In der Tat konnte die SPD bei den Wahlen zum Vierten Deutschen Bundestag ihr bis dahin bestes Ergebnis erzielen. Aber es reichte noch nicht. Zwar büßte die Union fast fünf Prozent der Stimmen und damit ihre absolute Mehrheit ein, aber gemessen an den Hoffnungen im Vorfeld der Wahl waren die hinzugewonnenen 4,4 Prozent für die Genossen eine bittere Niederlage. Das sah man Brandt deutlich an, als er nach dem Wahlabend, gegen vier Uhr morgens, mit geröteten Augen und eine Zigarette nach der anderen rauchend, vor die Presse trat. Längst war klar, daß die Union gemeinsam mit der FDP, die sich auf 12,8 Prozent verbessert hatte, wieder die Regierung stellen konnte.

Die Liberalen aber nannten Bedingungen und sorgten für Bewegung: Zunächst nahm der christdemokratische Außenminister Heinrich von Brentano seinen Hut, nachdem die FDP seine Qualifikation zu einem Thema öffentlicher Auseinandersetzung gemacht und seiner Ostpolitik mangelnde Flexibilität vorgehalten hatte. Der bisherige Innenminister Gerhard Schröder trat die Nachfolge an und war fortan, unterstützt von Karl Carstens, dem Staatssekretär des Auswärtigen Amtes und späteren Bundespräsidenten, um ein Mindestmaß an Beziehungen zu den Staaten des Warschauer Paktes bemüht.

Den FDP-Vorsitzenden stellte diese Drehung des Personalkarussells nicht zufrieden. Die Koalition mit der Union, ließ Erich Mende nach dem Wahltriumph selbstsicher verlauten, würden sie nur unter der Bedingung eingehen, daß Adenauer im Laufe der Legislaturperiode zurücktrete – je früher, desto besser. Nie vorher war dessen Alter so sehr zum Politikum geworden wie im Vorfeld dieser Wahl. Obwohl es an Respekt vor seiner Leistung nicht fehlte, wurden doch die Rufe nach seinem Rücktritt lauter. Das galt für die Öffentlichkeit, für die Opposition ohnehin, aber selbst für die Regierungsparteien. Vor allem der Nachwuchs in den eigenen Reihen war des Patriarchen überdrüssig, wollte auf eigenen Füßen stehen, die Dinge endlich selbst in die Hand nehmen. Auf Adenauer wirkte das undankbar, ungerecht; viele Bilder dieser Jahre zeigen einen einsamen, fast melancholisch wirkenden Mann.

Dann kam der Herbst 1962 und mit ihm jene innenpolitische Krise, die das politische Ende des ohnehin geschwächten Kanzlers beschleunigte. Am 10. Oktober 1962 veröffentlichte der *Spiegel* einen Artikel über das NATO-

Stabsmanöver »Fallex 62«. Unter dem Titel »Bedingt abwehrbereit« wurde darin behauptet, die Verteidigung der Bundesrepublik bei einem Angriff des Warschauer Paktes sei nicht gewährleistet. Die Reportage bildete den Höhepunkt einer langen Reihe zusehends kritischer Artikel über Bundesverteidigungsminister Franz Josef Strauß, den das Blatt seit einigen Jahren im Visier hatte – wegen seiner Nuklearpolitik, aber auch wegen finanzieller Machenschaften, im Kern vermutlich wegen seiner tatsächlichen oder vermeintlichen Hoffnungen auf das Kanzleramt. Persönliche Vorwürfe gegen Strauß, ja Diffamierungen waren an der Tagesordnung.

Die folgende *Spiegel*-Affäre war daher im Grunde eine Strauß-Affäre, dessen politische Karriere dabei nachhaltig beschädigt wurde. Ausschlaggebend war nicht der Inhalt des Artikels, sondern die überzogene Reaktion des Ministers: In der Nacht vom 26. auf den 27. Oktober wurden die Redaktionsräume des *Spiegel*, außerdem einige Privatwohnungen durchsucht und mehrere leitende Redakteure des Wochenblatts verhaftet, unter ihnen auch sein Herausgeber Rudolf Augstein. Der Verfasser des Artikels, Conrad Ahlers, wurde noch in seinem spanischen Urlaubsdomizil festgenommen. Gerechtfertigt wurde die Aktion, so Konrad Adenauer am 7. November während einer erregten Debatte im Bundestag, mit einem »Abgrund an Landesverrat«, der sich in den Hamburger Redaktionsräumen aufgetan habe.

Das sahen weite Teile der Öffentlichkeit ganz anders. Sollte hier ein kritisches Blatt mundtot gemacht werden? Hinter Adenauers Einstellung zur Pressefreiheit stand ohnehin für viele ein großes Fragezeichen, seit er 1961 erfolglos versucht hatte, ein Fernsehprogramm zu installieren, das ausschließlich unter dem Einfluß und der Aufsicht der Bundesregierung stehen sollte. Das Bundesverfassungsgericht hatte die Pläne in letzter Minute verhindert. Im Zuge der *Spiegel*-Affäre kamen die Vorwürfe erneut hoch. Die Gruppe 47, eine lockere Vereinigung jüngerer Schriftsteller, die sich zur »heimatlosen Linken« rechneten, protestierte schon am

*Zapfenstreich: Bundeskanzler Konrad Adenauer, der zurück-getretene Verteidigungsminister Franz Josef Strauß und das Ende der Spiegel-Affäre, Dezember 1962*

Tage nach dem nächtlichen Zugriff gegen die massiven Eingriffe in die Presse- und Meinungsfreiheit. In den kommenden Tagen schlossen sich zahlreiche Künstler, Schriftsteller, Gelehrte, Journalisten, aber auch Vertreter der Kirchen, den Protesten an, Studenten und Gewerkschaften machten auf Massenkundgebungen gegen Adenauers Regierung mobil.

Aus der *Spiegel*-Krise wurde eine Regierungskrise, als sich herausstellte, daß Strauß die Verhaftung von Ahlers eigenmächtig unter Umgehung des Auswärtigen Amtes angeordnet hatte. Am 19. November 1962 traten die fünf FDP-Minister zurück. Ihre Bedingung für die Bildung eines neuen Kabinetts war nicht nur die Entlassung des Verteidigungsministers, sondern auch der Abschied des Bundeskanzlers – und zwar nunmehr mit festem Datum. Adenauer, der sich zunächst vor seinen Verteidigungsminister gestellt hatte, konnte sich nicht aus der neuen Zwangslage befreien. Bei der Neubildung des Kabinetts im Dezember 1962 war Strauß nicht mehr dabei, und er selbst kündigte für den Herbst 1963 seinen Rücktritt an.

Adenauer war zum »Kanzler auf Abruf« geworden. Die spannende Frage der nächsten Monate drehte sich nicht mehr um ihn, sondern um seinen Nachfolger. Ganz oben auf der Anwärterliste stand noch immer Ludwig Erhard, den Adenauer bis zuletzt erbittert bekämpfte. Erfolglos. Der Stern des Alten aus Rhöndorf sank inzwischen unaufhaltsam, auch in seiner eigenen Partei. Wie sehr sich Adenauer und Erhard mittlerweile entzweit hatten, wurde in Erhards Kühle gegenüber dem deutsch-französischen Vertrag sichtbar, den Adenauer in den letzten Monaten seiner Regierungszeit noch auf den Weg brachte.

Die deutsch-französische Annäherung war die Kehrseite einer deutsch-amerikanischen Verstimmung, und die wiederum hatte persönliche wie auch inhaltliche Gründe. Schon 1959 war der langjährige amerikanische Außenminister John F. Dulles, den Adenauer einen engen Freund nannte, gestorben. Zwei Jahre später übernahmen mit den Demokraten Politiker die politische Macht in Washington, die am Rhein von Anfang an mit skeptischer Nervosität beobachtet wurden. Daß mit John F. Kennedy erstmals ein Katholik das Amt des amerikanischen Präsidenten bekleidete, wurde zwar in Rhöndorf mit einiger Genugtuung vernommen, aber mehr als ein Trostpflaster war das nicht. Nicht nur stellte die junge Garde die Bedrohung der Freiheit in West-Berlin auf die gleiche Stufe mit derjenigen in Vietnam oder Kuba. Kennedy machte außerdem unmißverständlich klar, daß man mit der Sowjetunion in der Berlin-Frage möglichst rasch handelseinig werden wolle.

Da war es beruhigend zu wissen, daß es in Frankreich mit Charles de Gaulle einen Staatsmann gab, der in anderen Kategorien zu denken schien. Schon bei ihrem ersten Treffen Mitte September 1958 in Colombey-les-deux-Églises hatten der Kanzler und der General, der in beiden Weltkriegen gegen Deutschland im Feld gestanden hatte, Gemeinsamkeiten entdeckt. Nachdem de Gaulle Anfang 1959 sein Amt als erstes Staatsoberhaupt der Fünften Französischen Republik angetreten hatte, fand Adenauer in ihm den Partner, mit dem er die deutsch-französische Aussöhnung fortsetzen konnte. Außerdem schien der hochgewachsene, Würde und Stolz verkörpernde Franzose in der Berlin-Krise der einzige westliche Politiker von Format zu sein, der Bonn vorbehaltlos unterstützte. Daß er seine Rückendeckung von zwei Bedingungen, der Anerkennung der Oder-Neiße-Linie und dem dauerhaften Verzicht der Bundesrepublik auf Atomwaffen, abhängig machte, wurde dabei von Adenauer ebenso großzügig übersehen wie die listige Raffinesse des Generals: In der Gewißheit, daß jeder Versuch, die Wiedervereinigung Deutschlands ins Werk zu setzen, auf absehbare Zeit am sowjetischen Widerstand scheitern werde, konnte Paris die deutsche Position gefahrlos unterstützen.

Die profranzösische Wendung des Kanzlers hatte erhebliche innenpolitische Konsequenzen, vertiefte die Spaltung der Regierungsparteien in »Atlantiker« und »Gaullisten«. Gemeinsam war ihnen der Wunsch nach einem besseren, engen

Verhältnis zu Frankreich. Allerdings nahmen die »Gaullisten« dabei sehenden Auges eine Verstimmung mit den USA und Großbritannien in Kauf. Die »Atlantiker« um Außenminister Schröder und Wirtschaftsminister Erhard wollten sie keinesfalls riskieren, zeigten dem werbenden General folglich die kalte Schulter. Zu offenkundig steuerte de Gaulle auf einen exklusiven französisch-deutschen Zweibund als Kern eines Westeuropas der Vaterländer zu, der Großbritannien draußen halten sollte und überdies noch eine kaum verhüllte Spitze gegen Washington besaß. Am 14. Januar 1963 platzte die Bombe. In einer seiner berühmten Pressekonferenzen ließ de Gaulle wortgewandt, aber unverhohlen erkennen, daß er amerikanische Hegemonialbestrebungen ebenso ablehne wie britische Sonderwünsche. Damit kündigte er unverschlüsselt ein Veto gegen den EWG-Beitritt Großbritanniens an, obwohl über ihn schon seit fast zwei Jahren verhandelt worden war.

Eine Woche nach diesem spektakulären Auftritt wurde in Paris der sogenannte Elysée-Vertrag zur deutsch-französischen Zusammenarbeit von de Gaulle und Adenauer unterzeichnet. Regelmäßige Konsultationen der Staats- und Regierungschefs, der Außen- und Verteidigungsminister, der Minister für Jugend und Familie sowie eine entsprechende Kooperation auf allen diesen Gebieten sollten fortan an der Tagesordnung sein. Solche Aussichten konnten allerdings Bonner Bedenken gegen die deutsch-französische Liaison nicht aus dem Weg räumen. Adenauer war bereits zu angeschlagen, nicht mehr stark genug, sich gegen die »Atlantiker« in seinem Kabinett durchzusetzen, unter denen so einflußreiche Figuren wie Außenminister Gerhard Schröder, Verteidigungsminister Kai-Uwe von Hassel und natürlich Ludwig Erhard waren.

Also mußte sich der Kanzler auf einen Kompromiß einlassen. Bei der Ratifizierung des Vertrages wurde seiner deutschen Fassung eine Präambel des Bundestages vorangestellt. Sie enthielt ein ausdrückliches, eindeutiges Bekenntnis zur »engen Partnerschaft zwischen Europa und den Vereinigten

*Ein Star an der Spree: John F. Kennedy mit Willy Brandt und Konrad Adenauer auf der Fahrt durch Berlin, Juni 1963*

Staaten von Amerika«, zur »gemeinsamen Verteidigung im Rahmen des nordatlantischen Bündnisses« und zur »Schaffung der Europäischen Gemeinschaften ... unter Einbeziehung Großbritanniens und anderer zum Beitritt gewillter Staaten«. Damit war dem Elysée-Vertrag die Exklusivität genommen. Die deutsch-französische Ehe – so jedenfalls sah das der General in Paris – war zwar geschlossen, aber nicht vollzogen worden. Seine Enttäuschung ließ ein gekränkter de Gaulle Adenauers Nachfolger spüren.

Die deutsch-französische Aussöhnung stand am Anfang und am Ende der Adenauerschen Kanzlerschaft – sie war und bleibt eines seiner größten Verdienste. Nach der Ratifizierung des Elysée-Vertrages kam der Rücktritt, der dem alten Mann so schwer fiel, unaufhaltsam näher. Am 15. Oktober verabschiedete der Bundestag den Kanzler: »Konrad Adenauer hat sich um das Vaterland verdient gemacht.«

Unter dem Strich blieb Respekt: Zunächst mit nur einer Stimme Mehrheit ausgestattet, hatte Konrad Adenauer inmitten des Chaos, in das Deutschland gestürzt war, außerordentliche Qualitäten an den Tag gelegt. Der FDP-Politiker Thomas Dehler, Adenauer in tiefer Verehrung und aufrichtiger Gegnerschaft verbunden, bekannte wiederwillig gegenüber Günter Gaus: »Nicht zu leugnen, wo er erschien, wuchs ihm ohne weiteres eine Führung zu.« Und auf die Frage, ob er Adenauers Souveränität bewundert habe, fügte Dehler hinzu: »Sehr. Seine Kühle, seine Unbekümmertheit und seine Klarheit, mit der er dieser Bundesrepublik Wirksamkeit zu verschaffen suchte und verstand.«

Adenauer hatte das nicht anders gesehen. Kurz vor seinem Tode gefragt, ob er es für lobend oder abwertend halte, wenn man ihn einen großen Vereinfacher nenne, antwortete der Alte: »Das halte ich für ein ganz großes Lob. Denn, in der Tat, man muß die Dinge so tief sehen, daß sie einfach sind. Wenn man nur an der Oberfläche der Dinge bleibt, sind sie nicht einfach; aber wenn man in die Tiefe sieht, dann sieht man das Wirkliche, und das ist immer einfach. Ob das

*Versöhnung: Konrad Adenauer und Charles de Gaulle feiern die Messe in der Kathedrale von Reims, Juli 1962*

angenehm ist, das ist eine andere Frage.« Für das Amt des ersten Kanzlers der jungen Republik war diese Gabe der Konzentration auf den Kern der jeweiligen Probleme ein Geschenk. »Man mußte mit den Dingen als Kanzler umzugehen wissen«, fuhr er fort, »und je klarer und einfacher man sie sah, desto mehr Aussicht auf Erfolg hatte man.« Ob ein anderer, ein Jüngerer, zu dieser radikal vereinfachten Weltsicht, die das Land nach der Katastrophe brauchte, in der Lage und bereit gewesen wäre?

Als Ludwig Erhard Bundeskanzler wurde, schlug seine Stunde nicht – sie war bereits vorbei. Sein Erfolg war an den Konrad Adenauers gebunden, hatte in ihrer Zusammenarbeit gelegen: Die Ära Adenauers war auch die Erhards. Im ersten Jahrzehnt der Bundesrepublik war die Popularität des einen ohne das Talent des anderen kaum denkbar – und umgekehrt. Dabei waren die beiden in vielen Dingen grundverschieden: Der katholische Rheinländer war ein schlanker, kerzengerader Asket, der protestantische Franke ein rundlicher Genußmensch. Fuchs der eine, Gummilöwe der andere. Während der Alte den Skeptiker verkörperte, strahlte der Dicke Optimismus aus. Adenauer hatte den Sarkasmus und Biß eines Machtmenschen, Erhard gefiel sich als verbindlicher, naiver Mahner und wohlwollender Volksmann.

Selbstbewußt und ehrgeizig war Erhard durchaus. Aber ihm fehlte jedes taktische Geschick, auch alle strategische Zielstrebigkeit und bohrende Energie. Um endlich zum Zuge zu kommen, hatte der Franke nicht etwa auf Adenauers Sturz hingearbeitet, sondern beharrlich auf dessen Fall gewartet. Als er dann endlich die Nachfolge antrat, bemühte er sich trotz aller menschlichen Entgleisungen Adenauers um ein gutes Verhältnis zu ihm. Zu den Schwächen Adenauers zählte jedoch nicht nur seine Unfähigkeit, über sich hinauszudenken, sein Altersstolz, mit dem er eine rechtzeitige Nachfolgeregelung weit von sich wies, sondern mehr noch die bösartige Verbissenheit, mit der er Erhard auch nach der Amtsübernahme das Leben schwermachte, wo es ging.

*Kann er ihm das Wasser reichen? Ludwig Erhard und Konrad Adenauer ein halbes Jahr vor der Übergabe des Kanzleramtes, April 1963*

Der Alte behielt den Parteivorsitz und damit eine Schlüsselposition. Erhard dagegen hatte die Partei nie im Griff: Er konnte sich nicht einmal auf eine Hausmacht stützen. Statt dessen zählte er auf Freunde und unterschätzte seine Gegner, die er nicht kaltzustellen, sondern für sich zu gewinnen suchte. Alle List fand Erhard stillos, unanständig. Es lag ihm nicht, Menschen zu umgarnen – oder umgekehrt durch Worte einzuschüchtern. Adenauers autoritäres Regiment und seine Intrigen waren Erhard fremd, ja zuwider. »Redlichkeit« und »Wahrhaftigkeit« bezeichnete er im Gegensatz zu »Taktiken« und »Praktiken« einmal als Maßstäbe eines richtigen Politikers.

Unter dem neuen Kanzler dauerten die Kabinettssitzungen doppelt so lange wie zuvor, weil er hoffte, am Ende einvernehmliche Lösungen zu erreichen. Harmonie sollte in der Regierung Einzug halten. Der Altbundeskanzler sah in solchen Absichten schlicht Schwächezeichen – und den Beleg für seine Meinung, daß Erhard als Regierungschef ungeeignet sei. Tatsächlich überlebte Konrad Adenauer halbwegs erleichtert die Kanzlerschaft Ludwig Erhards um einige Monate. »Hauptsache, et is einer wech!« – soll er den Sturz seines Nachfolgers kommentiert haben. Das war eine späte Genugtuung des verbitterten Greises, freilich zugleich ein frühes Signal für den Weg seiner Partei auf die harten Bänke entsagungsvoller Opposition.

Hätte Ludwig Erhard nur mit dem Handicap des Adenauerschen Haßneids zu kämpfen gehabt, wäre seiner Kanzlerschaft vermutlich ein glücklicherer Verlauf und eine längere Dauer beschieden gewesen. Aber nicht nur sein Vorgänger warf ihm Knüppel zwischen die Beine. Auch Adenauers französischer Partner de Gaulle ließ Erhard spüren, was er von der nicht vollzogenen französisch-deutschen Ehe hielt und in wem er den Verantwortlichen entdeckt hatte. Außerdem wählte auch die amerikanische Politik eine scharfe Tonlage. Das hatte weniger damit zu tun, daß nach der Ermordung John F. Kennedys Ende November 1963 ein neuer Präsident unerwartet das Steuer übernehmen mußte. Vielmehr sah sich

Lyndon B. Johnson einer Fülle neuer und alter innen- wie außenpolitischer Probleme gegenüber.

Der amerikanische Präsident hatte alle Argumente auf seiner Seite: Was lag unmittelbar nach den schweren Krisen um Kuba und Berlin näher, als den nach wie vor von amerikanischen Sicherheitsgarantien abhängigen Juniorpartner an seine Abhängigkeit zu erinnern und ihn bei dieser Gelegenheit zu verstärkten Anstrengungen auf dem Feld der Außen- und Sicherheitspolitik aufzufordern? Ludwig Erhard, auf außenpolitischem Terrain wenig erfahren und eher im jovialen Umgang zu Hause, tat sich mit dem entschiedenen Tonfall des großen Verbündeten sichtbar schwer, und so wurden seine USA-Reisen regelrechte Leidenswege.

Natürlich spürte der Bundeskanzler, daß ihm von Johnson die Pistole auf die Brust gesetzt wurde, als dieser ihn im Juni 1964 drängte, Israel mit Waffen, insbesondere mit Panzern, zu versorgen. Die Vereinigten Staaten wollten sich selbst wegen ihres wachsenden vietnamesischen Engagements in der nahöstlichen Krisenregion bedeckt halten. Selbstverständlich wußte man auch in Washington, daß solche Waffengeschäfte das Verhältnis zu den arabischen Staaten der Region belasten, wenn nicht beschädigen mußten. Erhard hatte keine Wahl – schon weil der amerikanische Verbündete am längeren Hebel saß, aber auch, weil es sich damals kein deutscher Politiker hätte leisten können, dem direkt oder indirekt vorgetragenen Hilfeverlangen Israels nicht Folge zu leisten.

Nun konnte die Bundesregierung nicht einfach Waffen in den Nahen Osten schicken. Vielmehr mußten die Geschäfte mit Blick auf die arabischen Nachbarn Israels, aber auch auf die deutsche Öffentlichkeit geheim abgewickelt werden, so geheim, daß selbst der Kanzler im Februar 1965 nicht mehr den Stand der Dinge kannte. Er mußte seinen Außenminister beauftragen, festzustellen, wo sich die sechzig Panzer eigentlich befänden. Jedenfalls waren sie bereits nach Italien verladen, also auf dem Weg nach Israel.

*Transatlantische Rangordnung: First-Lady Bird Johnson begrüßt Bundeskanzler Ludwig Erhard auf der Treppe des Weißen Hauses, Juni 1964*

Inzwischen hatten nämlich einige Wind von der Sache bekommen, unter ihnen auch Gamal Abdel Nasser, der ägyptische Staatspräsident, der sein Wissen nutzte, um Bonn seinerseits unter Druck zu setzen, ja regelrecht zu erpressen: Entweder, so drohte der populäre Führer der arabischen Welt, lasse die Bundesrepublik ihre Panzer, wo sie seien, oder Ägypten nehme umgehend diplomatische Beziehungen zur DDR auf. Jetzt war passiert, was einige längst hatten kommen sehen: Die »Hallstein-Doktrin« wurde gegen ihre Erfinder umgedreht. Schlimmer hätte es kaum kommen können. Bonn mußte unter Gesichtsverlust die Panzerlieferungen einstellen und Israel statt dessen finanziell entschädigen. Außerdem hatte die Bundesrepublik jetzt keine andere Wahl, als diplomatische Beziehungen zu Tel Aviv aufzunehmen, was prompt mit dem Abbruch diplomatischer Beziehungen durch zehn arabische Staaten quittiert wurde.

Dennoch hatte die Geschichte auch ihr Gutes, machte sie doch deutlich, wie hinderlich die »Hallstein-Doktrin« allmählich werden konnte. Daher wurden während der kurzen Kanzlerschaft Erhards erste vorsichtige Schritte zur Demontage dieses längst untauglichen Instruments deutscher Außenpolitik getan. Schon 1963 und 1964 hatte Bonn handelspolitische Beziehungen zu Polen, Rumänien, Ungarn und Bulgarien aufgenommen. Jetzt, Ende März 1966, ergriff die Bundesregierung, übrigens mit Zustimmung der SPD-Opposition, eine Initiative, die als sogenannte Friedensnote in die Geschichte eingegangen ist und den Vorschlag enthielt, »auch mit den Regierungen der Sowjetunion, Polens, der Tschechoslowakei und jedes anderen osteuropäischen Staates«, der dies wünsche, Gewaltverzichtserklärungen auszutauschen.

Damit trug Bonn, in kleinen Schritten, aber immerhin, den veränderten weltpolitischen Realitäten Rechnung, zu denen unabweisbar die Existenz eines zweiten deutschen Staates zählte. Man mochte es drehen und wenden wie man wollte, man konnte die Augen verschließen und hoffen, daß die Mauer verschwände – es half alles nichts. Die Wirklichkeit holte die Wünsche und Hoffnungen ein, zunächst ausgerechnet beim populären Sport: Waren die Deutschen bei den früheren Olympischen Spielen noch mit einer Mannschaft angetreten, so war klar, daß sich 1968 in Mexiko erstmals zwei deutsche Mannschaften gegenüberstehen würden.

Aber Erhards »Friedensnote« war nicht nur Ausdruck einer vorsichtig korrigierten Ostpolitik, sondern auch ein deutliches Signal an die Adresse der Westmächte, allen voran die der Vereinigten Staaten von Amerika, die zusehends auf Entspannung setzten. Erhard durfte keinen weiteren Konflikt mit Washington riskieren. Doch als der Kanzler Ende September 1966 in die USA reiste, um dort unter anderem Johnsons texanische Ranch zu besuchen, hatte er ein ganzes Bündel von Differenzen und Dissonanzen im Gepäck, von denen jede einzelne Anlaß eines handfesten transatlantischen Konflikts werden konnte.

Da war es beruhigend zu wissen, daß er zumindest innenpolitisch in gesicherten Verhältnissen zu leben schien. Erhards große Bewährungsprobe war die Bundestagswahl im September 1965. Bevor der Wahlkampf in die heiße Phase ging, versammelte sich die CDU im März zum Parteitag in Düsseldorf – und erlebte eine Überraschung: Erhard gab nicht etwa den Startschuß zum innenpolitischen Kampf, sondern unterhielt die Delegierten mit der Vision eines neuen gesellschaftlichen Leitbildes. Im Gegensatz zu einer uniformierten Gesellschaft sozialistischer Prägung und kollektivistischer Fasson forderte er eine »formierte Gesellschaft«. Diese sollte, so der Kanzler, nicht mehr aus Klassen und Schichten bestehen, sondern »ihrem Wesen nach kooperativ« sein, also auf dem Zusammenwirken aller Gruppen und Interessen beruhen. Darüber hinaus sei sie »nicht autoritär zu regieren«, sondern könne »ihrem inneren Wesen nach nur demokratisch« sein.

Sozialromantik? Konkrete Utopie? Walter Ulbricht, der Staatsratsvorsitzende der DDR, jedenfalls war alarmiert, reagierte sofort und setzte eine wissenschaftliche Kommission ein, um dieses gefährliche Gegenbild zur sozialistischen Gesellschaft zu entzaubern. Den Aufwand hätte er sich schenken können. Denn Erhards Gesellschaftsentwurf fand zu Hause, selbst in den eigenen Reihen, wenig Anklang und blieb in erster Linie Gegenstand feuilletonistischer Kontroversen. Aber es gibt dem Bild Erhards doch eine eigene Färbung, daß ausgerechnet er, der Mann der Wirtschaft, bloßem Konsumdenken und übersteigertem Materialismus entgegenwirken wollte. Die »formierte Gesellschaft« war eine Kritik an der selbstverliebten »Gefälligkeitsdemokratie«, zu der sich die Bundesrepublik inzwischen entwickelt hatte, ihr Kanzler war ein nachdenklicher, vorausblickender Mann.

Zwar hatte der Kanzler bei seiner ersten Regierungserklärung vom »Ende der Nachkriegszeit« gesprochen, doch damit keinesfalls dem Vergessen oder dem Verdrängen der Vergangenheit das Wort geredet, ganz im Gegenteil. In der Verjährungsdebatte der Jahre 1964/65 hatte er dafür geworben, sich ihr zu stellen. Während viele Politiker, Parlamentarier und Kabinettsmitglieder, unter ihnen der freidemokratische Justizminister Ewald Bucher, eine Beendigung der Strafverfolgung nationalsozialistischer Gewaltverbrecher forderten, hielt er es für undenkbar, Massenmörder nicht mehr belangen zu können, wenn es zur Verjährung käme.

Von den nationalsozialistischen Grausamkeiten war in den letzten Jahren oft die Rede gewesen: Seit Dezember 1963 fand in Frankfurt der »Auschwitz-Prozeß« gegen zweiundzwanzig ehemalige Aufseher dieses Konzentrationslagers statt, der, ähnlich wie der Prozeß zwei Jahre zuvor in Jerusalem gegen Adolf Eichmann, im In- und Ausland stark beachtet wurde. Die Enthüllungen führten zu immer neuen Fragen, vor allem unter den Jungen. Dabei ging es nicht nur um die Vergangenheit. Auch die bundesrepublikanische Gegenwart kam auf den Prüfstand.

Erhard zeigte grundsätzlich ein gewisses Verständnis für diese Kritik – soweit sie sich auf das NS-Regime, aber auch auf die Auswüchse der Wohlstandsgesellschaft bezog und sich durch Sachkenntnis auszeichnete. Als sich aber der Dramatiker Rolf Hochhuth im Wahlkampf des Sommers 1965 naiv auf wirtschaftspolitisches Terrain begab und die Soziale Marktwirtschaft grundsätzlich in Frage stellte, reagierte Erhard allergisch: »Da hört der Dichter auf, da fängt der ganz kleine Pinscher an.« In Wahlkampfreden hatte es der Kanzler vor allem auf Schriftsteller abgesehen, die sich für Willy Brandt engagierten: Günter Grass, Peter Rühmkorf oder Siegfried Lenz. Sie seien, meinte er, allesamt Banausen, Nichtskönner und Scharlatane.

Solche Töne anzuschlagen, war eigentlich nicht Erhards Stil. Zu Unrecht sind sie später verallgemeinert worden, als ob der Kanzler prinzipiell ein Gegner von Geist und Kultur gewesen sei, im Gegenteil: Erhard war ein Freund künstlerischer, publizistischer und wissenschaftlicher Milieus, lud auch einen erlesenen Kreis von Journalisten, Verlegern, Schriftstellern und Wissenschaftlern zu Gesprächsrunden ins Kanzleramt. Kompetenz und geistige Beweglichkeit waren dabei gefragt, nicht ein Parteibuch. Reagierte er gerade deshalb so vehement, wenn einzelne Vertreter kultureller Eliten gegen ihn mobil machten?

Außerdem steckte der Kanzler in einem denkbar schwierigen Wahlkampf. Er mußte sich nämlich nicht nur gegen die Opposition wehren, sondern auch gegen Teile der eigenen Partei, allen voran immer noch gegen ihren Vorsitzenden Konrad Adenauer. Der forderte jetzt öffentlich eine Große Koalition, obwohl er genau wußte, daß sie mit Erhard als Kanzler nicht zu machen sein würde. War die Union also eine Partei, deren Vorsitzender den eigenen Kanzler zu demontieren suchte? Die Zerrissenheit der CDU wurde zum Wahlkampfthema.

Tatsächlich hatten sich beide Seiten verschätzt. Erhard hatte noch immer ein As im Ärmel, das ihm niemand nehmen konnte und das am 19. September 1965 spielentscheidend war: Die Wähler wollten ihn, nur ihn, als Garanten deutscher Wirtschaftskraft. Mit 47,6 Prozent verfehlten die Unionsparteien nur knapp eine abermalige absolute Mehrheit. Trotz seiner Aufrufe zur Mäßigung, zur Abschaffung von Wahlgeschenken und zur kooperativen Lebensform blieb Erhard für die Deutschen die Verkörperung von Aufbruch, Leistung und Genuß. Sie hatten nicht vergessen, wer ihnen 1948 ein Wunder verheißen und es dann, gemeinsam mit Millionen fleißiger Menschen, auch zustande gebracht hatte. Das unterschied ihn und seine westdeutschen Zeitgenossen von seinem bisher letzten christdemokratischen Nachfolger im Kanzleramt: Die »blühenden Landschaften«, die Helmut Kohl vier Jahrzehnte später, nach dem Fall der Mauer, den Ostdeutschen in Aussicht stellte, ließen allzu lange auf sich warten.

Im Laufe des Jahres 1966 wendete sich das Blatt schlagartig. Wirtschaftliche Probleme beherrschten jetzt die Schlagzeilen. Außerdem fehlte es Erhard außenpolitisch erkennbar an Durchsetzungskraft und Fortune. Das galt insbesondere für die Beziehungen zu den Vereinigten Staaten. Im September 1966 überquerte der Kanzler erneut für Gespräche mit Johnson den Atlantik. Auf der Tagesordnung stand zum einen die Frage einer Beteiligung deutscher Soldaten an einer multilateralen atomaren Seestreitkraft der NATO. Da noch nicht absehbar war, daß dieses Unternehmen wenig später zu den Akten gelegt werden würde, bot es vorderhand Grund genug, de Gaulle weiter zu erzürnen. Dabei gab es ohnehin kaum ein Gebiet, auf dem sich der General nicht auf einem Konfrontationskurs mit der Bundesregierung befunden hätte. Ganz gleich, ob es um die Frage einer deutschen Verfügung über Nuklearwaffen, um den Rückzug Frankreichs aus der integrierten militärischen Struktur der NATO oder um die Europäische Gemeinschaft ging, stets zogen de Gaulle und Erhard an der jeweils anderen Seite des Stranges.

Diese nachbarschaftlichen Mißtöne machten die Stellung des Bundeskanzlers gegenüber seinem amerikanischen Gesprächspartner nicht einfacher. Geradezu aussichtslos aber schien eine Verständigung in den aus amerikanischer Sicht zentralen, überdies eng miteinander verknüpften Fragen des Devisenausgleichs und der Waffenkäufe. Die Devisenverluste der amerikanischen Zahlungsbilanz, die den USA durch die Stationierung ihrer Streitkräfte und deren Angehörigen in der Bundesrepublik entstanden, wurden zum einen durch direkte Geldtransfers, zum anderen aber vor allem durch Waffenkäufe in den USA ausgeglichen. Daß in diesem Zusammenhang höchst fragwürdige Waffensysteme, wie zum Beispiel das Kampfflugzeug »F 104«, angeschafft wurden, der »Starfighter«, der dann später in Serie vom Himmel fiel, machte die Sache nicht besser. Aber der beinhart verhandelnde Texaner sah angesichts eines bedenklichen amerikanischen Zahlungsbilanzdefizits und anstehender Kongreßwahlen seinerseits keine andere Möglichkeit, als den jovialen Franken kompromißlos mit seinen Forderungen zu konfrontieren.

Und so kehrte ein sichtlich angeschlagener Bundeskanzler nicht nur ohne Verhandlungserfolg an den Rhein zurück, sondern auch mit einem weiteren Problem in ohnehin schweren Taschen. Eine Entlastung bei den Devisenausgleichszahlungen wäre nämlich deshalb für die Deutschen wichtig gewesen, weil sich die Bundesrepublik in einer Rezession befand. Dabei ging es vor allem um ein psychologisches Problem. Von einem schweren Einbruch der Konjunktur konnte keine Rede sein. Zum Zeitpunkt der Amerika-Reise Ludwig Erhards gab es in der Bundesrepublik gerade einmal 100 000 Arbeitslose, denen überdies 600 000 offene Stellen gegenüber standen. Erhards Nachfolgern, schon Helmut Schmidt, vor allem aber Helmut Kohl und Gerhard Schröder, wären bei solchen Zahlen Freudentränen in die Augen gestiegen. Aber zu deren Zeiten hatten die Deutschen ja schon viele Jahre lang ernüchternde Erfahrungen mit wirtschafts- und währungspolitischen Krisen gesammelt. Außerdem stellte die unerwartete Vereinigung Deutschlands die Bundesregierungen seit den neunziger Jahren vor neue, ungeahnte Herausforderungen.

Mitte der sechziger Jahre sah das anders aus. In den vergangenen anderthalb Jahrzehnten hatten sich die Bundesbürger an das angenehm ständige, zuverlässige Wachstumsklima

*Abschied: Ludwig Erhard verläßt das Kanzleramt,
30. November 1966*

gewöhnt, und so schien ihnen nach langen Jahren der Prosperität der leichte Konjunktureinbruch weit schwerer, als er tatsächlich war. Jetzt zeigte sich, wie tief der älteren Generation noch immer die Erfahrung der Inflation nach den beiden Weltkriegen und auch der Weltwirtschaftskrise der frühen dreißiger Jahre in den Knochen steckte. Vor allem aber stellten sich die konjunkturelle Stagnation und das wachsende Haushaltsdefizit ausgerechnet in der Regierungszeit jenes Mannes ein, dessen Name für das deutsche »Wirtschaftswunder« bürgte. Das Schicksal des Bundeskanzlers Ludwig Erhard war besiegelt.

In seiner Partei drehte sich rasch alles um den Namen des Nachfolgers. Der baden-württembergische Ministerpräsident Kurt Georg Kiesinger veranschlagte Mitte Oktober noch ein halbes Jahr für den – in seinen Worten – unvermeidlichen »Auseiterungsprozeß«. Es ging viel schneller. Schon am 26. Oktober fand die letzte Kabinettssitzung der kleinen Koalition statt. Zur Debatte stand der Haushaltsentwurf, bei dem die FDP-Minister im schlimmsten Fall Steuererhöhungen hätten zustimmen sollen. Die liberale Partei, die ohnehin seit 1961 als »Umfallerpartei« galt, weil sie entgegen ihrem Wahlversprechen am Ende doch einer Koalition mit den Unionsparteien unter einem Kanzler Adenauer zugestimmt hatte, konnte sich das nicht leisten. Am Tag nach der Sitzung traten ihre Minister zurück. Erhard präsidierte einem Minderheitskabinett, das ihn nicht mehr wollte.

Als er am 2. November vor der Fraktion erklärte, er klebe nicht an seinem Sessel, ließen sich das die Unionsabgeordneten nicht zweimal sagen. Am 10. November nominierten sie – gegen Rainer Barzel, Eugen Gerstenmaier, Gerhard Schröder – Kurt Georg Kiesinger zum Nachfolger, was eine Entscheidung für die Große Koalition war. Am 1. Dezember trat Ludwig Erhard zurück. Als Kanzler hatte er die Zügel zu locker gehalten. Das »freie Spiel der Kräfte«, das in der Wirtschaft so gut funktionierte, hatte sich in der Politik für den verdienten Mann nicht ausgezahlt.

# *Umbau*
## Kurt Georg Kiesinger und Willy Brandt
## 1966–1974

Es war die Stunde, die Chance der SPD. Die Freien Demokraten wollten nicht mehr, jedenfalls nicht mehr mit den Unionsparteien. Die Christdemokraten und Christlich-Sozialen wollten nach wie vor, konnten aber nicht aus eigener Kraft und mit eigener Mehrheit. So führte Herbert Wehner die Sozialdemokraten an den Bonner Kabinettstisch und brachte die Genossen dort erstmals seit Gründung der Republik an die Macht. Allerdings saßen an diesem 1. Dezember 1966 neun Ministern aus den Reihen der SPD zehn CDU/CSU-Minister gegenüber.

Was Günter Grass in einem Brief an den frisch gekürten Außenminister und Vizekanzler Willy Brandt als »miese Ehe« abtat, war unter fachlichen Kriterien eine herausragende, in politischer Hinsicht ganz widersprüchliche Partnerschaft, jedenfalls auf den ersten Blick. Da saßen Frontoffiziere wie Helmut Schmidt und Franz Josef Strauß neben Emigranten wie Willy Brandt und Herbert Wehner, Mitläufer wie Kurt Georg Kiesinger neben Außenseitern wie Gerhard Schröder. Gerade Kanzler Kiesinger und Vizekanzler Brandt hatten Biographien im Gepäck, wie sie unterschiedlicher kaum hätten sein können. Attackiert wegen ihres Verhaltens während der Jahre 1933 bis 1945 wurden sie beide, freilich von entgegengesetzten Seiten.

Kurt Georg Kiesinger war 28 Jahre alt, als im Januar 1933 die Nationalsozialisten in Deutschland an die Macht kamen und er wenige Wochen später der NSDAP beitrat. Der gebürtige Schwabe stammte aus bescheidenen Verhältnissen. Er hatte sein Studium der Philosophie und Geschichte in Tübingen, später der Rechts- und Staatswissenschaften in Berlin nur durch die großzügige Unterstützung eines Freundes seines Vaters ermöglichen können. Diese günstigen Umstände wußte Kiesinger zu nutzen, denn er war intelligent und talentiert. Vor allem seine auffallende Eloquenz, die ihm später den Spitznamen »König Silberzunge« eintrug, fiel schon zu Studienzeiten auf. 1934 wurde er als Rechtsanwalt beim Kammergericht in Berlin zugelassen und hielt nebenbei regelmäßig Repetitorien an der Universität ab. Von 1940 bis 1945 folgte die stellvertretende Leitung der Rundfunkpropaganda im Auswärtigen Amt, die ihm zwar den Kriegsdienst ersparte, ihn dafür aber später in der Bundesrepublik zur Zielscheibe der Linken machte.

Nach Kriegsende fühlte sich Kiesinger zur CDU hingezogen. Er machte im Bundestag eine gute Figur, kam aber nie ins Kabinett. Als ihn 1958 ein Ruf aus der Heimat erreichte, kehrte er Bonn den Rücken und wurde Ministerpräsident von Baden-Württemberg. Kurt Georg Kiesinger war kein Machtmensch im überkommenen Sinne. Der Gebrauch der Ellenbogen war nicht seine Sache, viel eher besonnenes Abwarten, gegebenenfalls das Vermitteln. Diese Eigenschaften allerdings waren gefragt, als man nach einem Kanzler für die Große Koalition Ausschau hielt.

Nicht alle Mitglieder des Bundeskabinetts, das Kiesinger an Sommertagen gerne auf der Wiese im Park des Palais Schaumburg um sich versammelte, hatten solche Lebenswege hinter sich, schon gar nicht in der Zeit des »Dritten Reiches«. Verteidigungsminister Gerhard Schröder, unter Adenauer viele Jahre für die Innenpolitik zuständig und seit 1961 an der Spitze des Auswärtigen Amtes, hatte zwar der NSDAP und zeitweilig auch der SA angehört, zählte aber zu jener kleinen Gruppe mutiger Zeitgenossen, die auf dem Höhepunkt nationalsozialistischer Machtentfaltung, er im Mai 1941, aus der Partei ausgetreten waren. So gesehen, trennte den Christdemokraten Schröder mehr von dem Parteifreund und langjährigen NSDAP-Angehörigen Kurt Georg Kiesinger

*Frische Luft: Das Kabinett Kiesinger im Park des Palais Schaumburg, 1967*

als vom vormaligen Linkssozialisten und Emigranten Willy Brandt.

Kein zweiter deutscher Politiker konnte beim Eintritt in ein Bonner Kabinett auf ein derart wechselvolles Leben zurückblicken wie er. Kein anderer, von Herbert Wehner abgesehen, war nach dem Krieg vergleichbaren Diffamierungen ausgesetzt – wegen seiner politischen Haltung in der Zeit des Dritten Reiches, aber auch wegen seiner ungeklärten familiären Herkunft.

Willy Brandt hatte am 18. Dezember 1913 in Lübeck das Licht der Welt erblickt – unter dem Namen Herbert Ernst Karl Frahm und als uneheliches Kind. Die Mutter schlug sich als Konsumverkäuferin durch; seinen Vater hat Brandt nie gesehen. Die Rolle des Ersatzvaters übernahm der vermeintliche Vater seiner Mutter Martha Frahm, Lastwagenfahrer und aktives SPD-Mitglied. Trotz der bedrückenden familiären Verhältnisse wurde die Begabung des Jungen nicht verschüttet, sondern gefördert.

Mit vierzehn Jahren erhielt er eine Freistelle am angesehenen Lübecker Johanneum-Reformgymnasium; 1932 legte er dort sein Abitur ab. Das Berufsziel stand schon vorher fest: Journalist. Bereits als Gymnasiast hatte er sich der sozialistischen Jugendbewegung (SAJ) angeschlossen, dort rasch als sprach- und schriftgewandter Wortführer Aufsehen erregt und Artikel für das SPD-Blatt »Lübecker Volksbote« verfertigt. In Julius Leber, dem Chefredakteur, fand Brandt einen Ziehvater und Mentor, der dem erst Sechzehnjährigen den Weg in die SPD ebnete. 1931 wechselte er von der für seinen Geschmack allzu staatstragend gewordenen SPD in die linksoppositionelle »Sozialistische Arbeiterpartei« (SAP) und avancierte dort zum Vorsitzenden des Jugendverbandes. Seine Tätigkeit bei einer Lübecker Schiffsmaklerfirma blieb Episode.

Im April 1933 floh Willy Brandt, wie er sich jetzt nannte, vor den nationalsozialistischen Häschern über die Ostsee und Kopenhagen nach Oslo, wo er wieder als Journalist tätig war und auf riskanten Missionen illegale Untergrundarbeit für die SAP leistete – etwa in Deutschland, Spanien, Frankreich und der Tschechoslowakei. Nach der Kapitulation Norwegens nahm Brandt im Mai 1940 eine kurze Gefangenschaft als vermeintlicher norwegischer Soldat in Kauf, um der Enttarnung zu entgehen; wenig später gelang ihm die Flucht nach Schweden. Bald nach Kriegsende, 1945, führte ihn sein Weg wieder in die deutsche Heimat, unter anderem als Berichterstatter beim Nürnberger Hauptkriegsverbrecherprozeß.

Die Wiedereinbürgerung in Deutschland 1947 und nicht zuletzt die Fürsprache des SPD-Vorsitzenden Kurt Schumacher schufen Voraussetzungen für eine politische Karriere. Zunächst wurde er Vertreter des SPD-Bundesvorstands in Berlin, wo er während der sowjetischen Blockade den umsichtigen Regierenden Bürgermeister Ernst Reuter kennen- und schätzen lernte. Es war ein Verhältnis der Sympathie, das auf Gegenseitigkeit beruhte. Nach dem Tode des Reuter-Nachfolgers Otto Suhr wurde Brandt am 3. Oktober 1957 zum Regierenden Bürgermeister Berlins gewählt und blieb bis 1966 im Amt. 1958 bis 1963 saß er dem Deutschen Städtetag vor, gehörte zudem 1949 bis 1957 sowie 1961 dem Deutschen Bundestag an. 1955 bis 1957 war er Präsident des Berliner Abgeordnetenhauses.

Ins Blickfeld der Weltöffentlichkeit rückte Brandt mit dem Ausbruch der Berlin-Krise, in der er sich seit November 1958 als unerschütterlicher Anwalt der Interessen und demokratischen Freiheiten Berlins bewährte und vor allem im westlichen Ausland einen Namen machte. Auch für die geistige Erneuerung der SPD, die 1959 mit dem »Godesberger Programm« in die Wege geleitet wurde, gab Brandt neben Herbert Wehner und Helmut Schmidt wichtige Impulse und beschleunigte den überfälligen Wandel einer traditionsverhafteten Klassen- zur modernen Volkspartei. Brandts Spitzenkandidatur bei den Bundestagswahlen von 1961 und 1965 blieb zwar ohne Erfolg, markierte aber einen Anspruch, der in die Zukunft wies. Am 16. Februar 1964 trat Brandt die Nachfolge Erich Ollenhauers an der Spitze der

SPD an. Unzweideutig der führende Repräsentant seiner Partei, nahm er am 1. Dezember 1966 als Außenminister und Vizekanzler neben Kurt Georg Kiesinger am Bonner Kabinettstisch Platz.

Die Aufgaben, welche diese bis heute erste und einzige Große Koalition im Bund zu bewältigen hatte, waren beträchtlich. Manches war auch in dieser gewaltigen Kräftebündelung nicht realisierbar, vor allem nicht für den Juniorpartner. Das galt für ein Gesetz, das nach dem Willen der Genossen die großen Betriebe zur Offenlegung ihrer Bilanzen zwingen sollte. Es galt für die Verjährung von Mord, welche die Sozialdemokraten wegen der Verbrechen der Nazis aufheben wollten. Und es galt für den Herzenswunsch der Union, eine Wahlrechtsreform, die Einführung des Mehrheitswahlrechts nach britischem Vorbild, die Brandt und seine Partei aber schließlich scheitern ließen, weil sie sich die Option einer Koalition mit der FDP offenhalten wollten. Die Zeche einer solchen Reform hätten nämlich die Freidemokraten zahlen müssen.

Große Veränderungen gab es hingegen beim Strafrecht. Die beiden Strafrechtsreformgesetze, die Anfang Mai 1969 den Bundestag passierten, atmeten fortschrittlichen Geist: die Abschaffung der Zuchthäuser, die Erweiterung der Bewährungshaft, die Ausdehnung von Resozialisierungsmaßnahmen. Auf einem anderen Blatt steht, daß sich manches später als unausgereift erwies. Eine Reihe von Strafvorschriften wurde schlicht gestrichen: Gotteslästerung, Ehebruch, Homosexualität unter Erwachsenen, auch der sogenannte erschlichene außereheliche Beischlaf. Insgesamt trug das Reformwerk deutlich die Handschrift von Justizminister Gustav Heinemann.

Besonders erfolgreich war die Große Koalition auf dem Gebiet der Wirtschafts- und Finanzpolitik. Die beiden in erster Linie verantwortlichen Minister bildeten zwar ein merkwürdiges Gespann, weshalb man sie »Plisch« und »Plum« nannte. Aber der füllig-barocke Finanzminister Franz Josef

*Plisch und Plum: Wirtschaftsminister Karl Schiller und Finanzminister Franz Josef Strauß auf Erfolgskurs, September 1968*

Strauß und der asketisch wirkende, eitle sozialdemokratische Wirtschaftsminister Karl Schiller konnten Erfolge vorweisen. Der Abbau von Steuervergünstigungen und Ausgabenkürzungen sowie die in der ersten Jahreshälfte 1967 beschlossenen Aktionen, Gesetze und Programme trugen das Ihre dazu bei, die Rezession ziemlich rasch zu überwinden. Die im Februar 1967 ins Leben gerufene »Konzertierte Aktion«, eine Gesprächsrunde aus Vertretern von Staat, Wissenschaft, Gewerkschaften und Arbeitgebern, wurde bis in die Kanzlerschaft Helmut Schmidts hinein fortgesetzt. Auch die im Sommer 1967 beschlossene »Mittelfristige Finanzplanung« (»Mifrifi«), mit der wirtschaftliches Wachstum und ein ausgeglichener Haushalt gleichermaßen über mehrere Jahre hinweg gesichert werden sollten, zeitigte Erfolge und machte über die Zeit der Großen Koalition hinaus Schule. Mancher Sozialdemokrat hatte bei solchen, zum Teil unpopulären Maßnahmen seine Probleme, trug sie aber mit, weil er wußte, daß sie, wenn man sie jetzt ergriff, dann nicht später von einer sozialdemokratisch geführten Regierung, auf welche die Genossen natürlich setzten, eingeleitet werden mußten.

Das gilt erst recht für die höchst umstrittene Notstandsverfassung, die im Mai 1968 den Bundestag passierte und am 28. Juni in Kraft trat, allerdings bislang nie angewendet werden mußte. Sie bildete nicht nur eine Rechtsgrundlage für die Zusammenfassung aller Hilfsmittel von Bund und Ländern bei Katastrophen, sondern auch für die Abwehr von Gefahren, die der demokratischen Verfassungsordnung der Bundesrepublik von innen drohten. Vor allem stellten die Gesetze die Versorgung der Bevölkerung und der Streitkräfte im Verteidigungsfall sicher und bildeten damit die Voraussetzung für die Ablösung der entsprechenden alliierten Vorbehaltsrechte aus dem »Deutschlandvertrag« vom Mai 1955. Wenn zahlreiche Mitglieder der Koalitionsfraktionen im Bundestag gegen das Gesetzeswerk stimmten, wird deutlich, daß ein solches, auch öffentlich hoch umstrittenes Vorhaben damals nur mit einer Großen Koalition durchsetzbar war.

Natürlich kam den Fraktionsführungen bei Beratungen dieser Brisanz und bei Beschlüssen derartiger Reichweite eine besondere Rolle zu. Den CDU/CSU-Fraktionsvorsitz hatte bereits seit 1964 Rainer Barzel inne. Gerade 40 Jahre alt, eloquent und ehrgeizig, hatte der promovierte Jurist als Adenauers letzter Gesamtdeutscher Minister erste Kabinettserfahrung hinter sich und machte wenig Hehl daraus, daß er sich die Kanzlerschaft durchaus zutraue. Auf seinem Posten blieb er 1966 nach eigener Auskunft nur, weil ihm Brandt mitgeteilt hatte, daß der von Barzel hochgeschätzte Kollege Helmut Schmidt das entsprechende Amt bei der SPD übernehmen werde. Barzel war bereits seit 1957 Mitglied des Bundestages, seit 1960 auch im Bundesvorstand der CDU, galt also als versierter Politiker und erfahrener Fuchs in der Fraktionsarbeit. Das unterschied ihn von Schmidt, der erst 1965 in seine Bundestagsfraktion zurückgekehrt war.

Die beiden kamen hervorragend miteinander aus: So tagten die Fraktionen meist zur selben Zeit, während die beiden Vorsitzenden wechselseitig Sendboten ausschickten, um ständig über die aktuelle Lage beim Koalitionspartner informiert zu sein. Je schwächer die Regierung Kiesinger wurde, um so wichtiger wurden die beiden Fraktionsvorsitzenden. Für das letzte Jahr der Großen Koalition hat einer von beiden nicht ohne Eitelkeit behauptet, die Republik sei »von Barzel und Schmidt regiert worden«. Das hat Barzel nicht anders gesehen.

Schmidt selbst hielt als Fraktionsvorsitzender die Reihen der Genossen fest geschlossen und empfahl sich so für höhere Aufgaben, zumal er sich am Jahresende 1966 der Koalitionsraison gefügt und vorerst auf das eigentlich von ihm angestrebte Amt des Bundesministers der Verteidigung verzichtet hatte. In seiner neuen Funktion stellte der Hamburger endgültig unter Beweis, was in ihm steckte. Fortan gehörte er neben Brandt und Wehner zur Führungsgruppe der Partei. War Wehner der Strippenzieher im Hintergrund, mit ausgeprägter Neigung zu Intrige und Konspiration, so repräsentierte Schmidt den Typus des vielseitigen, für hohe Staatsämter prädestinierten Berufspolitikers. Seine überlegene Intelligenz, sein Durchsetzungsvermögen, der ebenso präzise wie pragmatische politische Stil und seine große rhetorische Begabung, die ihm wegen seiner gefürchteten polemischen Zuspitzungen schon früh den Beinamen »Schmidt-Schnauze« eingetragen hatte, ergaben ein Profil, das sich deutlich von demjenigen Wehners, aber auch Brandts abhob. Das einzige Handikap des ehrgeizigen Hamburgers war sein Alter. Nur fünf Jahre jünger als Brandt, hatte er unter normalen Umständen keine Chance, an die Spitze von Partei und Staat zu kommen. Aber die Umstände erwiesen sich als ungewöhnlich, und so sollte Helmut Schmidt zwar nie den Parteivorsitz einnehmen, jedoch als Nachfolger Brandts ins Kanzleramt einziehen.

Noch aber war es nicht soweit, weder für Willy Brandt noch für Helmut Schmidt. Vorerst saß man gemeinsam als kleinerer Koalitionspartner im Boot und steuerte mit vereinten Kräften das nächste Ziel an. So konflikträchtig die unterschiedlichen Charaktere, Neigungen und Begabungen der beiden ambitionierten Sozialdemokraten waren, so gut konnten sie sich ergänzen, wenn es darauf ankam. In den sechziger Jahren wäre Schmidt, wie er später sagte, für Brandt »durchs Feuer gegangen«, und das klingt glaubhaft. Der Regierende Bürgermeister von Berlin war damals die einzige ernsthafte Chance der deutschen Sozialdemokratie. So sah das auch Herbert Wehner, der Dritte im Bunde: Zwei Jahrzehnte hatte man gewartet, jetzt war die Macht am Rhein zum Greifen nahe. Sie persönlichen Animositäten zu opfern, wäre unverzeihlich gewesen.

Im übrigen bot die Große Koalition für die unnatürliche Dreierallianz ein exzellentes Exerzierfeld. Das lag an der Juniorpartnerrolle der SPD. Unter den gegebenen Umständen konnte sich keiner der drei unverhältnismäßig in Szene setzen, schon gar nicht auf Kosten der beiden anderen. So begann 1966 jene Zusammenarbeit zwischen Schmidt, Brandt und Wehner, die notgedrungen anhielt, bis sich die SPD im Herbst 1982 wieder aus der Regierungsverantwortung ver-

*Szenen einer Koalition: Willy Brandt, Helmut Schmidt und Kurt Georg Kiesinger üben sich in der Kunst des großen Kompromisses*

abschiedete, weil einer der drei, Willy Brandt, nichts tat, um die innerparteiliche Demontage eines anderen, nämlich Helmut Schmidts, aufzuhalten.

Für die Große Koalition galt, was für alle Bundesregierungen vor und nach ihr gegolten hat: Die Richtlinien der Außenpolitik wurden im Kanzleramt bestimmt. Brandt, der dahin wollte, wußte das und nutzte alle Gelegenheiten, unter den gegebenen Bedingungen am politischen Profil seiner Person und seiner Partei zu feilen, um damit beide auf höhere Aufgaben vorzubereiten. Dem neuen Bundesminister des Auswärtigen lag sein Amt. Das wiederum spürten die Beamten der traditionsreichen Bonner Behörde, von denen viele den Einzug eines Sozialdemokraten, zumal mit dieser Biographie, zunächst voller Skepsis betrachtet hatten, waren doch in der Zeit des Dritten Reiches die meisten Angehörigen des Auswärtigen Dienstes andere Wege gegangen als Brandt.

Schon in Kiesingers Regierungserklärung ließ sich die Handschrift des Außenministers deutlich erkennen. Daß etwa die Dritte Welt in den Vordergrund der Bonner Politik rückte, war nicht selbstverständlich. Kaum ein zweiter deutscher Politiker hatte so frühzeitig die gewaltigen Probleme der Entwicklungsländer erkannt wie der neue Außenminister. Schon seit den frühen sechziger Jahren hatte er darauf hingewiesen, daß die »Zukunftsaufgaben nicht nur in Europa, nicht nur in Afrika«, nur »in Gemeinsamkeit zu bewältigen« seien. Insgesamt zeigte sich die neue Bundesregierung entschlossen, mit »allen« Völkern Beziehungen zu unterhalten, »die auf Verständigung, auf gegenseitiges Vertrauen und auf den Willen der Zusammenarbeit gegründet sind«.

Das wiederum sollte ausdrücklich auch für die Staaten Osteuropas gelten. Damit stand von Dezember 1966 an die Möglichkeit einer Aufgabe der »Hallstein-Doktrin« im Raum – nicht mehr, aber auch nicht weniger. Inzwischen hatte sich diese Maxime mehr und mehr als Hemmschuh der deutschen Außenpolitik erwiesen. Nach Auffassung vieler, unter ihnen an vorderster Stelle Außenminister Brandt, paßte sie nicht mehr in die Tauwetterperiode des Kalten Krieges, die nach Beendigung der Kuba-Krise und dem Sturz Chruschtschows eingesetzt hatte. Außerdem konnte die Doktrin zunehmend als Druckmittel gegen Bonn eingesetzt werden. Eigentlich gab es nur eine Möglichkeit, um in Zukunft peinlichen Erpressungsmanövern wie denen Nassers vom Februar 1965, als Walter Ulbricht in Ägypten auf Staatsbesuch war, zu entgehen: Man mußte die DDR anerkennen. Zwar nicht diplomatisch – diesen Gefallen hat keine Bundesregierung dem nicht demokratisch legitimierten SED-Regime getan –, aber faktisch. Brandt und seine Mitstreiter wußten das. Aber sie wußten auch: Mit der Großen Koalition war das nicht zu machen.

Also begnügte man sich mit »kleinen Schritten«. Am 31. Januar 1967 wurde anläßlich eines Besuchs des rumänischen Außenministers Manescu in Bonn die Aufnahme diplomatischer Beziehungen zwischen der Bundesrepublik und Rumänien vereinbart, das seit langem diplomatische Beziehungen zur DDR unterhielt. Das war ein kühner Schritt. Aber die »Hallstein-Doktrin« war damit nur relativiert, nicht aufgegeben. Die umständliche Argumentation, mit der man die Aktion zu begründen suchte, ließ das durchblicken: Bukarest habe eben keine andere Wahl gehabt, als sich den Vorgaben Moskaus zu beugen und die DDR anzuerkennen.

Der sachte Kurswechsel hatte allerdings Nebenwirkungen. Indem Bonn Kontakte zu den Partnern des SED-Regimes aufnahm, wurde die DDR zwangsläufig in eben jene Isolierung gedrängt, aus der sich die sozialdemokratischen Strategen am Rhein ihrerseits gerade zu lösen suchten. Mit Reden in Tutzing 1963 hatten Egon Bahr – und vorsichtiger auch Willy Brandt – eine neue Strategie skizziert und dann verfolgt, die als Versuch eines »Wandels durch Annäherung« berühmt wurde. Bahr, Jahrgang 1922, war damals Leiter des Presse- und Informationsamtes des Landes Berlin und zählte zu den engen Vertrauten des Regierenden Bürgermeisters.

Tatsächlich war Ost-Berlin von der neuen Entwicklung alarmiert. Insofern lag man also mit der Initiative gegenüber

Rumänien richtig, wenn man sich auch in Bonn über die Reaktionen Walter Ulbrichts und seiner Genossen nicht freuen konnte. Denn die taten alles, um die Eigenstaatlichkeit der DDR zu untermauern und Bonns »Einkreisung« zu unterlaufen. Eine eigene DDR-Staatsbürgerschaft, eine neue Verfassung, die Einführung der Paß- und Visa-Pflicht auf den Transitwegen nach West-Berlin gehörten dazu.

Obgleich man gegenüber unerfreulichen Begleiterscheinungen der eigenen Kurskorrektur machtlos war, glaubten wichtige Stimmen der Koalition, um so entschiedener reagieren zu müssen, je mehr Staaten der Dritten Welt erkennen ließen, welche Konsequenz sie aus der nicht mehr zu übersehenden deutschen Zweistaatlichkeit zu ziehen gedachten. Als am 8. Mai 1969 Kambodscha als erstes nichtkommunistisches Land diplomatische Beziehungen zur DDR aufnahm, ging es in Bonn hoch her. Der größere Partner in der Koalition wollte noch einmal aller Welt zeigen, wer am längeren Hebel saß, und die diplomatischen Beziehungen zu Kambodscha abbrechen. Brandt wollte das nicht und dachte daher an Rücktritt. Von Freunden bedrängt, blieb der Außenminister dann aber doch auf seinem Posten und nahm einen Kompromiß hin: Am 4. Juni rief Bonn seinen Botschafter aus Phnom Penh zurück, brach aber die Verbindung nicht ganz ab, sondern blieb ohne Botschafter in Kambodscha präsent. Diese halbe Lösung nannte man damals »kambodschieren«.

Natürlich waren das Scheingefechte. In den zentralen und zugleich delikaten Fragen der Deutschlandpolitik führten sie nicht weiter, im Gegenteil. Gelöst werden konnten diese Probleme nur in Ost-Berlin, genauer gesagt: in Moskau. Erste Versuche eines direkten deutsch-deutschen Kontakts, wenn man den protokollarisch umständlichen Briefwechsel zwischen Bundeskanzler Kiesinger und DDR-Ministerpräsident Stoph so nennen will, scheiterten bereits im Frühsommer 1967 kläglich. Erfolgversprechender schienen sich die Sondierungen mit Moskau anzulassen. Schon Anfang Februar 1967 hatte die Bundesregierung, auch hier auf Drängen Brandts, dem sowjetischen Botschafter in Bonn, Semjon K.

*Auf Augenhöhe? Kanzler Kurt Georg Kiesinger und Vizekanzler Willy Brandt positionieren sich für die Geschichte*

Zarapkin, den Entwurf einer Erklärung übergeben. Danach wollte sich die Bundesrepublik Deutschland bereit erklären, bei der Verhandlung von Streitfragen mit der Sowjetunion oder einem ihrer Verbündeten auf die »Anwendung von Gewalt oder Drohung mit Gewalt« zu verzichten. Für Generationen von Sowjetbürgern, die hatten erleben müssen, was ein deutscher Angriff bedeutete, war dieses Anerbieten eine pure Selbstverständlichkeit: Eine Katastrophe wie die der Jahre 1941 bis 1944 durfte sich nie mehr wiederholen. Daß bei dieser Gelegenheit des Gewaltverzichts auch der Status quo in Europa festgeschrieben wurde, war für den Kreml wie für Bonn keine Nebensache.

Der Außenminister gehörte zu denen, die die sowjetische Position verstanden – und zugleich lernen mußten, daß dieses Verständnis auf harte Proben gestellt werden konnte. Denn eben jene Sowjetunion, die von der Bundesrepublik einen klaren Gewaltverzicht forderte, scheute ihrerseits vor der Anwendung brutaler Gewalt nicht zurück, wenn es um eine tatsächliche oder vermeintliche Gefährdung ihrer vitalen Interessen ging: In der Nacht vom 20. auf den 21. August 1968 rollten Panzer des Warschauer Paktes in die Tschechoslowakei ein, beendeten gewaltsam den »Prager Frühling« und stellten ein für allemal klar, daß eine Reform oder gar Liberalisierung des kommunistischen Systems, wenn überhaupt, nur nach sowjetischen Regieanweisungen erfolgen durfte.

Teil dieser Geschichte war, daß der Kreml ausgerechnet Bonns Bereitschaft zum Gewaltverzicht für die Erosionserscheinungen innerhalb des Ostblocks mitverantwortlich machte. Dabei hatte die Bundesregierung demonstrativ jede Einmischung in die inneren Angelegenheiten der Tschechoslowakei zu vermeiden gesucht. Noch schwerer hinzunehmen war, was auf den Einmarsch folgte: Wollte Bonn Fortschritte bei den wichtigen Themen erreichen, mußte sich die deutsche Politik auf den Boden der soeben mit Gewalt geschaffenen Tatsachen stellen. Sie waren aus einer »Doktrin« abgeleitet, die aus Anlaß des Einmarschs in die Tschechoslowakei entwickelt worden war. Sie besagte, die Zugehörigkeit zum Warschauer Pakt bedeute eine Einschränkung der nationalen Souveränität. Diese Maxime verband sich mit dem Namen Leonid Iljitsch Breschnews, der seit 1957 im Präsidium der KPdSU saß und seit dem Sturz Chruschtschows 1964 Erster Sekretär – beziehungsweise, seit April 1966, Generalsekretär der Partei –, also der eigentlich starke Mann der Sowjetunion war.

Nun gab es eine Maxime deutscher Ostpolitik, an die sich alle Kanzler seit Adenauer gehalten hatten, selbstverständlich auch Kiesinger: keinen wichtigen Schritt ohne die Rückendeckung der Verbündeten zu tun, schon gar nicht ohne die der USA. Allerdings war Rückversicherung nicht umsonst zu haben, vor allem dann nicht, wenn es sich um ein Verhältnis derart ungleicher Partner handelte: Was die amerikanische Politik umtrieb, mußte mehr oder weniger auch die deutsche Politik beschäftigen. Das wußten Kanzler Kiesinger und sein Außenminister Brandt, und das wußten selbstverständlich auch der seit Januar 1969 amtierende republikanische Präsident Richard M. Nixon und sein Sicherheitsberater und späterer Außenminister Henry A. Kissinger.

Die beiden hatten ein außenpolitisches Erbe übernommen, das alle anderen Fragen der Weltpolitik in den Hintergrund drängte und auch keine Rücksichtnahme auf Freunde zuließ: Schon in der Kennedy-Ära, vor allem aber in der Amtszeit von Lyndon B. Johnson, waren die USA immer tiefer in den vietnamesischen Dschungel marschiert. Selbst eine halbe Million amerikanischer Soldaten und eine Materialschlacht ohnegleichen vermochten das Blatt nicht zum Besseren zu wenden. Je höher die Kosten und je schwerer die Verluste, desto größer und entschiedener die Forderungen an die Verbündeten. Je massiver der Einsatz, je brutaler die Kriegführung, um so lauter der innenpolitische Protest – auch im befreundeten Ausland, selbst in der Bundesrepublik Deutschland.

Vor allem führende Sozialdemokraten wie Außenminister

Brandt gerieten damit zusehends in ein Dilemma. Als Regierender Bürgermeister von Berlin hatte er den Überlegungen, mit denen ausgerechnet der von ihm bewunderte Kennedy den Weg nach Vietnam eingeschlagen hatte, einiges abgewinnen können: Befand sich die geteilte Stadt nicht in einer vergleichbaren Lage wie Vietnam? Doch in seiner Zeit als Außenminister und Bundeskanzler begann sich das Desaster des amerikanischen Vietnam-Engagements in vollem Ausmaß abzuzeichnen. An der Haltung der Bundesregierung durfte es indessen keinen Zweifel geben: In der Zeit der Großen Koalition erhöhte Bonn die humanitäre Hilfe für Südvietnam um das Dreifache, und auch im Bereich der Wirtschafts- und Währungspolitik unterstützte man den angeschlagenen transatlantischen Seniorpartner, soweit es irgend ging.

Auf dem Feld der Entspannungspolitik fiel es den Bonnern hingegen leichter, ihren transatlantischen Partnern entgegenzukommen. Hier nämlich waren amerikanische und deutsche Interessen beinahe deckungsgleich. So war der Grundgedanke des sogenannten Harmel-Berichts der NATO vom Dezember 1967 von bestechender Logik: Militärische Sicherheit und eine Politik der Entspannung, so die Botschaft, schlossen sich nicht aus, sondern ergänzten sich. Kein Wunder, daß die deutsche Politik im Sommer des folgenden Jahres maßgeblich daran beteiligt war, den Sowjets durch die Atlantische Allianz in einer Botschaft, die als »Signal von Reykjavik« in die Geschichte eingegangen ist, Gespräche über »gegenseitige ausgewogene Truppenverminderungen« vorzuschlagen. Mit einer Initiative auf diesem Feld konnte man überdies mehreres gleichzeitig erreichen. Jedes Kind begriff, daß ein Abbau insbesondere der östlichen Panzermassen die Sicherheit für das geostrategisch exponierte Deutschland erhöhen würde, übrigens beiderseits der Elbe. Außerdem konnten Verhandlungen über konventionelle Streitkräfte in Europa nicht exklusiv zwischen den Großmächten oder gar nur zwischen den beiden Supermächten geführt werden. Das war eine Sache aller Staaten Europas, in Ost und West, und darin unterschieden sich diese Gespräche

*Man kennt sich: Kurt Georg Kiesinger, der amtierende Bundeskanzler, Walter Scheel, der kommende Außenminister und Bundespräsident, Willy Brandt, der amtierende Außenminister und spätere Bundeskanzler sowie Helmut Kohl, der künftige Ministerpräsident von Rheinland-Pfalz und letzte Kanzler im geteilten Deutschland auf dem Bonner Presseball 1967*

von denen über die nukleare Frage. Dort gab es strikt eine Zweiklassengesellschaft.

Was es hieß, zu den atomaren Habenichtsen zu gehören, zeigte sich 1968. Die Entwicklungen gaben Anlaß zur Sorge, seit die Volksrepublik China 1964 ihre erste Atom- und 1967 ihre erste Wasserstoffbombe getestet hatte. Damit trat ein Problem in den Vordergrund, das seither immer wieder auf der Tagesordnung der Weltpolitik stand: Wie man die Verbreitung von spaltbarem Material und insbesondere von Kernwaffen verhindern könne. Die Antwort schien simpel: Am besten sei ein Vertrag, den alle unterzeichneten und an den sich, im Idealfall, auch alle hielten. Um ein solches Abkommen auf den Weg zu bringen, erklärten sich Sowjets und Amerikaner bereit, keine Nuklearwaffen an andere weiterzugeben. Das hieß nicht, daß Washington oder Moskau eine solche Proliferation je vorgehabt hätten. Aber die bloße Ankündigung dieser Selbstbeschränkung reichte aus, um von den Nicht-Nuklearmächten Zugeständnisse einzufordern.

Selbstverständlich konnte sich in einer Zeit schwindelerregender atomarer Hochrüstung niemand ernsthaft gegen die Absicht sperren, die Verbreitung nuklearer Materialien zu unterbinden. Allerdings war darauf zu achten, daß die Interessen der Nicht-Nuklearstaaten nicht untergingen. Dazu gehörte nach Auffassung der Bundesregierung vor allem eine Garantie, daß man »später nicht durch eine Kernwaffenmacht erpreßt werde«, wie Willy Brandt seinem amerikanischen Amtskollegen Dean Rusk schrieb. Außerdem dürfe sich der Vertrag nicht hemmend auf die friedliche Nutzung der Kernenergie auswirken, für die man damals, auch bei den Sozialdemokraten, noch eintrat.

Da aber derlei Einwände dem größeren Partner im rheinischen Bonn nicht reichten, stand die Große Koalition vor einer »Art psychologischer Zerreißprobe«, wie Willy Brandt später einmal gesagt hat. Seit der »Atomwaffensperrvertrag« am 1. Juli 1968 von der Sowjetunion, den Vereinigten Staaten von Amerika und Großbritannien unterzeichnet worden war, schien klar, daß die Bundesrepublik nicht anders konnte, als ihm beizutreten. Außerdem machte man sich mit der Hinhaltetaktik nicht nur in den USA, sondern auch in Frankreich keine Freunde.

Charles de Gaulle wollte den Vertrag zwar nicht unterzeichnen, drängte aber Bonn nachdrücklich zum Beitritt. Für die Repräsentanten der Bonner Republik blieb der General ein schwieriger Partner, und das nicht nur in der Frage des Sperrvertrags. So saß man zwar seit Jahren in einem gemeinsamen Boot namens »Europa«, aber ruderte nicht immer in dieselbe Richtung. Fortschritte und Rückschläge hielten sich die Waage.

Da waren auf der einen Seite zum 1. Juli 1967 die Organe von Montanunion, EWG und EURATOM in den »Europäischen Gemeinschaften« zusammengelegt worden. Andererseits machte de Gaulle, bevor er Ende April 1969 die politische Bühne verließ, Schwierigkeiten, wo immer es ging, auch wenn das Verhältnis zu Kiesinger nicht mehr so verkrampft war wie das zu Erhard. Zu dessen Zeiten hatte der entstehende Agrarmarkt, vor allem aber de Gaulles Politik des leeren Stuhls viel Verdruß bereitet. Man mußte dem General nach wie vor alles zutrauen, wenn es um das Verhältnis Europas zu den USA, insbesondere um die Sabotage der deutsch-amerikanischen Beziehungen ging. Außerdem hatte de Gaulle Mitte Dezember 1967 auch den zweiten Anlauf Großbritanniens zum raschen EWG-Beitritt blockiert. In der Endphase seiner Amtszeit wußte sich der große französische Staatsmann mit den Briten nur in wenigen Fragen einig. Zu ihnen gehörte der deutsche Beitritt zum »Atomwaffensperrvertrag«. Es lag am Machtwechsel in Bonn, wenn es am 28. November 1969 dann doch noch zu ihm kam: Am 21. Oktober 1969 hatte der Deutsche Bundestag Willy Brandt zum vierten Kanzler der Bundesrepublik Deutschland gewählt – mit der knappen Mehrheit von drei Stimmen.

Damit war zugleich die Ära des Kanzlers Kurt Georg Kiesinger an ihr Ende gelangt. Auch im Rückblick wirkt der gebildete Schwabe liebenswürdig, aber eher blaß, in gewisser Weise schwächer als seine Vorgänger und Nachfolger. Das hat sicher mit seiner moderierenden, auf Ausgleich bedachten Art und seinem mitunter ausgeprägten Sinn für Repräsentation zu tun. Allerdings blieb Kiesinger auch nicht viel Zeit, seinem Profil schärfere, bleibende Konturen zu geben. Kein zweiter Kanzler hat so kurz amtiert wie er – nicht einmal drei Jahre, und kein Regierungschef vor oder nach ihm war von einer derart starken Mannschaft eingerahmt wie der dritte Kanzler der Bundesrepublik. Deshalb blieb unter dem Strich eine eindrucksvolle Erfolgsbilanz, auf die sich kein Geringerer als sein Nachfolger im Kanzleramt bezog, der Kiesinger am 9. Oktober brieflich seinen »persönlichen Respekt vor Ihrer Kanzlerschaft« bekundete und hinzufügte: »Weder zurückliegende noch bevorstehende Kontroversen werden mich abhalten, zu dem zu stehen, was wir seit Ende 1966 miteinander geleistet haben; es ist unserem Vaterland nicht schlecht bekommen.«

Bei den Bundestagswahlen vom 28. September hatten die Sozialdemokraten mit 42,7 Prozent noch einmal dreizehn Mandate hinzugewinnen können. Damit blieben sie zwar immer noch einige Prozentpunkte hinter CDU und CSU zurück, aber mit den Stimmen der FDP, die nur mit Ach und Krach die Fünf-Prozent-Hürde hatte nehmen können, reichte das aus, um die Unionsparteien erstmals seit Bestehen der Bundesrepublik auf die Oppositionsbänke zu verweisen und die erste sozial-liberale Regierung auf Bundesebene ins Leben zu rufen.

Dieses Bündnis kam nur zustande, weil die NPD knapp den allseits befürchteten Einzug in den Bundestag verfehlte: Sie bekam 4,3 Prozent der Stimmen, während die FDP 5,8 Prozent einfuhr. Wenn man sich vorstellt, es wäre umgekehrt gekommen, dann hätte die deutsche Geschichte einen anderen Verlauf genommen. »Die NPD über fünf Prozent«, meinte Brandt noch zwanzig Jahre später, »und ich wäre 1969 nicht Kanzler geworden«.

Danach sah es auch in der Wahlnacht zunächst nicht aus. Die ersten Ergebnisse schienen darauf hinzudeuten, daß die

*Schöner Sonntag: Kurt Georg Kiesinger vor seinem
Wochenendhaus im schwäbischen Bebenhausen*

Unionsparteien die absolute Mehrheit der Mandate errungen hätten. In der Parteizentrale der CDU knallten die Sektkorken, Kurt Georg Kiesinger feierte bereits seine Wiederwahl, und auch erste ausländische Gratulanten, unter ihnen der amerikanische Präsident Nixon, stellten sich telefonisch ein. Gegen 22 Uhr änderte sich das Bild. Eine halbe Stunde später rief Willy Brandt Walter Scheel, den Bundesvorsitzenden der Liberalen, an und teilte ihm mit, daß er öffentlich feststellen wolle, SPD und FDP hätten gemeinsam mehr Stimmen und Mandate als die CDU/CSU.

Das war zwar noch nicht die Entscheidung über die Koalition – dazu sah sich der über das Wahlergebnis seiner Partei deprimierte Scheel in dieser Nacht außerstande. Aber es war mehr als eine unverbindliche Absichtserklärung. Eine wichtige Weiche für die sozial-liberale Koalition war nämlich bereits am 5. März 1969 gestellt worden. Damals hatte die FDP, wenn auch nicht geschlossen, den Kandidaten der SPD für das Amt des Bundespräsidenten unterstützt und so Gustav Heinemann, dem Justizminister der Großen Koalition, im dritten Wahlgang zum Sieg verholfen. Der wiederum hatte es sich nicht nehmen lassen, öffentlich seine Wahl als ein »Stück Machtwechsel« zu bezeichnen und dergleichen auf »breiter Front bei den Bundestagswahlen« im Herbst anzukündigen.

Dann kam die Wahlnacht, und mit ihr die Stunde des Willy Brandt. Selten zuvor hatte man ihn so aktiv gesehen, so zielstrebig und energisch wie in dieser Nacht des 28. September. Sein Entschluß, die Große Koalition aufzukündigen und mit Hilfe der FDP Kanzler zu werden, war zugleich ein Akt des Widerstands gegen Wehner. Kein Wunder, daß anfänglich nur wenige aus der Führungsriege der SPD Brandt vorbehaltlos unterstützen wollten. Zu ihnen gehörten der nordrhein-westfälische Ministerpräsident Heinz Kühn, der seit 1966 im größten Bundesland eine sozial-liberale Koalition führte, und Gustav Heinemann, der Brandt am Morgen nach der Wahlnacht aufforderte: »Willy ran, mach's!« Und der machte es zur Überraschung vieler tatsächlich. Die Verhandlungen mit dem alten Koalitionspartner CDU/CSU beschränkten sich auf ein steifes Gespräch zwischen Brandt und dem noch amtierenden Kanzler Kiesinger. Am gleichen Tag, am Abend des 30. September, begannen die offiziellen Koalitionsverhandlungen zwischen SPD und FDP. Sie führten zum Erfolg.

Selbstverständlich gehörte dem ersten sozial-liberalen Kabinett Walter Scheel als Vizekanzler und Außenminister an. Der gebürtige Solinger mit rheinischem Gemüt, nur wenige Jahre jünger als Willy Brandt, brachte in sein neues Amt einige Erfahrung mit, unter anderem als Bundesminister für wirtschaftliche Zusammenarbeit während der Jahre 1961 bis 1966. Vor allem aber saß er seit 1953 im Bundestag, und seit Ende Januar 1968 versuchte er als FDP-Vorsitzender nicht ohne Erfolg, die auseinanderdriftenden Flügel seiner Partei durch neue außenpolitische Zielsetzungen auf eine gemeinsame Linie zu verpflichten. Sein Verhältnis zu Brandt war von Anerkennung und Zuneigung geprägt, und ihre Zusammenarbeit zeichnete sich durch ein ungewöhnlich hohes Maß an Zuverlässigkeit aus.»Bis zum letzten ehrlich« sei Brandt gewesen, sagte Scheel im Rückblick. Es war bezeichnend für die gemeinsamen Jahre in der Regierung, daß das gegebene Wort immer genügte. Es hat nie einer schriftlichen Vereinbarung bedurft.

Neben dem Außenministerium gewährte Brandt dem aus der Bundestagswahl geschwächt hervorgegangenen kleinen Koalitionspartner noch zwei weitere zentrale Ministerien: Hans-Dietrich Genscher wurde neuer Innenminister, während der bayerische FDP-Abgeordnete und Diplomlandwirt Josef Ertl, der an sich als Gegner einer sozial-liberalen Koalition galt, durch die Zuteilung des erträumten Landwirtschaftsministeriums aber zu einem der wichtigsten Verteidiger des neuen Regierungsbündnisses wurde.

Auf sozialdemokratischer Seite fiel die personelle Kontinuität von der Großen Koalition zum ersten Kabinett Brandt auf: Einige, wie etwa Wirtschaftsminister Karl Schiller oder

Gesundheitsministerin Käte Strobel, blieben einfach auf ihrem Posten, andere drehten eine Runde im Personalkarussell wie Wehner, der das Gesamtdeutsche Ministerium abgab, um Fraktionsvorsitzender zu werden. Die Behörde, die fortan als »Ministerium für innerdeutsche Beziehungen« firmierte, wurde von Egon Franke übernommen. Mit Justizminister Gerhard Jahn, Arbeitsminister Walter Arendt und dem parteilosen Minister für Bildung und Wissenschaft Hans Leussink gehörte er zu den Neuen in der Regierung.

Aber die erste Regierungsmannschaft Willy Brandts band auch manchen Konkurrenten ein. So übernahm Helmut Schmidt, der sich noch kurz zuvor wenig vorteilhaft über Brandt geäußert hatte, nach einiger Bedenkzeit das Amt des Verteidigungsministers. Überhaupt konnte sich das erste Kabinett Brandt sehen lassen. Hans-Dietrich Genscher, der Mann mit der längsten Kabinettserfahrung in der Geschichte der Bundesrepublik überhaupt, hielt es noch drei Jahrzehnte später für »das beste, das die Republik je gesehen hat«. Doch ist auch die tüchtigste Regierung auf die Unterstützung der Fraktionen angewiesen, zumal in Zeiten derart knapper Mehrheiten. Herbert Wehner führte die SPD-Fraktion mit fester Hand durch die aufziehenden Turbulenzen im Bundestag. Wolfgang Mischnick an der Spitze der FDP-Fraktion, wie Wehner in Dresden geboren, erwies sich als verläßlicher Partner.

Am Nachmittag des 21. Oktober legte Willy Brandt im Parlament seinen Amtseid auf die Verfassung ab, übrigens wie seine Vorgänger mit der Beteuerungsformel »So wahr mir Gott helfe«. Sechsunddreißig Jahre nach seiner Flucht und einundzwanzig Jahre nach seiner endgültigen Rückkehr hatte der aus Deutschland Geflohene, von Deutschen Verfolgte und Diffamierte den Gipfel der politischen Macht in Deutschland erklommen. Wer mochte Brandt das getragene Pathos verdenken, mit dem er, auch noch nach seinem Sturz aus dieser Höhe, seinen Aufstieg in einen größeren historischen Zusammenhang rückte? »Seit Hermann Müller 1930 vom Amt des Reichskanzlers zurückgetreten war«, schrieb er

*Einer weiß, wovon er spricht: Helmut Schmidt,
Frontoffizier des Zweiten Weltkrieges, besucht erstmals
als Verteidigungsminister die Truppe*

1976, »waren fast vierzig Jahre vergangen, in denen meine Partei vom Terror zerschlagen wurde, in denen viele ihrer Mitglieder Unsägliches erlitten und nicht wenige einen gewaltsamen Tod fanden, in denen sie nach dem Ende des Schreckens und dem Aufbau einer neuen Organisation lokale und regionale Verantwortung übernahm, dem Ansturm einer neuen Diktatur Widerstand entgegensetzte, am Aufbau der Bundesrepublik entscheidend mitarbeitete und schließlich in die Regierungsverantwortung gestellt wurde.«

Nicht einmal fünf Jahre sollte es dauern, bis ein völlig erschöpfter, auch überforderter Bundeskanzler Brandt aus eher nichtigem Anlaß das Handtuch werfen sollte. Und dennoch besitzt gerade diese Kanzlerschaft bis heute im öffentlichen Bewußtsein einen besonderen Klang, vor allem aus einem Grund. 1988 in einem Fernsehinterview als »Zeuge des Jahrhunderts« befragt, was er selbst als seinen größten Erfolg betrachte, sagte Brandt: »Mit dazu beigetragen zu haben, daß in der Welt, in der wir leben, der Name unseres Landes, Deutschland also, und der Begriff des Friedens wieder in einem Atemzug genannt werden können.«

Heute wissen wir, daß diese Leistung in erster Linie auf dem Gebiet der Außen- und hier namentlich der Ost- und Deutschlandpolitik erbracht worden ist. Geplant gewesen ist das so nicht, man möchte fast sagen: im Gegenteil. Die erste Regierungserklärung des neuen Bundeskanzlers befaßte sich vor allem mit innenpolitischen Reformen. Die Absichtserklärung: »Wir wollen mehr Demokratie wagen«, wurde alsbald zum geflügelten Wort. Auch die nicht minder programmatische Ankündigung: »Wir fangen erst richtig an«, folgte der Feststellung, »nicht am Ende unserer Demokratie« zu stehen. Tatsächlich sei es so gewesen, sagte Brandt Jahre später, daß er als Bundeskanzler den »bei weitem größten Teil« seiner Zeit »für innenpolitische Fragen aufgewendet habe«. Angesichts des Reformstaus, dem sich die deutsche Gesellschaft trotz beträchtlicher Erfolge der Großen Koalition nach zwanzigjähriger Vorherrschaft einer Partei fast zwangsläufig gegenübersah, ist das nicht überraschend.

Damit seine Verdienste auf diesem Gebiet nicht in Vergessenheit gerieten, legte Willy Brandt noch im Jahr seines Sturzes unter dem Titel *Über den Tag hinaus* eine »Zwischenbilanz« vor, in der sich der Gestrauchelte auf nicht weniger als 550 Seiten mit der Innenpolitik befaßte. Die Bilanz konnte sich halbwegs sehen lassen, wenn auch viele der Vorhaben, etwa das Berufsbildungsgesetz oder eine umfassende Steuerreform, allenfalls auf den Weg gebracht wurden. Immerhin: Ein neues Betriebsverfassungs- und ein Vermögensbildungsgesetz, durch das die vermögenswirksamen Leistungen verdoppelt wurden, gehörten ebenso dazu wie ein Bundesausbildungsförderungs- und ein Graduiertenförderungsgesetz, die den hohen Stellenwert der Bildungspolitik unterstrichen. Hinzu kamen die Abkoppelung des Kindergeldes vom Einkommen, die Garantie einer Mindestrente, eine Reform des Familien- wie des Sexualstrafrechts, welche die Heinemannschen Reformen fortschrieb, auch ein Städtebauförderungsgesetz und ein erstes Umweltprogramm.

Zu den innenpolitischen Reformen im weitesten und zugleich problematischsten Sinne gehörte der sogenannte Radikalenerlaß vom Januar 1972. Mit seiner Hilfe sollte Anhängern insbesondere der radikalen Linken der Eintritt in den öffentlichen Dienst verwehrt werden. Hinter diesem erklärten Ziel stand, zumindest für Brandt, ein zweites: Man mußte der lärmenden Opposition zeigen, daß die außenpolitische Öffnung nach Osten keine gefährlichen Konsequenzen für die innere Sicherheit der Bundesrepublik habe.

Keine zweite Maßnahme des Bundeskanzlers, ja des Politikers Brandt, hat, gerade unter Jugendlichen, solche Enttäuschung und Irritation hervorgerufen wie dieser Erlaß: Ausgerechnet Willy Brandt war der Urheber! Er hat sich in späteren Jahren mit diesem Kapitel besonders schwer getan. Immer wieder, so noch 1989 in seinen *Erinnerungen* oder in einem Beitrag für den *Spiegel* ein Jahr zuvor, hat er sich erklärt und gerechtfertigt. Eine Angelegenheit der Länder sei der Erlaß gewesen; das Bundeskabinett und also auch er hätten ihn lediglich mitgetragen. Im übrigen habe er »tatsächlich nicht vorhergesehen, auf eine wie idiotische und für viele abträgliche Weise der ... Extremistenbeschluß gehandhabt werden würde«.

Viele Kritiker des Beschlusses und insbesondere seiner Befürwortung durch Brandt übersahen jedoch, in welchem Umfeld er zustande kam. Im November 1971 hatten die Sozialdemokraten in Bonn einen außerordentlichen Parteitag abgehalten, der vor allem der Steuerreform galt. Weit mußte es mit der Partei gekommen sein, wenn ihr Vorsitzender, der auf Ausgleich und Vermittlung bedachte Bundeskanzler Brandt, den Delegierten mit ungewohnter Deutlichkeit ins Parteibuch schrieb, »daß niemand – weder ein einzelner noch eine Gruppe noch ein ganzer Parteitag – einem sozialdemokratischen Bundeskanzler seine Pflicht und Verantwortung nach dem Grundgesetz der Bundesrepublik Deutschland abnehmen« könne.

Adressiert war diese in sozialdemokratischen Ohren unerhörte Klarstellung an die Mitglieder der »Arbeitsgemeinschaft der Jungsozialisten«, die in der Partei in dem Maße an Boden gewonnen hatten, in dem deren Mitglieder jünger geworden waren. Dreiviertel der Neugenossen, die 1972 in die Partei eintraten, waren noch keine vierzig Jahre alt. Seit ihrem Münchner Bundeskongreß vom Dezember 1968 steuerten die »Jusos« auch innerparteilich einen konsequenten Konfrontationskurs gegen das »Establishment«. Willy Brandt konnte seit den entnervenden, frustrierenden Erfahrungen der Exilzeit endlosen Theoriedebatten wenig abgewinnen. Aber hier ging es um viel mehr. Die Nachwuchssozialisten stellten mit ihrer Fundamentalkritik am bundesdeutschen Kapitalismus das politische System der Republik an den Pranger und in Frage. Nicht wenige suchten dabei die Nähe zu den Kommunisten. Für den Parteivorsitzenden war das nicht hinnehmbar.

Noch bedenklicher und für Brandts Haltung zum »Radikalenerlaß« wohl entscheidend war eine weitere Entwicklung: Die linke Szene in der Bundesrepublik wurde nämlich nicht nur größer und lauter. Vielmehr fransten die Ränder zwischen ihren diversen Richtungen aus. Gleichzeitig bildeten sich terroristische Gruppierungen, die sich brutal bemerkbar machten. Anfang 1970 hatte der Aufbau der »Rote Armee Fraktion« (RAF) begonnen. Ihr gehörten der gewaltsam aus der Haft befreite Frankfurter Kaufhaus-Brandstifter Andreas Baader und die Pfarrerstochter Gudrun Ensslin an, aber auch die untergetauchte Journalistin Ulrike Meinhof und Rechtsanwalt Horst Mahler, der später als NPD-Aktivist von sich reden machte.

Spätestens seit dem Münchner Anschlag einer palästinensischen Terrororganisation wußte jedermann, wie weit Terroristen zu gehen bereit waren. Frühmorgens am 5. September 1972, dem elften Tag der XX. Olympischen Spiele, die erstmals seit 1936 wieder in Deutschland stattfanden, überfielen acht Palästinenser das olympische Dorf. Sie töteten zwei Mitglieder der israelischen Delegation; neun weitere nahmen sie als Geiseln. Ihre Forderungen: die Freilassung von zweihundert Palästinensern aus israelischen Gefängnissen, ein startbereites Flugzeug und freies Geleit.

Doch die israelische Regierung war nicht verhandlungsbereit, und die deutschen Sicherheitskräfte waren maßlos überfordert. Zwar waren Polizisten aus allen Bundesländern zusammengekommen, um unter Leitung des Münchner Polizeipräsidenten Manfred Schreiber für einen sicheren Verlauf der Spiele zu sorgen. Er bekannte später, daß sie »auf eine solche paramilitärische Terroraktion sowohl psychologisch als auch waffentechnisch und organisatorisch in keinster Weise vorbereitet« gewesen seien. Schließlich galt das Motto der »heiteren Spiele«. Dazu wollten weder die Bitte Israels um besondere Schutzmaßnahmen für seine Sportler, die schon Monate vorher beim Organisationskomitee der Spiele eingegangen war, noch eine scheinbar übertriebene Polizeipräsenz passen. Der Preis für diese Sorglosigkeit war hoch und bitter: Nachdem sich Mitglieder des eilig gebildeten Krisenstabes vergeblich selbst als Geiseln angeboten hatten, unternahm man einen dilettantischen Befreiungsversuch. Er endete mit dem Tod der neun Sportler und eines

Polizisten – ein niederschmetternder Schlag gegen die »heiteren Spiele«, die man beabsichtigt hatte.

Die sportlichen Veranstaltungen gingen zwar nach eintägiger Unterbrechung weiter, doch die unbeschwerte Freude an den Spielen war dahin. Gleichzeitig hagelte es Kritik wegen der unzureichenden Sicherheitsmaßnahmen der Bundesregierung. In Bonn wußte man sehr wohl, wie kraß das eigene Versagen war, und zog die Konsequenz: Das war die Geburtsstunde der Sondereinheit des Bundesgrenzschutzes, der GSG 9. Nur fünf Jahre später sollte sie im Kampf gegen den Terrorismus ihre Feuerprobe bestehen.

»Mehr Demokratie wagen« war für Brandt gewiß ein ernstes Anliegen. Die Demokratie gegen ihre Feinde drinnen und draußen zu verteidigen, war es nicht minder. Es ist merkwürdig, daß man nie auf den ersten und gewiß nicht unwichtigsten Satz seiner Regierungserklärung geachtet hat. »Wir sind entschlossen«, sagte Willy Brandt am 28. Oktober 1969 vor dem Bundestag, »die Sicherheit der Bundesrepublik Deutschland ... zu wahren«.

Dabei hatte der Kanzler sowohl die innere als auch die äußere Sicherheit der Bundesrepublik im Sinn. Er definierte sie als eine »Funktion des Bündnisses, dem wir angehören und als dessen Teil wir zum Gleichgewicht der Kräfte zwischen Ost und West beitragen«. Um Mißverständnissen von vornherein vorzubeugen, fügte er hinzu, daß damit keine Schaukelpolitik zwischen Ost und West gemeint sei, sondern »Zusammenarbeit und Abstimmung mit dem Westen« und »Verständigung mit dem Osten«. Kein zweites Thema der Kanzlerschaft Willy Brandts hat sich auch nur annähernd einen vergleichbaren Stellenwert in der öffentlichen Erinnerung sichern können wie dieses Vorhaben. Es ist offenkundig, warum das so ist: Wegen seiner Außen-, insbesondere seiner Ost- und Deutschlandpolitik wurde er 1971 mit dem Friedensnobelpreis ausgezeichnet. Ihretwegen wurde er 1972 von seinen politischen Gegnern beinahe gestürzt.

Brandt hatte die Jahre als Außenminister zu nutzen verstanden, um für den Fall eines Falles vorzuarbeiten. So hatte er sich bereits im Oktober 1968 und erneut im September 1969 mit dem grimmigen, grämlichen sowjetischen Außenminister Andrej Gromyko getroffen. Der 1909 geborene, jahrzehntelang erfahrene Politiker, der sein diplomatisches Handwerk noch unter Stalin erlernt hatte, war seit 1957 Außenminister, außerdem seit 1956 Mitglied des Zentralkomitees der KPdSU. Beim zweiten Treffen, das in New York stattgefunden hatte, war unter anderem von der Anerkennung der bestehenden Grenzen in Europa die Rede gewesen, jenem Thema also, das in der Großen Koalition jede Diskussion zum Erliegen brachte. So gesehen war es kein Wunder, daß die Regierung Brandt-Scheel auf diesem Terrain Tempo vorlegte. Schon in seiner Regierungserklärung sagte der Kanzler, wenn auch in einem Nebensatz versteckt, wo der Neuanfang zwangsläufig enden mußte: »Eine völkerrechtliche Anerkennung der DDR durch die Bundesregierung kann nicht in Betracht kommen. Auch wenn zwei Staaten in Deutschland existieren, sind sie doch füreinander nicht Ausland; ihre Beziehungen zueinander können nur von besonderer Art sein.«

Zwei Staaten in Deutschland? Das klang in vielen Ohren unerhört. Aber Willy Brandt nannte erstmals das Kind beim Namen und trug damit den Realitäten Rechnung. Nicht nur gab es seit 1967 eine DDR-Staatsbürgerschaft und seit 1968 eine neue, die Eigenstaatlichkeit der DDR unterstreichende Verfassung. Vielmehr waren beide Staaten auch gleichrangige Mitglieder diverser Verträge und Organisationen. Und schließlich hatten die DDR-Oberen, mit dem Bau der Mauer beginnend, ihrem Staat eine fragwürdige, aber unübersehbare eigene Identität verschafft: Ein Gürtel aus Stacheldraht, Minenfeldern und Selbstschußanlagen dokumentierte ebenso brutal wie unzweifelhaft, daß es diesen anderen Staat gab.

War unter solchen Bedingungen überhaupt noch an eine »Wiedervereinigung« zu denken, dem nach wie vor obersten Ziel der Bonner Politik? Der Kanzler hielt sich jedenfalls bei diesem Thema auffällig zurück. Beiläufig, nicht in der Regierungserklärung selbst, sagte er, daß eine Wiedervereinigung nur in einer »europäischen Friedensordnung« denkbar sei, nannte damit zugleich das Fernziel seiner Außenpolitik und ließ erkennen, was ihn in den Augen vieler Menschen bis heute vom Durchschnittspolitiker unterscheidet: Der Mann stellte die gegebene Lage nüchtern in Rechnung. Unverzüglich machte er sich ans Werk, signalisierte seine Bereitschaft, die Gespräche über einen förmlichen Gewaltverzicht wiederaufzunehmen. Die sowjetische Intervention in Prag, so die Botschaft, sei eine schlimme Sache gewesen. Aber sie dürfe der Wiederaufnahme des deutschen Entspannungsdialogs nicht im Weg stehen. Und damit erst gar keine Zweifel an der Ernsthaftigkeit der Entspannungsabsicht aufkam, trat man sogleich dem umstrittenen »Atomwaffensperrvertrag« bei.

Schon mit diesen ersten Schritten gewann die neue Außenpolitik eine beträchtliche Eigendynamik, und durch sie wiederum geriet die Regierung zusehends unter Erfolgsdruck, den man offenkundig auch in Moskau spürte. Jedenfalls liefen sich die Verhandlungen über einen Gewaltverzicht, die im Dezember 1969 zunächst in Form mehrerer Unterredungen zwischen Botschafter Helmut Allardt und Außenminister Gromyko geführt wurden, schnell fest: Die Sowjets beharrten kompromißlos auf ihren Maximalforderungen.

Willy Brandt nahm das zum Anlaß, die Verhandlungen, nicht nur die mit Moskau, fortan direkt aus dem Kanzleramt heraus zu führen. Die Voraussetzungen dafür hatte er geschaffen, als er den Sachverstand des Auswärtigen Amtes kurzerhand hinüber ins Palais Schaumburg mitgenommen hatte. Das ganze Kanzleramt, beklagte sich Walter Scheel im April 1970 gegenüber Parteifreunden, »besteht von A bis Z, den Kanzler eingeschlossen, aus Leuten des Auswärtigen Amts: Kanzler, Staatssekretär, alle Mitarbeiter, persönliche Referenten ... Er hat alle ohne Ausnahme mitgenommen. Diese Leute haben genau das, was sie immer hatten: Sie haben ihren vollkommenen Kontakt zum Auswärtigen Amt und reden immer noch mit ihren alten Freunden ...«

Ende Januar 1970 war Egon Bahr, Sonderbeauftragter Willy Brandts, in die sowjetische Hauptstadt gereist, um wieder Bewegung in die Gespräche zu bringen. Seither sondierte er, jetzt Staatssekretär im Kanzleramt, in Moskau über einen deutsch-sowjetischen Gewaltverzicht und die mit ihm zusammenhängenden Fragen. Bahr hatte Brandt begleitet, als dieser 1966 an den Rhein ging, und im Auswärtigen Amt den Planungsstab geleitet. Bahrs wichtigster Gesprächspartner war Außenminister Gromyko. Die beiden faßten die Ergebnisse ihrer Unterredungen in zehn Punkten schriftlich zusammen.

Als dieses »Bahr-Papier« Mitte Juni an die Öffentlichkeit gelangte, geschah prompt das, was die Initiatoren dieser Indiskretion erreichen wollten: Die Bundesregierung geriet in arge Bedrängnis. Es überrascht nicht, daß in Moskau behauptet wurde, die undichte Stelle liege in der deutschen Beamtenschaft. Wenn man nämlich davon ausgeht, daß die Veröffentlichung die ohnehin schon günstige Verhandlungsposition der Sowjets weiter verbesserte, scheint sich die Frage, wem diese Indiskretion nutzte, von selbst zu beantworten.

Tatsächlich gab es fortan für die Bonner Emissäre in Moskau nichts mehr zu verhandeln, weil jedes substantielle Zugeständnis von den Sowjets als Gesichtsverlust gewertet werden mußte. Vor allem aber war jetzt schwarz auf weiß nachlesbar, was ohnehin jeder wußte, aber beileibe nicht alle wahrhaben wollten: Um auf dem Weg zu einer europäischen Friedensordnung voranzukommen, mußte man sich auf den harten Boden der Realitäten stellen und die Ergebnisse des Zweiten Weltkriegs förmlich anerkennen. Nichts anderes geschah durch jenen Vertrag, der am 12. August 1970 unterzeichnet wurde. Deutscherseits hatte man größten Wert darauf gelegt, nicht den folgenden 13. August, den Tag des Mauerbaus, für den feierlichen Akt vorzusehen. Für die Zeremonie reisten Willy Brandt und Walter Scheel mit großem Gefolge nach Moskau. Es war für die innenpolitische Brisanz dieser Reise bezeichnend, daß die Maschine der Bundesluftwaffe wegen einer Bombendrohung erst verspätet abheben konnte.

Der Vertrag bestätigte unter anderem die Unverletzlichkeit der bestehenden Grenzen in Europa einschließlich der Oder-Neiße-Linie, also der Grenze zwischen der DDR und Polen. Das mußte in Warschau Irritation und Empörung hervorrufen. Auch wenn es in diesem Fall gerade um die Bestätigung der polnischen Westgrenze ging, war doch nicht vergessen, daß der polnische Staat dreißig Jahre zuvor aufgrund einer geheimen Absprache zwischen Hitler und Stalin liquidiert worden war und der folgende Krieg das Land sechs Millionen Opfer gekostet hatte. Nun sprachen also Deutsche und Sowjets erneut über polnische Grenzen. Dabei wurden doch, schon seit Februar 1970, direkte deutsch-polnische Verhandlungen geführt.

Wenn jemand die Problematik dieser Situation kannte, dann war es Brandt. Deshalb schickte er mit Georg Ferdinand Duckwitz einen Diplomaten seines Vertrauens und von untadeligem Ruf in die Verhandlungen mit Warschau: Während des Krieges war Duckwitz, damals in Kopenhagen, maßgeblich daran beteiligt gewesen, die meisten der etwa achttausend dänischen Juden vor dem Zugriff der Nazis zu retten. Wegen der polnischen Empfindlichkeit reisten der Bundeskanzler und Außenminister Scheel persönlich in die polnische Hauptstadt, um dort am 7. Dezember 1970 den deutsch-polnischen Vertrag zu unterzeichnen. Im Gedenken der Millionen jüdischer Opfer des nationalsozialistischen Rassenfanatismus entschloß sich Willy Brandt spontan, bei der Kranzniederlegung vor dem Mahnmal für die Opfer des Ghettoaufstands niederzuknien. Daß gerade er, ein in der Zeit des Dritten Reiches selbst Verfolgter, der in keiner Hinsicht »Täter« genannt werden konnte, sich für sein Volk zu diesem Schuldeingeständnis bereitfand, gab diesem Kniefall sein besonderes Gewicht.

Zu Hause machte Brandt diese Geste nicht nur Freunde. Fast 50 Prozent der Deutschen fanden sie nach einer Blitzumfrage des *Spiegel* übertrieben. Je höher das Alter, um so

*Ein Bild geht um die Welt: Willy Brandt in Warschau,
7. Dezember 1970*

deutlicher die Ablehnung. Weil sich Polen bei der Umsetzung des Abkommens – mit ergänzenden Vereinbarungen – Zeit ließ, es erst 1972 zur Aufnahme diplomatischer Beziehungen kam und die Frage der Übersiedlung Deutschstämmiger gar erst 1975 halbwegs endgültig geregelt werden konnte, wuchs die Zahl der Kritiker kräftig.

Dabei lagen die schwierigsten Hürden der neuen Ostpolitik noch vor der Bonner Regierung: Das deutsch-deutsche Verhältnis bedurfte der vertraglichen Klärung. Vor allem stand eine Regelung der Berlin-Frage aus, die leichter gefordert als ins Werk gesetzt war. Zwar konnte die Bundesregierung versuchen, informell einen gewissen Einfluß auf die Verhandlungen zu nehmen, und sie tat das auch. Im übrigen aber war das Abkommen über Berlin ausschließlich eine Angelegenheit der vier alliierten Sieger des Zweiten Weltkrieges, und namentlich Amerikaner und Sowjets verknüpften dieses Thema mit anderen Fragen, wie zum Beispiel den SALT-Verhandlungen über die strategischen Atomwaffen oder dem Rückzug der USA aus Vietnam. Wer Fortschritte in den Verhandlungen über Berlin sehen wollte, ohne an ihnen selbst teilnehmen zu können, mußte viel Geduld aufbringen, außerdem manche Kröte schlucken.

Brandt wußte das, als er im Juni 1971 in die USA reiste. Die erheblichen Vorbehalte des Präsidenten und seines Sicherheitsberaters spürte er deutlich. Heute wissen wir genau, was die beiden von ihm dachten, weil die geheimen Tonbandaufzeichnungen des Oval Office auch die Meinungen Nixons und Kissingers über den deutschen Kanzler festgehalten haben. Sie sind unzweideutig. Über das »Hauptproblem« waren sich die beiden bei Brandts Besuch einig. »Nicht sehr helle« sei er, vielmehr »ein bißchen dumm«, und außerdem, so Kissinger: »Er trinkt.« Immerhin schien sich der Kanzler zu »benehmen«; denn er verstand, daß er den beiden »eine ganze Menge« schuldete. Seine wachsende Skepsis über die amerikanische Kriegführung in Vietnam äußerte Brandt allenfalls hinter verschlossenen Türen; und als die amerikanische Regierung am 15. August 1971 in einer

Nacht- und Nebelaktion die Umtauschverpflichtung von Dollar in Gold und damit das Währungssystem von Bretton Woods aus dem Jahre 1944 beseitigte, war Brandt zwar, wie alle Europäer, über diesen »brüsken Alleingang« empört, biß sich aber, schon weil nichts mehr rückgängig zu machen oder auch nur zu korrigieren war, auf die Lippen.

Immerhin wichen nach und nach in Washington die Bedenken gegen Bonns Ost- und Deutschlandpolitik, und da mit der Regelung der Berlin-Frage ein auch für die USA lästiger Dauerkonflikt endlich vom Tisch kam, wurde am 3. September 1971 in Berlin das Viermächteabkommen unterzeichnet. Es schrieb den Status quo in der geteilten Stadt endgültig fest, brachte den Menschen in und um Berlin Erleichterungen und bot, da die Sowjetunion wieder selbst den Zugang von und nach Berlin garantierte, eine gewisse Gewähr, daß es in Zukunft keine Berlin-Krisen mehr geben würde.

Weil aber die Sowjets das Inkrafttreten des Viermächteabkommens von der Ratifizierung des Moskauer und des Warschauer Vertrages im Deutschen Bundestag abhängig machten, witterten die Kritiker und Gegner der neuen Ost- und Deutschlandpolitik eine Chance, das ganze Unternehmen vielleicht doch noch zu Fall zu bringen. Die politische Atmosphäre in der Bundesrepublik wurde zusehends gereizter. Vieles stand auf dem Spiel, nicht zuletzt das politische Schicksal Brandts. Das nahmen auch andere so wahr, nicht nur in Deutschland. Von allen Enden und Ecken der Welt bekam Brandt Zuspruch und Unterstützung, insbesondere auch aus seiner zweiten Heimat Norwegen.

Am Nachmittag des 20. Oktober unterbrach Bundestagspräsident Kai-Uwe von Hassel die Haushaltsdebatte des Bundestags und unterrichtete die Abgeordneten von der Entscheidung des Nobelpreiskomitees, das gerade Willy Brandt den Friedensnobelpreis zugesprochen hatte. Die Reaktion in den Reihen der Opposition war durchwachsen, was man verstehen konnte, wenn man sich ihre künftigen Chancen gegenüber einem Politiker ausmalte, dem solche Ehrungen zuteil wurden. Während die Mitglieder der Regierungsfraktionen sich geschlossen zum Applaus erhoben, blieben die meisten Abgeordneten der Unionsparteien sitzen. Einige, wie der Fraktionsvorsitzende Rainer Barzel, gratulierten spontan. Aber nur ein einziger Oppositionspolitiker, Hermann Höcherl, erschien abends zur Party bei Brandts.

Der Kanzler wohnte übrigens weiterhin in der Dienstvilla des Außenministers am Kiefernweg auf dem Bonner Venusberg, in direkter Nachbarschaft zu Altbundespräsident Heinrich Lübke und seiner Frau Wilhelmine. Da Walter Scheel und Ehefrau Mildred ihr soeben erworbenes und aufwendig hergerichtetes Privathaus, nur wenige hundert Meter entfernt, nicht schon wieder räumen wollten, konnten die Brandts ihrerseits in der Dienstvilla des Außenministers wohnen bleiben. Das freute vor allem Rut Brandt, die populäre Gattin des Bundeskanzlers. Gerade erst war der unter Erhard erbaute Kanzlerbungalow von Kiesinger neu eingerichtet worden, und der Plüschstil, der Bewohnern und Besuchern seither zugemutet wurde, entsprach nun wirklich nicht dem Geschmack der gebürtigen Norwegerin.

Der Kanzler war damals nicht in der besten Verfassung. In jenen Jahren gewannen die Krisen an Dauer und Intensität, die manche Weggefährten Brandts schon in den Berliner Jahren beobachtet hatten und viele für Depressionen hielten. Duckwitz und Scheel, von Haus aus und jeder auf seine Weise Frohnaturen, die gleichsam um die Ecke wohnten, schauten in solchen Zeiten gelegentlich vorbei. Das half, das Gemüt des grübelnden, melancholischen und immer wieder niedergeschlagenen Bundeskanzlers aufzuhellen. Wenn härtere Maßnahmen gefordert waren, mußte Egon Bahr, auch Horst Ehmke, einspringen. Der Universitätsprofessor für öffentliches Recht hatte schon in jungen Jahren Karriere im Bundesjustizministerium gemacht. Bis zu seinem – von Wehner und Schmidt betriebenen – Rausschmiß nach der Bundestagswahl 1972 war der Mittvierziger Chef des Kanzleramts. Mit scharfer Intelligenz und hohem Selbstbewußtsein

*Wandel durch Annäherung: Leonid Breschnew kreuzt mit Egon Bahr und Willy Brandt vor der Krim, September 1971*

ausgestattet, umtriebig, zupackend, derb und daher bald mit praktisch jedem auf Kollisionskurs, bewies er in den Anfangsjahren der sozial-liberalen Koalition jene Energie, die sein Chef immer seltener mobilisieren konnte.

Später hat Ehmke geschildert, in welcher Verfassung sich der Kanzler in dieser Zeit immer häufiger befand: »Wenn Willy Brandt abtauchte, war er völlig geistesabwesend. Das konnte überraschend passieren ... Ein solcher Zustand konnte sich aber auch langsam aufbauen. Brandt konnte gut mit sich alleine sein. Eines Tages lag er mehrere Tage zu Hause, angeblich krank. Die Kommunikation mit seiner Umwelt hatte er nach und nach eingestellt. Ich brauchte von ihm aber Unterschriften ... Ich fuhr auf den Venusberg, ließ mir von Rut eine Flasche Rotwein und zwei Gläser geben und ging in sein Zimmer. Da er so tat, als ob er mich nicht wahrnähme, fuhr ich gleich schweres Geschütz auf: ›Willy, aufstehen, wir müssen regieren‹.«

Regiert wurde damals noch im charmanten Palais Schaumburg, einer stattlichen Villa mit großzügigem Park und Blick auf den Rhein. Der unter Bäumen malerisch gelegene Wohnbungalow wurde damals von Gästen des Kanzlers und des Außenministers genutzt. Im Palais selbst ging Willy Brandt seinen täglichen Geschäften nach, in der Regel mit dem Stift, kaum mit dem Telefon. Alles wurde schriftlich fixiert – in der gleichförmigen, klaren, gut lesbaren Handschrift, die seinen ausgeprägten Ordnungssinn erkennen ließ. Und alles wurde aufgehoben: für den Kanzler selbst, für seine Mitarbeiter, für das Archiv und immer auch für die Geschichte. Brandt wurde konsequent von der Außenwelt abgeschirmt. Seine Mitarbeiter wußten, was ihr Chef brauchte: Energie und starke Nerven – im Frühjahr 1972 mehr denn je.

Durch Übertritte von Abgeordneten der Koalition in die Reihen der Opposition war die ohnehin nie komfortable Mehrheit im Bundestag derart dahingeschmolzen, daß die Fraktion der CDU/CSU am 27. April mit guten Erfolgsaussichten ein konstruktives Mißtrauensvotum weckte. Das Ergebnis überraschte nicht nur den Herausforderer Rainer Barzel, dem mit 247 Stimmen zwei zum Erfolg fehlten, sondern auch den Kanzler und sein Amt, in dem Ehmke bereits den fluchtartigen Auszug organisiert hatte. Wie das für Barzel überraschend negative Votum zustande gekommen ist, hat sich nie vollständig klären lassen. Bedenkliche Methoden waren jedenfalls auf beiden Seiten im Spiel, auch Geld. Kein Wunder, daß die Geschichte Brandt bald wieder einholte.

Vorerst ging der Kanzler aus dem Manöver gestärkt hervor, zumal er sich staatsmännisch verhielt und, auf Anraten Ehmkes, in einer Fernsehansprache vom »verfassungsmäßigen Recht« der Opposition sprach, solche Machtproben zu suchen. Überhaupt suchte er der angespannten Lage entgegenzuwirken. Denn in der Öffentlichkeit gingen die emotionalen Wogen hoch. Willy Brandt konnte mit solchen Situationen wie kaum ein zweiter umgehen, und er nutzte die für ihn günstige Lage. Daher schlug die Stimmung für die Regierung positiv zu Buche, als wenig später die entscheidende Abstimmung über die Ratifizierung der Ostverträge stattfand.

Siebzehn Abgeordnete votierten am 17. Mai 1972 gegen den Warschauer und zehn gegen den Moskauer Vertrag. Die große Mehrheit der CDU/CSU-Fraktion aber enthielt sich der Stimme und ließ damit die Verträge passieren. Das war vor allem Rainer Barzel zuzuschreiben. Der Partei- und Fraktionsvorsitzende wollte, die nächsten Wahlen vor Augen, unbedingt verhindern, daß die Unionsparteien für das Scheitern der Verträge verantwortlich gemacht würden. Voraussetzung für den Stimmungswechsel innerhalb der CDU/CSU-Fraktion war ein Entschließungsantrag zum deutsch-sowjetischen Vertrag, der als Antrag aller im Bundestag vertretenen Parteien eingebracht worden war und die »Wiederherstellung der nationalen Einheit im europäischen Rahmen« als Ziel deutscher Politik bekräftigte. Beim Ringen um den gemeinsamen Text waren es in der Schlußphase Franz Josef Strauß und Horst Ehmke, zwei bei aller politischen Gegensätzlichkeit in vielem wesensverwandte Männer, die die endgültige Fassung zustande brachten.

Der Bayer stimmte zwar im Bundestag dennoch nicht für die Verträge, aber er war Realist genug, zu wissen, daß sie nicht scheitern durften. Willy Brandt hat das zu würdigen gewußt – wie es überhaupt interessant ist zu sehen, welche Persönlichkeiten der vierte Kanzler im Rückblick einer ausführlichen Würdigung für wert hielt. Konrad Adenauer gehörte dazu und eben Franz Josef Strauß, »eine der großen Begabungen aus der Kriegsgeneration«. »Auch er« kam nicht aus der »Oberschicht«. Die beiden hatten einander kennengelernt, »gut sogar«, als sie zu den jungen Mitgliedern des Ersten Bundestages gehörten. »Nein, ein Dutzendmensch war er ganz und gar nicht«, so Brandt rückblickend, »eher ein Motor mit zu schwacher Bremse. Eine seltsame Mischung von Herrscher und Rebell.« Im Unterschied zu ihm selbst, und darin steckt zugleich eine bemerkenswerte Selbstcharakterisierung Brandts, übte Strauß »direkten Einfluß aus«. Alles in allem, so das Resümee am Lebensabend, war Brandt weder Straußens »Freund noch sein Feind«, und doch hat er unter ihm gelitten. Gewiß, der Bayer lobte, auch öffentlich, zum Beispiel im März 1975 vor dem Deutschen Bundestag, Brandts »menschliche Bonhomie« und »personale Jovialität«. Aber Strauß hatte sich eben auch an den Diffamierungskampagnen der sechziger Jahre beteiligt.

Vor allem er führte jetzt die Riege derer an, die gegen Brandts Deutschlandpolitik mobil machten. Ohne diesen Eckpfeiler war jedoch die gesamte Konstruktion einer europäischen Friedensordnung gefährdet. Obwohl kein Weg an einer förmlichen Anerkennung der Tatsache vorbeiführte, daß zwei Staaten auf deutschem Boden existierten, hatte diese Politik viele Gegner auf dem Weg zum geregelten Nebeneinander, dann Miteinander. Der Mißerfolg der ersten Gehversuche schien die Skeptiker und Kritiker in ihren Vorbehalten zu bestärken. Das galt für einen beginnenden Briefwechsel zwischen Bonn und Ost-Berlin, und es galt für den Besuch von Ministerpräsident Willi Stoph in Kassel am 21. Mai 1970.

Bei seiner voraufgegangenen Reise nach Erfurt am

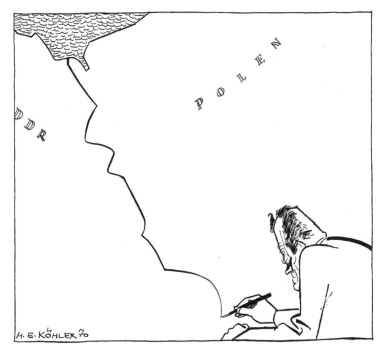

*Schwarz auf Weiß:* Mit dem Warschauer Vertrag
erkennt die Regierung Brandt–Scheel im Dezember 1970
die Oder-Neiße-Linie als polnische Westgrenze an

19. März des gleichen Jahres war Brandt von der spontanen Zuneigung der vor dem Bahnhof versammelten Menschen sichtlich gerührt gewesen. Aber Gefühle waren eine Sache, die Realitäten eine andere. Ihnen mußte man Rechnung tragen. Der Weg zur politischen Normalität zwischen Bonn und Ost-Berlin war langwierig und steinig. Am 3. Mai 1971 hatte Moskau den inzwischen vielen auch in der DDR als unbeweglich geltenden Parteichef Walter Ulbricht durch Erich Honecker ersetzt. Das machte die zähen Verhandlungen immerhin um einiges einfacher. Am Ende gab es ein ganzes Konvolut komplizierter Vereinbarungen, Verträge und Briefwechsel, in denen Praktisches, wie Besuche oder Postangelegenheiten, ebenso angesprochen wurde wie Grundsätzliches, das der »Grundlagenvertrag« regelte.

Das Dokument wurde am 8. November paraphiert und am 21. Dezember 1972 unterzeichnet. Dazwischen lagen die Wahlen zum Siebten Deutschen Bundestag, die damit auch zu einem Entscheid über diesen Vertrag, ja über Politik und Person Willy Brandts überhaupt wurden. Sie waren nötig geworden, nachdem sich am 28. April, einen Tag nach dem gescheiterten Mißtrauensvotum, bei der Abstimmung über den Kanzlerhaushalt im Parlament erstmals eine Pattsituation ergeben hatte, der Etat also bei Stimmengleichheit gescheitert war. Da der Kanzler fortan nicht mehr mit einer Mehrheit rechnen konnte, entschloß er sich, seinerseits die Vertrauensfrage zu stellen und damit den Weg für Neuwahlen freizumachen. Als das Parlament am 22. September über seinen Antrag befand, blieben die Kabinettsmitglieder der Abstimmung fern und sorgten so dafür, daß der Antrag scheiterte.

Der jetzt einsetzende, hochemotional geführte Wahlkampf ist in der Geschichte der Bundesrepublik ohne Beispiel und als »Willy-Wahl« in Erinnerung geblieben. Zwar versuchten die politischen Gegner des Kanzlers, alle möglichen Klatschgeschichten gegen ihn zu wenden und Kapital aus amourösen Affären oder seiner Vorliebe für Alkohol und Nikotin zu schlagen. Doch zeitigten gezielt lancierte Indiskretionen keineswegs die erhoffte Wirkung. Im Gegenteil: Solche Geschichten verliehen dem Mann menschliche Züge. So einer flößte keine Angst ein, sondern weckte Zuneigung und damit Vertrauen. Seine Person wurde Gegenstand der Stilisierung und Überhöhung. Die Massenveranstaltungen während des Wahlkampfs ließen mitunter einen »Willy«-Kult erkennen, der in einer regelrechten Verherrlichung des Kandidaten gipfelte. Vergleichbares hatte es in der Geschichte der Bundesrepublik bis dahin und hat es auch später nicht gegeben.

Am 19. November 1972 ging die SPD erstmals, wenn auch nur mit knapp einem Prozent der Stimmen, vor CDU und CSU als stärkste Partei aus dem Rennen hervor. Sieht man einmal von ausländischen Helfern wie Breschnew ab, der kurz vor der Wahl einigen tausend Deutschen die Ausreise aus der Sowjetunion gestattete, und das ohne Gegenleistung, so war der Erfolg nicht zuletzt der Lohn für die von Holger Börner generalstabsmäßig organisierte Kampagne. Unter dem Motto »Willy wählen« mobilisierten 350 lokale Wählerinitiativen die Klientel, vorwiegend mit innenpolitischen Themen.

Wie keinem zweiten Kandidaten vor oder nach ihm war es Brandt gelungen, Vertreter des kulturellen Lebens der Bundesrepublik, insbesondere Schriftsteller, für sich und seine Politik zu gewinnen. Die Keimzelle dieser Bewegung war 1965 gegründet worden, und im Dezember 1967 hatte eine kleine Gruppe von Künstlern und Schriftstellern im Haus von Günter Grass die erste »Sozialdemokratische Wählerinitiative« aus der Taufe gehoben. Brandt war klug und als Journalist und Buchautor auch interessiert und engagiert genug, um die Verbindung über den Machtwechsel des Oktobers 1969 hinaus zu halten.

Im November 1970 hatte er als erster Bundeskanzler auf einem Schriftstellerkongreß gesprochen, und im Kanzlerbungalow hatte ein neuer Stil Einzug gehalten. Die Brandts, sagte Rut, luden auch »andere Menschen ein, als das bislang in Bonn üblich gewesen war: Maler, Theaterleute, Wissenschaftler, Schriftsteller und Journalisten kamen aus Hamburg und Berlin, aus München, Stuttgart und Frankfurt.« Außerdem veranstalteten sie als erstes Kanzlerpaar ein Sommerfest im Garten des Palais Schaumburg, mit eintausend Gästen, darunter viel Prominenz aus Kultur, Wissenschaft, Showgeschäft und Publizistik, aber auch einfache Leute.

Aber es war mehr als dieser neue Stil im Kanzlerbungalow, der Kulturschaffende in diesen Jahren beflügelte. Mit Brandt war eben nicht nur erstmals ein Sozialdemokrat Kanzler geworden, sondern auch ein Deutscher, der die Nationalsozialisten bekämpft hatte. Er selbst hatte sich kurz nach seinem Amtsantritt »als Kanzler nicht eines besiegten, sondern eines befreiten Deutschland« vorgestellt: »Jetzt hat Hitler den Krieg endgültig verloren.«

Mehr als seine Vorgänger stand Brandt für die Tradition des »anderen Deutschland«. Das wirkte nicht nur integrierend auf Kritiker, die der Bundesrepublik restaurative Tendenzen vorgeworfen hatten. Es schien vielen auch wie ein neuer Aufbruch. Nicht zufällig kam der Kanzler vor allem bei jungen Wählern gut an. 60 Prozent der drei erstmals wählenden Jahrgänge stimmten 1972 für die SPD, und das hieß: für Willy Brandt. Freilich war dieser Höhepunkt seiner politischen Laufbahn auch der definitive Scheitelpunkt. Von da an, sagte Egon Bahr, »ging's bergab«. Mit dem Triumph der Wiederwahl begann unwiderruflich der Abstieg des Willy Brandt, der schließlich, innerhalb von anderthalb Jahren, in einen Absturz münden sollte. Das lag nicht zuletzt am hohen Wahlsieg: Der knappe Vorsprung von 1969 hatte die Koalitionspartner zur Disziplin verdammt. Die komfortable Mehrheit des Novembers 1972 ließ alsbald allerlei Allüren erkennbar werden, insbesondere in den Reihen der Genossen.

Wer Brandt genauer beobachtete, konnte schon während des Wahlkampfs Anzeichen einer schweren Krise beobachten, und zwar zuhauf. Der Kanzler war schlecht beieinander,

Die »Willy-Wahl«, Herbst 1972

körperlich und seelisch. Eine inzwischen chronische Stimmband-Erkrankung wurde während des pausenlosen Wahlkampfeinsatzes derart schlimm, daß sich eine Geschwulst zu bilden begann. Brandt glaubte, Krebs zu haben. Kein Wunder, daß die herbstlichen Depressionen 1972 besonders schwer waren, zumal der behandelnde Arzt dem Patienten drastische Maßnahmen verordnete. Ärgerlich genug, daß Brandt seine Wahlkampfreden kürzen, mitunter Auftritte auch ganz absagen mußte, war er doch gerade hier in seinem Element. Auch traf ihn hart, daß er sich beim Alkoholkonsum zurückhalten mußte, überdies statt Bier nur noch Wein trinken durfte. Das Schlimmste aber war das Rauchverbot, war doch Brandt seit vierzig Jahren Kettenraucher.

Die Folgen dieser verordneten Lebensumstellungen waren für jedermann erkennbar: Willy Brandt legte mächtig zu. Allerdings entwickelte er dabei nicht, wie es sonst oft zu beobachten ist, einen verstärkten Hang zu Geselligkeit und Jovialität. Das Gegenteil trat ein. Natürlich waren das alles nur Symptome. Willy Brandt war am Ende: erschöpft, ausgebrannt, fertig. Man wird diesen Zustand nicht allein mit Entzugserscheinungen, der Umstellung der Lebensgewohnheiten oder mit einer anstrengenden ersten Amtszeit, einem kräftezehrenden Wahlkampf erklären können. Sicher, die letzten Jahre hatten ihren Tribut gefordert. Aber sie waren gewissermaßen nur der berühmte Tropfen, der das Faß zum Überlaufen brachte.

Unter diesen Vorzeichen begann nach dem Wahlsieg des 19. November die Zusammenstellung des Kabinetts – ohne den Chef. Denn Willy Brandt lag im Krankenhaus, und so wurde seine Regierung an ihm vorbei gebildet. Sicher, diese Situation war außergewöhnlich. Aber auch zuvor hatte Brandt bei Personalentscheidungen nicht immer eine glückliche Hand gehabt, waren ihm schon in der ersten Amtsperiode die Dinge gelegentlich entglitten. Unterschiedliche Charaktere mit nicht selten primadonnenhaften Attitüden wie Verteidigungsminister Helmut Schmidt und Wirtschaftsminister Karl Schiller, aber auch der grundsolide Finanzminister Alex Möller, waren eben nur schwer in einer Mannschaft zusammenzuhalten. Daher hatte der eine, Möller, im Mai 1971 resigniert das Weite gesucht und der zweite, Schiller, im Juli des folgenden Jahres als Wirtschafts- und Finanzminister pikiert seinen Abschied genommen. Übrig geblieben war schließlich, von Willy Brandt bedrängt, der dritte, Helmut Schmidt – als Superminister beider Ressorts.

Es ließ für die Zukunft wenig Gutes ahnen, daß der Kanzler jetzt, zu Beginn der zweiten Amtszeit, krankheitsbedingt außer Gefecht gesetzt war. Die schriftlichen Anweisungen für die Koalitionsverhandlungen, die Brandt vom Krankenbett aus Wehner durch Ehmke hatte zukommen lassen, blieben im Jackett des Fraktionsvorsitzenden – glatt vergessen. So wurden Tatsachen geschaffen, die der Kanzler nach seiner Genesung zum Teil schon deshalb akzeptieren mußte, weil sie durch Indiskretion an die Öffentlichkeit gelangt waren. Vor allem fiel auf, daß enge Vertraute und Stützen Brandts aus Schlüsselpositionen entfernt wurden: Egon Bahr wurde zum »Bundesminister für besondere Aufgaben« im Kanzleramt befördert, erhielt aber nicht dessen Leitung. Sie wurde dem dynamischen Ehmke entzogen und fiel an den integren, aber mit der Aufgabe völlig überforderten Horst Grabert. Pressesprecher Ahlers mußte seinen Posten räumen; daß das Presse- und Informationsamt mit Rüdiger von Wechmar besetzt wurde und damit an die ohnehin schon üppig versorgte FDP ging, sprach für sich. Vor allem aber wurde Horst Ehmke von der Schaltstelle der Macht auf den Posten des Forschungs- und Postministers abgeschoben.

Natürlich nutzten außerdem die Rivalen die Gunst der Stunde, allen voran Helmut Schmidt. Während der Kanzler wieder auf die Beine zu kommen versuchte, erhob sich der »ehrgeizige Thronprätendent«, so der *Spiegel*, »zum Lenker von Haushalt und Finanzen, Konjunktur und Währung«. Innerhalb weniger Monate machte er sich dank seiner zupackenden Art, wie zuvor auf der Hardthöhe, auch auf diesem politischen Minenfeld einen Namen. Hatte er im Sommer, wie er Willy Brandt zehn Jahre später ins Gedächtnis rief, mit dem Doppelministerium eine Funktion übernommen, für die er »in keiner Weise ausgebildet oder vorbereitet war«, zeigte er jetzt dem Kanzler, wo es lang ging. Brandt reagierte wie immer in solchen Situationen. Er wies nicht etwa den Herausforderer in die Schranken, sondern zog sich, so der *Spiegel*, »verärgert über Schmidt, die eigenen Leute und die Freidemokraten«, in seine »Venusberg-Villa« zurück – »voller Wut, wild und böse«, wie ein Kabinettsmitglied zu berichten wußte.

Hätte die zweite Amtszeit schlechter beginnen können? Immerhin lag die Meßlatte sehr hoch. Die Erfolge der ersten Jahre und das Tempo, mit dem sie erzielt worden waren, gaben den Takt vor. Dieser Elan ließ sich nicht durchhalten oder gar wiederholen, auch nicht auf dem Feld, auf dem Willy Brandt besonders erfolgreich gewesen war: der Außen-, namentlich der Ost- und Deutschlandpolitik. Einige hatten eine solche Entwicklung schon zu Beginn von Brandts Kanzlerschaft kommen sehen und ihn eindringlich gemahnt, das innenpolitische Terrain nicht zu vernachlässigen oder gar anderen zu überlassen. »Immerhin«, hatte ihm Günter Grass schon im März 1970 geschrieben, »könnte es sein, daß, nach einer relativ erfolgreichen Anlaufphase, die Ost- und Deutschlandpolitik zu stagnieren beginnt; dann wird sich das allgemeine öffentliche Interesse mit Vorrang auf die Innenpolitik richten. Und immerhin könnte es dann sein, daß Du ungeschützt dastehst als ein Bundeskanzler, dessen außenpolitisches Image nicht darüber hinwegtäuschen kann, in welchem Ausmaß er als Kanzler der inneren Reformen blockiert ist.«

Aber kaum war Brandt mit glänzendem Ergebnis im Amt bestätigt, stand sogar sein »außenpolitisches Image« auf dem Spiel. Was noch fehlte, war kurzfristig die Verständigung mit der Tschechoslowakei und langfristig die Überführung der einzelnen Bestandteile der Ost- und Deutschlandpolitik in eine übergreifende europäische Friedensordnung. Erst am 11. Dezember 1973 konnte der in Begleitung des Außenministers nach Prag gereiste Bundeskanzler den deutsch-tschechoslowakischen Vertrag unterzeichnen. Zweifellos bildete die Frage der Ungültigkeit des Münchener Abkommens vom September 1938 eine schwierige Hürde, die nur mit Hilfe einer Kompromißformel genommen werden konnte. Gleichwohl überraschte die Dauer der Sondierungen und Verhandlungen, wenn man bedenkt, daß die Ausgangslage für die Bundesregierung vergleichsweise günstig war: Während ihrem Verhandlungspartner nach wie vor die Niederschlagung des »Prager Frühlings« anhing, hatte sie selbst mit jedem ost- und deutschlandpolitischen Schritt an internationaler Reputation gewonnen. Daß Brandt und seine Mitstreiter diese Konjunktur nicht zu nutzen verstanden, sagte einiges über ihre Verfassung, freilich auch über die Mentalität in Prag.

Immerhin gab es einen Lichtblick: Im November 1972 begannen in Helsinki die Vorgespräche für die »Konferenz über Sicherheit und Zusammenarbeit in Europa« (KSZE). Allerdings ging gerade hier nichts ohne die Vereinigten Staaten. Sicher, es waren die Europäer und namentlich die Deutschen gewesen, die die Teilnahme der NATO-Partner USA und Kanada zu einer Voraussetzung des Zustandekommens der KSZE gemacht hatten. Damit aber war die Abhängigkeit von Washington nur noch größer geworden, und das gefiel in Bonn nicht besonders, zumal Nixon und Kissinger, zusehends entlastet von der Bürde des Vietnam-Krieges, sich ohnehin entschlossen zeigten, den Europäern und vor allem den Deutschen begreiflich zu machen, wer die Richtung vorgab und wer nicht. Probleme mit dem amerikanischen Partner gab es auf praktisch allen Ebenen, geradezu notorisch bei den sogenannten Devisenausgleichszahlungen, einer Art Gegenleistung Bonns für die Stationierung amerikanischer Truppen in Deutschland. Seit März 1973 aber rumorte es auch wieder bei den Wechselkursen.

Wenige Wochen später folgte die nächste der »Washingtoner Zumutungen«, wie sie Brandt später einmal bezeichnet hat. In einer Nachricht Henry Kissingers an die europäischen

Verbündeten, die als »Osterbotschaft« in die Geschichte eingegangen ist, hob der frisch gekürte Außenminister kurzerhand die globalen Interessen der Amerikaner von den regionalen der Europäer ab und forderte diese auf, sich entsprechend in das amerikanische Weltmachtkonzept einzufügen. Langfristig mag dieses brüske Vorgehen einiges zum Schulterschluß der Europäer beigetragen haben. Ganz unmittelbar waren Ton und Methode allerdings ernüchternd, zumal die weltpolitische Entwicklung den Europäern alsbald zeigte, daß sich die Praxis um keinen Deut von der Theorie unterschied.

Am 6. Oktober 1973, dem jüdischen Feiertag Jom Kippur, eskalierte das Verhältnis zwischen Israel und seinen arabischen Nachbarn zum vierten Nahost-Krieg. Wie selbstverständlich benutzten die Vereinigten Staaten ihre Militärdepots und Basen in der Bundesrepublik, zum Beispiel in Bremerhaven, als Drehscheibe des Nachschubs zur Unterstützung der israelischen Kriegführung. Natürlich konnte das der Öffentlichkeit nicht verborgen bleiben. Nach Bekanntwerden der Vorgänge sah sich Bonn zu einem förmlichen Protest in Washington gezwungen. Die Antwort auf diese und andere Vorhaltungen war unmißverständlich. Aus Sicht der Vereinigten Staaten verfügte die Bundesrepublik nur über eine beschränkte Souveränität. Man nehme daher, hieß es aus dem Weißen Haus, das Recht in Anspruch, Maßnahmen zu ergreifen, die im Interesse der internationalen Sicherheit angemessen und notwendig seien.

Man kann sich denken, daß ein deutscher Bundeskanzler unter solchen Umständen keine gute Figur machen konnte, vor allem nicht gegenüber der eigenen Öffentlichkeit. Überhaupt trug die Krise im Nahen Osten einiges dazu bei, daß ausgerechnet der Außenpolitiker Brandt Blessuren davontrug. Im Juni 1973 hatte er als erster deutscher Bundeskanzler Israel auf Einladung Golda Meirs einen offiziellen Besuch abgestattet – ohne Zweifel ein wichtiger Schritt auf dem schwierigen Terrain der deutsch-jüdischen Aussöhnung, das mehr als zwanzig Jahre zuvor von Konrad Adenauer beherzt betreten worden war. Brandts Vermittlungsbemühungen im eskalierenden Nahost-Konflikt waren hingegen erfolglos. Genau genommen konnte der Kanzler gar keinen Erfolg haben, weil der ägyptische Präsident Anwar as-Sadat, wie wir heute wissen, den Krieg wollte und einen Erfolg gegenüber Israel als Voraussetzung seines Friedensprozesses auch brauchte.

Offensichtlich überschätzte Willy Brandt damals sein internationales Gewicht. War er nicht jüngst mit dem Friedensnobelpreis ausgezeichnet worden? Hatte er nicht als erster Bundeskanzler eine Einladung nach Israel erhalten? Erfreute sich seine Ost- und Deutschlandpolitik nicht, aus welchen Gründen auch immer, des amerikanischen Zuspruchs? War nicht erst einige Wochen zuvor, im Mai 1973, mit Leonid Breschnew erstmals ein Generalsekretär der KPdSU zu Besuch in Bonn gewesen? Und erwuchs aus alledem nicht geradezu die Verpflichtung zu mäßigender Einflußnahme? Wie dem auch sei, die Nahost-Krise zeigte, daß ein deutscher Bundeskanzler nicht in der ersten Liga der Weltpolitik spielte.

Dabei waren Willy Brandts Ausflüge in die Außenpolitik jetzt immer häufiger auch Versuche, der Tristesse des politischen Alltags in Bonn, aber auch den herbstlichen Depressionen zu entkommen. Es gab kaum jemanden in seiner Umgebung, dem der Stimmungsumschwung Willy Brandts, sobald er unterwegs war, nicht aufgefallen wäre: Er blühte auf. Zu Hause hingegen verging dem Kanzler seit der Wahl zusehends das Lachen. »Willy Wolke« nannte man ihn jetzt am Rhein, mit einer Mischung aus Sympathie und Kopfschütteln. Das mußte, über kurz oder lang, Konsequenzen haben. Während der Bundeskanzler sinnierte oder, wenn irgend möglich, seinen Neigungen nachging und Gespräche mit Intellektuellen führte, ein neues Buch plante oder sich auf Reisen begab, verselbständigte sich die Politik.

Zu Pfingsten 1973 erfuhr eine erstaunte Öffentlichkeit von einem Bestechungsskandal, wie man ihn in der Bundesrepublik bis dahin nicht gekannt, wohl auch nicht für möglich gehalten hatte. Der CDU-Abgeordnete Julius Steiner erklärte einer deutschen Illustrierten, ein gutes Jahr zuvor 50 000 Mark für seine Stimmenthaltung beim konstruktiven Mißtrauensvotum gegen Brandt kassiert zu haben – und zwar vom Parlamentarischen Geschäftsführer der SPD, Karl Wienand. Der Schaden war erheblich. Dabei ahnte man damals noch nicht, daß wohl auch die Stasi ihre Finger im Spiel gehabt und an der Finanzierung Steiners mitgewirkt hatte. Spätestens als im Jahr 2000 auch der Name des zweiten Abtrünnigen, des nachmaligen Parlamentarischen Geschäftsführers der CDU/CSU-Fraktion Leo Wagner, aus Quellen der Stasi bekannt wurde, konnte es an deren Beteiligung keinen Zweifel mehr geben.

Und die Führung der SPD? Herbert Wehner hatte von der Sache gewußt – das galt vielen als wahrscheinlich und ist später von ihm, auf seine Art und daher indirekt, auch bestätigt worden. Außerdem glaubten schon damals einige, daß diese Geschäfte nicht am Schatzmeister der Partei, Alfred Nau, vorbei gemacht worden seien. Niemand allerdings unterstellte Brandt ernsthaft eine Beteiligung oder auch nur eine Mitwisserschaft. Der Kanzler, vermutete Rainer Barzel, sei schon deshalb nicht in die Operation eingeweiht worden, weil man ihm nicht die »konspirative Kraft« zugetraut habe, sie durchzustehen. Dennoch waren die Folgen auch für Brandt verheerend.

Die Affäre stellte nicht nur den hohen moralischen Anspruch der Regierung in Frage. Sie bestätigte auch einen ohnehin schon vorherrschenden Eindruck: Nichts war mehr unter Kontrolle, schon gar nicht unter der des Bundeskanzlers und Parteivorsitzenden Willy Brandt. Zu allem Überfluß hielt ein parlamentarischer Untersuchungsausschuß, der seit Juni 1973 ohne substantielles Ergebnis tagte, die Sache im Gespräch. Es machte Brandts Lage nicht leichter, daß Walter Scheel im Frühjahr 1973 angekündigt hatte, für das Amt des Bundespräsidenten kandidieren zu wollen. Denn seither stand der loyale Partner und sensible Gefährte dem Kanzler nur noch eingeschränkt zur Seite.

*Konkurrenten unter sich: Walter Scheel und Richard von Weizsäcker, der vierte und der sechste Bundespräsident, als Gegenkandidaten, Mai 1974*

Außerdem ging es mittlerweile im Kanzleramt drunter und drüber. Jetzt kehrte sich Brandts Führungsstil, wenn man denn noch von einem solchen sprechen konnte, gegen ihn selbst: Ehmkes ordnende Hand wurde an allen Ecken und Enden vermißt. Grabert war seiner Aufgabe nicht gewachsen. Die Redenschreiber brachten nicht einmal einen Text für den Auftritt vor der UNO zustande, wo Willy Brandt am 26. September 1973, als erster deutscher Bundeskanzler, seine weitgehend selbst verfaßte, sehr positiv aufgenommene Rede hielt. Alle möglichen Berater mischten sich in alles Mögliche ein.

Zu diesen gehörten Egon Bahr, der, seit der Grundlagenvertrag unter Dach und Fach war, als Bundesminister für besondere Aufgaben nicht mehr so recht wußte, was er mit sich und seiner Zeit anfangen sollte; Günter Gaus, vormaliger Chefredakteur des *Spiegel*, der als Nachfolger Bahrs den Posten des Staatssekretärs im Kanzleramt bekleidete; und schließlich der Filmproduzent und Schriftsteller Klaus Harprecht, der dort die Schreibstube leitete und sich Brandt über Jahrzehnte wie kein zweiter angedient hat. Ganz offensichtlich war da eine ausgebrannte und ziemlich frustrierte Truppe am Werk. Einige zogen sich in Gleichgültigkeit und Resignation zurück. Andere standen sich in tiefer Abneigung gegenüber. Alle buhlten um die Gunst und die Zuwendung des Kanzlers.

Das alles mochten Kleinigkeiten sein. Unzweifelhaft war ein ganz großer Brocken hingegen die Ölkrise, eine unmittelbare Folge des Nahost-Krieges: Die drastische Erhöhung der Rohölpreise bei gleichzeitiger Reduktion der Fördermengen führte dazu, daß man seit Ende November 1973 gespenstische Szenen in Deutschland sehen konnte: Anstelle der Jahr für Jahr wachsenden Auto-Karawanen waren an vier aufeinanderfolgenden Sonntagen auf den Straßen Fußgänger, Radfahrer und Reiter zu beobachten. Außerdem wurde auf Autobahnen und Landstraßen für sechs Monate eine für deutsche Verhältnisse drastische Geschwindigkeitsbegrenzung eingeführt.

Das hatte sich bis dahin im Land des Wirtschaftswunders kaum jemand vorstellen können. Schließlich blickte man hier auf fast ein Vierteljahrhundert ununterbrochenen Aufstiegs zurück. Sicher, bereits in den Sechzigern hatte es eine erste Rezession gegeben. Doch die hatte man ebenso schnell abgewendet, wie sie gekommen war. Die Regierung Brandt–Scheel hatte 1969 optimistisch von einem Junktim zwischen »Stabilität und Wachstum« gesprochen. Doch schon ein Jahr später tauchten Probleme auf: Die Wachstumsrate fiel von 8,2 auf 5,9 Prozent und sank 1971 weiter auf 2,7 Prozent. Gleichzeitig stiegen die Lebenshaltungskosten. War das der Anfang vom Ende des Wachstums?

Beim großen amerikanischen Verbündeten jedenfalls sah man es so. Dort war 1972 eine Studie des berühmten *Massachusetts Institute of Technology (MIT)* erschienen und sogleich ins Deutsche übersetzt worden, die sich mit der Erforschung der Lebensgrundlagen der Menschheit beschäftigte. Die Arbeit trug den Titel *The Limits of Growth*, auf deutsch »Die Grenzen des Wachstums«, und war vom *Club of Rome* in Auftrag gegeben worden, einer internationalen, bis dahin der breiten Öffentlichkeit unbekannten Vereinigung von Ökonomen und Gelehrten. Die Studie rückte mit ihren Ergebnissen einer außerordentlich pessimistischen Analyse sofort in den Mittelpunkt weltweiter Diskussionen. Exzeptionelles wirtschaftliches Wachstum wurde in der *MIT*-Abhandlung als ein Erzübel der modernen Industriegesellschaften angeprangert und als sicherer Weg in eine allgemeine Menschheitskatastrophe beschrieben, da es mit zunehmender Geschwindigkeit zur Erschöpfung der Energie- und Rohstoffvorkommen sowie zur Zerstörung der natürlichen Umwelt führe. Die Grundannahme, daß Volkswirtschaften nur bei ständig anhaltendem Wachstum funktionieren könnten, wurde damit zwar nicht in ihrer ökonomischen Rationalität, wohl aber hinsichtlich ihrer politischen und ökologischen Vernunft energisch in Frage gestellt.

Doch Alternativen waren nicht in Sicht. Angesichts veränderter – oder sich rasch ändernder – ökonomischer und ökologischer Rahmenbedingungen stellte sich statt dessen Verwirrung und Ratlosigkeit bei den meisten Politikern ein. »Die Grenzen des Wachstums« wurden zum Schlagwort. Die Studie beschwor die alte Angst der Menschen vor materieller Not und ließ viele sorgenvoll an die Weltwirtschaftskrise von 1929 denken. So weit kam es freilich nicht, auch nicht in der Ölkrise von 1973. Aber Bilder von leeren Autobahnen setzten sich fest, hinterließen Spuren in der Reputation der Regierenden, auch wenn sie, wie in diesem Fall, nicht die Verantwortung für die Ursachen der Misere trugen und von einer ernsthaften Gefährdung der Ölversorgung keine Rede sein konnte. Aber hier kam eins zum anderen. Vor allem rückte die Krise die zweifelhafte Kompetenz Brandts auf dem Gebiet der Wirtschafts- und Finanzpolitik in ein grelles Licht. »Wirtschaftslaie Brandt« nannte ihn spöttisch der *Spiegel*, der inzwischen emsig an der Demontage des Kanzlers arbeitete.

Kaum war der Kanzler, was die Ölkrise anging, aus dem Gröbsten raus, zeigten ihm Deutschlands Müllmänner, wer in der Republik die Macht hat. Begleitet von wilden Arbeitsniederlegungen und Warnstreiks in der Metallindustrie, hatten schon im Sommer und Herbst 1973 1 600 Fluglotsen mit einem Bummelstreik demonstriert, wie man gegenüber dieser Regierung erfolgreich Forderungen durchsetzen konnte: Fast fünf Millionen Reisende waren von diesem »Dienst nach Vorschrift« betroffen gewesen, vornehmlich während der Haupttreisemonate Juli und August. Jetzt zog der öffentliche Dienst nach, und nur zwei Tage, nachdem dessen bundesweiter Generalstreik begonnen hatte, gab die Politik klein bei: Elf Prozent mehr Lohn und Gehalt setzte Heinz Kluncker, der gewichtige Chef der Gewerkschaft »Öffentliche Dienste, Transport und Verkehr« (ÖTV) und Parteifreund Brandts, am 13. Februar 1974 gegen den Bundeskanzler durch. Jedenfalls wirkte der Vorgang in der Öffentlichkeit so, weil der Regierungschef einen Abschluß in zweistelliger Höhe zuvor mehrfach abgelehnt hatte. Daher blieb das Odium des Nachgebens und Scheiterns nicht an Hans-Dietrich Genscher hängen, der als Innenminister für die Verhandlungen zuständig gewesen war, sondern an Willy Brandt selbst.

Wenige Tage später, am 3. März 1974, erlebte die SPD bei den Wahlen zur Hamburger Bürgerschaft mit einem Stimmenverlust von mehr als zehn Prozent ein Desaster – und mit ihr Brandt. Seit geraumer Zeit schon dachte er an Rücktritt. Längst meldete ein ehrgeiziger und ungeduldiger Helmut Schmidt vernehmlich seinen Anspruch an. Im Kabinett machte er Brandt das Leben schwer, wo es ging. Selten war der Unterschied der beiden Charaktere für die Anwesenden so unmittelbar spürbar wie in diesen Tagen: Hier der angeschlagene, skrupulöse, immer noch auf Ausgleich und Kompromiß bedachte Kanzler; dort sein konzentrierter, auf Entscheidungen drängender, zusehends machtbewußter Finanzminister. Der suchte fünf Tage nach dem Debakel von Hamburg auch im Parteivorstand die direkte Konfrontation und kündigte Brandt wenig später an, sich mit dem Ende der Legislaturperiode aus der Regierung zurückziehen zu wollen – »leise und ohne Aufhebens«, aber wegen gravierender »Meinungsverschiedenheiten über die Führung der Partei«. Daran erinnerte er jedenfalls Willy Brandt einige Tage nach seinem eigenen Scheitern als Kanzler, im November 1982. Nur wenige hielten dem Parteivorsitzenden in diesen Frühjahrstagen des Jahres 1974 die Stange. Es war symptomatisch, daß jetzt in den Reihen der Genossen laut darüber nachgedacht wurde, ob Brandt nicht besser auf dem politisch einflußlosen Posten des Bundespräsidenten aufgehoben sei.

Da geschah das Unerwartete: Nach monatelangem Zerwürfnis nahmen Willy Brandt und Herbert Wehner am 12. März in der Fraktion ostentativ wieder »Backe an Backe« nebeneinander Platz. Mit Wehner schloß jener Mann noch einmal die Reihen, der wie kein zweiter Sozialdemokrat zur Demontage des Bundeskanzlers beigetragen hatte. Ausgerechnet bei einem Besuch der Sowjetunion Ende September hatte sich der Fraktionsvorsitzende gegenüber Journalisten Luft gemacht, und was er ihnen in Moskau zu sagen wußte, wollte der *Spiegel* seinen Lesern nicht vorenthalten. Am 8. Oktober 1973 war in großer Aufmachung unter dem Titel »Was der Regierung fehlt, ist ein Kopf« alles zu lesen, was Wehner hatte loswerden müssen: »Entrückt« und »abgeschlafft« sei die »Nummer eins«; außerdem bade der Herr »gern lau – so in einem Schaumbad«. Dergleichen habe er zwar nicht geäußert, suchte Wehner nach seiner Rückkehr in mehreren Rechtfertigungsschreiben an Brandt die Wogen zu glätten. Aber mit dem *Spiegel*-Titel war die Geschichte nun einmal in der Welt.

Der Kanzler befand sich damals, im Herbst 1973, gerade in den USA. Nach seiner vorzeitigen Rückkehr wollte er seinen Peiniger vor Fraktion, Präsidium und Parteivorstand zur Rede stellen, mußte aber zur Kenntnis nehmen, daß viele Genossen die Einschätzung Wehners teilten. Das hieß nichts anderes, als daß die Machtprobe gegen Brandt entschieden, wenn auch formal vertagt worden war. Zwar haben es die beiden, beginnend mit der berühmten Fraktionssitzung des 12. März 1974, noch einmal miteinander versucht, doch ging das gerade acht Wochen gut. Dann zog der eine die Konsequenzen – an sich wegen einer Lappalie.

Günter Guillaume, Jahrgang 1927, gelernter Fotograf mit Volksschulbildung, war im Mai 1956 gemeinsam mit seiner Ehefrau Christel als DDR-Flüchtling zunächst nach West-Berlin und von dort nach Frankfurt am Main gekommen. Hier machte er sich an den Aufbau einer bescheidenen beruflichen, alsbald auch einer parteipolitischen Karriere: Seit 1957 war er Mitglied der SPD; seit 1964 arbeitete er in geschäftsführenden Positionen für die Partei, zunächst im Unterbezirk Frankfurt, vier Jahre darauf in der Fraktion im Römer, dem Stadtparlament. Seit Januar 1970, wenige Monate, nachdem er nach Bonn gezogen war, sah man Guillaume als Angestellten im Kanzleramt, sehr bald in der Funktion eines Referenten, von Herbst 1972 an sogar im Persönlichen Büro des Kanzlers. Der Personalrat war dagegen gewesen, auch bei der Sicherheitsüberprüfung hatte es

Unklarheiten gegeben. Aber die Recherchen waren an der Oberfläche geblieben. Außerdem hatte Guillaume in Georg Leber, dem damaligen Bundesverkehrsminister, und Herbert Ehrenberg, dem zuständigen Abteilungsleiter im Bundeskanzleramt und späteren Bundesarbeitsminister, einflußreiche Fürsprecher.

Alsbald ging er bei den Brandts aus und ein, auch im Juli 1973, den der Kanzler mit seiner Frau in ihrem Ferienhaus in Norwegen verbrachte. Zu diesem Zeitpunkt wußte Willy Brandt bereits, daß gegen Guillaume und Frau Christel wegen Spionageverdacht ermittelt wurde. Fast zufällig waren die westdeutschen Behörden auf die Spur der beiden gekommen. Irgendwann Anfang 1973 war es den Aufklärern gelungen, seit fünfzehn Jahren empfangene und entschlüsselte Funksprüche der Stasi auf die Guillaumes zu beziehen. Für den Fall zuständig war Günther Nollau, seit 1972 Chef des Bundesamtes für Verfassungsschutz.

Am 29. Mai 1973 setzte Nollau Innenminister Hans-Dietrich Genscher ins Bild, und der wiederum unterrichtete einen Tag später den Bundeskanzler. Wie umfassend Genscher tatsächlich durch Nollau informiert worden ist, läßt sich nicht mehr feststellen. Offensichtlich hat der Verfassungsschutzpräsident den Minister aber nicht von der Überzeugung seiner Beamten unterrichtet, daß Guillaume immer noch als Spion tätig sei und daher unter aktuellem Tatverdacht stehe. Auch ist nicht auszuschließen, daß Nollau vor dem zuständigen Minister bereits andere eingeweiht hat, beispielsweise Herbert Wehner. Festzuhalten bleibt, daß Genscher den Präsidenten auch dann noch gedeckt hat, als das krasse Versagen des obersten Verfassungsschützers offenkundig geworden war. Wenn wenige Tage später nicht der verantwortliche Minister seinen Hut nahm, sondern der Kanzler, sagt das einiges über die taktischen Qualitäten Genschers aus, aber auch über dessen inzwischen unanfechtbare Stellung in der Koalition. Wäre Genscher nämlich zurückgetreten, hätte er nicht Außenminister werden können; dadurch wäre die Wahl Scheels zum Bundespräsidenten in Frage gestellt gewesen, also die sozial-liberale Koalition gefährdet worden.

Die innere Verfassung, in der sich der tragische Held dieser Geschichte seit Beginn seiner zweiten Amtszeit als Kanzler befand, kann man am Verlauf der Krise ablesen. Denn nicht nur ließ Brandt die Leute in seiner Umgebung gewähren. Er folgte auch, zusehends ungeprüft, ihrem Rat. Offenbar hatte der Kanzler aus den Ausführungen Nollaus und Genschers den Eindruck gewonnen, es handle sich bei den Vorwürfen gegen den Referenten um einen der häufig auftauchenden Verdachtsmomente gegen ehemalige DDR-Flüchtlinge, von denen am Ende meist nichts übrig blieb. Da ihm gegenüber nicht von einem aktuellen, konkreten Verdacht gegen Guillaume die Rede war, folgte Brandt dem Rat Nollaus und Genschers und ließ den Spion zur Observierung da, wo er seit einem halben Jahr war: in seinem engsten Umfeld.

So ging das Ganze beinahe ein Jahr weiter, bis das Material Anfang März 1974 dem Bundesanwalt übergeben wurde. Brandt war daher auch nicht wirklich überrascht oder besorgt, als er am 24. April, bei der Rückkehr von einer Ägypten-Reise, auf dem Flughafen Köln-Bonn durch Grabert ins Bild gesetzt wurde: Guillaume sei verhaftet worden und habe sich bereits als Offizier der »Nationalen Volksarmee« der DDR zu erkennen gegeben. Dieses Eingeständnis Guillaumes gehört zu den Merkwürdigkeiten der ganzen Geschichte. Denn zu diesem Zeitpunkt reichten die Beweise keineswegs aus, um den Spion hinter Schloß und Riegel zu bringen.

Wenige Tage später begann dem Kanzler zu dämmern, daß der Fall erhebliche Konsequenzen haben könne, auch für ihn selbst. Hatte er noch am 26. April in der Fragestunde des Deutschen Bundestages behauptet, vom Wahrheitsgehalt seiner Aussage überzeugt, Guillaume sei »nicht mit Geheimakten befaßt« gewesen, weil das »nicht zu seinen Aufgaben« gehört habe, so mußte er sich wenig später korrigieren: Zumindest in Norwegen hatte der Spion schon deshalb Zugang zu allen Papieren gehabt, weil sonst niemand aus dem Kanzleramt vor Ort gewesen war.

Gleichwohl wäre dieser Fall vermutlich wie andere Spionagefälle in der Zeit des Kalten Krieges ausgegangen, hätten die amtlichen Ermittler auf der Suche nach Beweismaterial gegen Guillaume, aber auch Angehörige seines immerhin acht bis zehn Mann starken Begleitkommandos, ihre Nasen nicht auch in das Privatleben des Kanzlers gesteckt und dabei Informationen über Brandts Beziehungen zu Frauen zusammengetragen. Davon erfuhr er am 1. Mai, als der persönliche Referent des Bundesinnenministers und spätere Nachfolger Genschers im Auswärtigen Amt, Klaus Kinkel, bei ihm vorstellig wurde und ihm einen an Genscher gerichteten Brief des Chefs des Bundeskriminalamts zeigte.

Was Willy Brandt im Brief Horst Herolds, der ja ursprünglich nicht für seine Augen gedacht gewesen war, zu lesen bekam, verblüffte ihn: So viele sollten es gewesen sein, rund um den Globus, in Hotels, Zügen und wer weiß wo noch? An manche Situationen konnte er sich gar nicht erinnern, zumal kaum Namen genannt wurden. Insgesamt war das, was Brandt da lesen konnte, zwar nicht durchweg »ein Produkt blühender Phantasie«, wie es in seinen *Erinnerungen* heißt, wohl aber vage und übertrieben. Aber wer sah in diesen Tagen den Dingen schon auf den Grund? Brandt war eben nicht irgendwer, sondern der amtierende Bundeskanzler.

So wurde die Geschichte zu einer Affäre, die wiederum den Kanzler angreifbar machte. »Wenn Guillaume diese pikanten Details in der Hauptverhandlung auftischt«, fand jedenfalls der Präsident des Bundesamtes für Verfassungsschutz, »sind Bundesregierung und Bundesrepublik blamiert bis auf die Knochen. Sagt er aber nichts, dann hat die Regierung der DDR, der Guillaume natürlich auch das berichtet hat, ein Mittel, jedes Kabinett Brandt und die SPD zu demütigen.« Genau das sagte Nollau Herbert Wehner, seinem Gönner und Förderer, und der wiederum sagte es am Rande eines Treffens der engeren Parteiführung am 4. Mai 1974 in Bad Münstereifel Willy Brandt. Auch Helmut Schmidt war in der Eifel dabei und gab später zu Protokoll, sich »gegenüber Brandt saumäßig benommen«, ihn nämlich angeschrien zu haben – das einzige Mal in seinem Leben, um den Kanzler von einem Rücktritt aus »völlig unzureichendem« Anlaß abzuhalten.

Wehner wiederum drängte Brandt nach eigener Aussage zu einer schnellen Entscheidung, wies darauf hin, daß es »hart« werde, und versicherte ihm: »Ich stehe zu dir, das weißt du.« So mag es sich zugetragen haben oder auch nicht. Brandt jedenfalls wußte, was er davon zu halten hatte. Lange genug kannte er Wehner, um auszuschließen, daß der Fraktionsvorsitzende in dieser Situation an seinem politischen oder persönlichen Schicksal interessiert sein könne. Was Wehner wollte, war klar: Die Partei mußte so schnell und so unbeschadet wie möglich aus der Affäre heraus, wollte sie an der Regierung bleiben. Wenn es dafür des Ausscheidens eines amtierenden sozialdemokratischen Bundeskanzlers bedurfte, dann war dieser Preis zu zahlen.

Für Brandt stand seit dieser Nacht außer Frage, daß er zurücktreten würde, wenn er auch, bedrängt von engen Weggefährten, in den kommenden Stunden noch einmal zu schwanken schien. Tatsächlich verfaßte er sein Rücktrittsgesuch bereits am 5. Mai. Am folgenden Tag überbrachte Grabert das Schreiben dem Bundespräsidenten. Darin unterrichtete Brandt Gustav Heinemann, daß er die »politische Verantwortung für Fahrlässigkeiten im Zusammenhang mit der Agentenaffäre« übernehme und zurücktrete. Die Öffentlichkeit ließ er wissen, es sei »grotesk«, einen deutschen Bundeskanzler für »erpreßbar« zu halten.

Offensichtlich bezog sich diese Bemerkung auf das Dossier der Ermittler. Also war es ein Vorwand. Denn es hatte sich längst herumgesprochen, daß Brandt, was Frauen anging, nicht zugeknöpft war. Selbst wenn man unterstellte, der Kanzler habe bei einer dieser Gelegenheiten vertrauliche Informationen preisgegeben, die gegen ihn verwendet werden konnten, wäre er in jeder Funktion, auch als Parteivorsitzender, »erpreßbar« gewesen. Nein, das alles war kein Grund für einen Rücktritt, eher schon die Angst vor einer er-

*Müde, krank, erschöpft: Kanzler Brandt, 1973*

neuten »Diffamierungskampagne«, von der er wenige Monate später sprach. Eine solche Tortur konnte und wollte er nicht noch einmal ertragen.

Kurzfristig war der Rücktritt eine Erleichterung. Aber verwunden hat Willy Brandt seinen Sturz zeitlebens nicht. Insbesondere hat er Herbert Wehner nie verziehen. Jedoch hat er später den entscheidenden Fehler bei sich selbst gesucht – und auch gefunden. »Mein Fehler«, notierte er bald nach seinem Rücktritt, wobei er sich auf Wehners »unflätige« Moskauer Ausfälle vom Herbst 1973 bezog, »dass ich dies durchgehen ließ«. Wenn Willy Brandt aber dieses und anderes durchgehen ließ, zeigte das seinen Mangel an Kraft und Willen, die nötig gewesen wären, um zum Beispiel Wehners Herausforderung – oder später sein Münstereifeler Angebot – entschlossen anzunehmen und die Guillaume-Affäre beherzt durchzustehen. So aber kam es, wie es wohl hat kommen müssen: der Absturz aus einem Anlaß, der nichtiger kaum hätte sein können. Aber ohne ihn hätte sich zu jener Zeit gewiß ein anderer gefunden. »Kaputt« sei er damals gewesen, hat er später einmal vor laufender Kamera gesagt, »aus Gründen, die gar nichts mit dem Vorgang zu tun hatten, um den es damals ging«.

Vieles kam zusammen. Wie so oft, vor allem in Zeiten psychischer Belastung, war Brandt nicht in bester körperlicher Verfassung. Aus Kairo hatte er eine lästige Mageninfektion mitgebracht, außerdem machten ihm auch zwei eitrige Zähne zu schaffen, bis er sie sich nach Tagen endlich ziehen ließ. Nicht besser sah es mit seinem Seelenleben aus. Willy Brandt war zeitlebens ein einsamer Mann. Natürlich wird Einsamkeit in Extremsituationen wie jenen Frühlingswochen 1974 zumal dann besonders spürbar, wenn man im Rampenlicht steht. Niemand war in diesen ersten Maitagen da, dem er sich hätte anvertrauen können. Einige in seiner Umgebung bemerkten, daß er »düsteren Gedanken« nachhing, wie er selbst notierte. Er wolle wohl, schrieb er nach Überwindung dieses Tiefs, am 6. Mai 1974, also in einem zweiten Brief an Gustav Heinemann, in der Politik bleiben: »Aber die jetzige Last muß ich loswerden«.

So etwas ist selten. In der Geschichte der Bundesrepublik ist dieser Fall einzigartig. Kein zweiter Kanzler hatte einen solchen Abtritt. Kein zweiter steckte wohl auch in einer solchen Lebenskrise. Und die Konzequenz, der Rücktritt? Offenbarte er Stärke? Verriet er Schwäche? Anderen jedenfalls wäre ein solcher Abgang nicht passiert – Konrad Adenauer nicht, Helmut Kohl nicht und Willy Brandts Nachfolger im Kanzleramt auch nicht.

## *Sicherung*
## Helmut Schmidt und Helmut Kohl
## 1974–1990

»So wahr mir Gott helfe«, beendete Helmut Schmidt seine Vereidigung als fünfter Bundeskanzler, ließ sich von Bundestagspräsidentin Annemarie Renger beglückwünschen und nahm danach versonnen im Sessel des Regierungschefs Platz. 267 der 492 Abgeordneten hatten an diesem 16. Mai 1974 für ihn gestimmt. Willy Brandt deutete eine Umarmung an, Herbert Wehner war mit einem seiner schaurig-schönen Blumensträuße zur Stelle. Aus den Händen Gustav Heinemanns empfing Helmut Schmidt am selben Tag seine Ernennungsurkunde. Nach Ludwig Erhard und Kurt Georg Kiesinger war er der dritte Bundeskanzler, der sein Amt mitten in der Legislaturperiode antrat.

Nicht nur Parteifreunde fanden, daß seine Vita ihn für das Palais Schaumburg prädestiniere. Ein in der Wolle gefärbter Sozialdemokrat allerdings war Schmidt nicht, auch wenn er bereits 1946 in die SPD eingetreten war. Wenn Herbert Wehner gelegentlich polterte, Schmidt habe seinen Sozialismus im Offizierskasino gelernt, so steckte darin ein Körnchen Wahrheit. 1918 in Hamburg/Barmbek geboren, die deutsche Niederlage im Ersten Weltkrieg war gerade besiegelt, die Monarchie gestürzt, der Kaiser geflohen. Der jüdische Großvater war Hafenarbeiter, der Vater brachte es zum Volksschullehrer. Die reformpädagogisch geprägte Schulzeit war ein Glücksfall.

Der Krieg machte alle Pläne zunichte. Er, der Architekt hatte werden wollen, wurde Oberleutnant in Hitlers Armee. Wenn Krisenmanagement bedeutet, eine verfahrene Situation bestmöglich zu bewältigen, dann mußte Schmidt nicht bis zur Hamburger Flutkatastrophe des Jahres 1962 warten, um diese Erfahrung zu machen. 1941/42 überstand er die Niederlage der Heeresgruppe Mitte vor Moskau. Bestmögliche Bewältigung hieß in diesem Falle: mit dem Leben davonzukommen. Offizier habe er nie werden wollen, sagte er später, aber »ich nahm es natürlich gerne hin, daß die mich befördert haben. Dagegen hatte ich gar nichts einzuwenden«. Ein schlechter Offizier war er sicher nicht. Wer weiß, vielleicht hätten »die« ihn noch zum General befördert, wenn der Krieg länger gedauert hätte. Doch das Ende mit allen seinen Schrecken nahte. Der junge Frontoffizier wurde Anfang September 1944 nach Berlin kommandiert, um als Beobachter dort Freislers Schauprozeß gegen Männer des 20. Juli beizuwohnen. Auch diese Erfahrung hat ihn geprägt.

Mit knapp siebenundzwanzig kehrte er aus kurzer britischer Kriegsgefangenschaft zurück – als Sozialdemokrat. Das Kriegserlebnis habe dabei »eine große Rolle« gespielt, räumte er ein, die »Kameradschaft des Krieges« entdeckte er am ehesten im »Solidaritätsprinzip der Sozialisten« wieder. Hinzu kam deren »Streben nach sozialer Gerechtigkeit«. Zu anderen Zeiten und unter anderen Umständen, ohne Krieg und als Architekt, hätte er seine weltanschauliche Heimat wohl kaum in der SPD gesucht und gefunden. Vielleicht war es das, was Helmut Schmidt in den Augen jener Genossen, die den berühmten Stallgeruch hatten, immer etwas suspekt machte, zumal sich Schmidt seinerseits stets eine gewisse Distanz zur Partei bewahrte. Respektiert ja, geliebt nein. Das galt in beide Richtungen.

Adenauers vermeintlich geringschätzige Diagnose – »der ist erst noch am Sichentwickeln« – verriet Achtung vor dem kommenden Star: Von 1945 bis 1949 studierte Schmidt unter anderem bei Karl Schiller Volkswirtschaft und Staatswissenschaft in Hamburg, 1952/53 wurde er ebenda Verkehrsdezernent, von 1953 bis 1962 war er Mitglied des Bundestages, von 1961 bis 1965 Innensenator in Hamburg, im Februar 1962 Retter aus der Not der dortigen Flutkatastrophe. 1965 kehrte Schmidt in den Bundestag zurück, wurde 1967 Vorsitzender der SPD-Bundestagsfraktion, 1969 Verteidigungsminister, 1972 kurzzeitig sogar »Superminister« für Wirtschaft und Finanzen, nach Abgabe des Wirtschaftsressorts an die FDP im Januar 1973 bis Mai 1974 Finanzminister. Keiner war besser, vielseitiger auf das Kanzleramt vorbereitet als er.

Der »unangefochtene Kronprinz«, schrieb damals Rudolf Augstein über Helmut Schmidt, ganz so, als wäre die Bundesrepublik eine Erbmonarchie. Der Gelobte hatte indes lange mit seinem Schicksal gehadert. Schlimm genug, daß er auf seinen Berufswunsch wegen der Politik verzichtet hatte. Schlimmer noch, daß er in der Politik, die er »unter anderem« als »Kampfsport« schätzte, für das höchste Ziel – so schien es ihm in jenen Jahren – nicht in Frage kam. Willy Brandt, die Lichtgestalt im Kanzleramt, war nur fünf Jahre älter als er. Daraus folgte für Schmidt: Wenn einmal ein Nachfolger gebraucht werde, müsse dieser »erheblich jünger« sein, als »ich zu jenem Zeitpunkt sein werde«. Wenn es indessen schiefgehe, man Wahlen verlöre, flögen sie beide gemeinsam hinaus. Der Weg an die Spitze schien so oder so verbaut. Schmidt liebäugelte mit einem Posten in der Wirtschaft. Intern ließ er seinem Unmut freien Lauf. Es mache längst keinen Spaß mehr, er bleibe nur aus Pflichtgefühl. Es war ein offenes Geheimnis, daß er sich für den besseren Kanzler hielt.

Seit dem 25. April 1974, als Günter Guillaume verhaftet worden war und sich als Offizier des DDR-Staatssicherheitsdienstes enttarnt hatte, überschlugen sich die Ereignisse. Beim Treffen der SPD-Granden in Bad Münstereifel am 4. Mai brüllte Schmidt den vor sich hin brütenden Brandt an, wegen einer solchen Lappalie dürfe ein Bundeskanzler sein Amt nicht aufgeben. Vergeblich. Stunden später schrieb Brandt sein Rücktrittsgesuch. Damit war die Bahn frei für Schmidt. »Du mußt es nun machen«, sagte ihm Brandt.

Die Begeisterung des Nachfolgers hielt sich in Grenzen. Zumindest tat er so. Viele Jahre später schrieb er Brandt, daß er dessen Rücktritt als »völlig außer Verhältnis« empfunden habe und »Angst vor der mir zugeschobenen Nachfolge« hatte. Am Ziel seiner Karrierewünsche zu sein, war eine Sache. Die fatalen Umstände, die ihn in die Rolle des Lückenbüßers zwangen, waren eine andere. So hatte er sich seine Kanzlerschaft nicht vorgestellt. Schmidt war in diesen Tagen demonstrativ gereizt, übellaunig. Er wußte, was auf ihn zukam. »Ich habe seit Jahren gearbeitet wie ein Stier, fast täglich sechzehn Stunden – das wird jetzt noch schlimmer werden.« So kam es. Wenigstens werde er sich als Kanzler weniger ärgern, glaubte sein Hausarzt.

Als Schmidt das Ruder übernahm, ächzte die Bundesrepublik unter der Ölkrise im Gefolge des Jom-Kippur-Krieges vom Herbst 1973. Die arabisch dominierte Organisation erdölexportierender Länder (OPEC) hatte Erdöl zur Waffe gegen den Westen umfunktioniert und dessen israelfreundliche Nahost-Politik mit Lieferentzug bestraft. Die Verkaufsmengen stürzten in den Keller, die Preise schnellten in die Höhe. Die Binnenkonjunktur brach zusammen, im Herbst 1974 kam die Auslandsnachfrage ins Stottern. Experten buchstabierten das Wort Rezession, während die Arbeitslosenzahl sich der Millionengrenze näherte, Haushaltsberechnungen hinfällig wurden und die Staatsverschuldung explodierte. Ein tiefgreifender Strukturwandel der Weltwirtschaft kündigte sich an. Die bisherige wirtschaftliche Erfolgsstory der Westdeutschen erlitt einen kräftigen Dämpfer. Die Lorbeeren der ersten beiden Nachkriegsjahrzehnte, des Goldenen Zeitalters der Bonner Republik, welkten. Brandts Reformpolitik, die billiges Öl, maßvolle Tarifpartner, wohlgefüllte Staatskassen und stetiges Wachstum voraussetzte, mußte wirtschaftlichem Krisenmanagement weichen.

Schmidt verlor keine Zeit, legte einen ordentlichen Kaltstart hin. Die Regierungsbildung gelang in Rekordzeit. Die erste Kabinettsliste war so aussagekräftig wie die erste Regierungserklärung. Es fehlten Egon Bahr, Klaus von Dohnanyi und Horst Ehmke. Insider raunten von einem »gnadenlosen Kahlschlag«. Mit von der Partie waren jetzt Hans Apel (Finanzen), Hans-Jochen Vogel (Justiz), Egon Franke (Innerdeutsche Beziehungen), Hans Matthöfer (Forschung und Technologie): Bodenständige Praktiker mit Kompetenz und Augenmaß, die sich – mit Ausnahme Matthöfers – in der SPD eher dem rechten Flügel zugehörig fühlten. Vor allem: keine Primadonnen, die die Bühne für sich allein beanspruchten und dem Kanzler damit die Schau stahlen.

Die vier FDP-Minister paßten ins Bild: Josef Ertl blieb für die Landwirtschaft zuständig; Hans Friderichs wurde Wirtschaftsminister. Werner Maihofer Innenminister und damit Nachfolger Hans-Dietrich Genschers, der wiederum ins Auswärtige Amt wechselte. Sein Vorgänger Walter Scheel, neben Brandt der zweite Gründungsvater der sozial-liberalen Koalition, war am 15. Mai zum vierten Bundespräsidenten gewählt worden. Unter Genscher, der Scheel auch im FDP-Vorsitz ablöste, distanzierten sich die Freidemokraten dezent von ihren linksliberalen »Freiburger Thesen« des Jahres 1971 und näherten sich wieder traditionelleren Positionen an. Dem Freiburger Parteitag hatten ohnehin nur enthusiastische junge Leute, akademische Seminare und dokumentationsfreudige Archive etwas abzugewinnen vermocht.

Erhard Eppler, seit 1968 Minister für wirtschaftliche Zusammenarbeit, war mittlerweile der richtige Mann zur falschen Zeit: Trotz leerer Kassen verlangte er mehr Geld für die Dritte Welt. Im Streit um »einige hundert Millionen Mark« konnte er sich gegen Schmidt und Apel nicht durchsetzen, trat deshalb Anfang Juli 1974 zurück. Egon Bahr nahm, für manche überraschend, seinen Platz ein. Das Kanzleramt, unter Brandt nach 1972 eher eine Laissez-faire-Agentur, wurde zur effizienten Machtzentrale umgebaut: Manfred Schüler, der neue Chef, agierte wirkungsvoll, geräusch- und selbstlos. Kein Vergleich mit dem allzu schwachen Vorgänger Horst Grabert, auch nicht mit dem viel zu einflußreichen ersten Kanzleramtsorganisator aus den Reihen der Sozialdemokratie, Horst Ehmke.

Am 17. Mai, keine 24 Stunden nach seiner Vereidigung,

trug Helmut Schmidt seine erste Regierungserklärung vor. Kurz, knapp, präzise, ein Stakkato der Nüchternheit. Der Form halber – man war mitten in der Legislaturperiode – deklarierte er sie als »Zwischenbilanz«, wand seinem Vorgänger halbherzig einige Dankesgirlanden. In der Sache – hatte Schmidt bereits am Vortag der SPD-Fraktion eingetrichtert – gehe es um einen harten Schnitt: »In einer Zeit weltweit wachsender Probleme konzentrieren wir uns in Realismus und Nüchternheit auf das Wesentliche, auf das, was jetzt notwendig ist, und lassen anderes beiseite. Kontinuität und Konzentration – das sind die Leitworte dieser Bundesregierung.« Von Reformen im Sinne Brandts sprach er nicht, dafür von der fatalen Abhängigkeit der Deutschen vom Außenhandel, der Notwendigkeit eines geordneten, funktionstüchtigen Weltwährungssystems und der »Wiedergewinnung wirtschaftlicher Stabilität«. Dem Bekenntnis zur Partnerschaft mit den USA folgte die Bereitschaft zu Rüstungskontrolle und Abrüstung, verbunden mit der Warnung vor der »Gefahr machtpolitischer und militärpolitischer Pressionen«. Nicht »ohne Sorge« verwies er auf die »wachsenden Rüstungsanstrengungen im Warschauer Pakt«.

Alles in allem, so hielt der ruhiggestellte Horst Ehmke fest, sah man in diesen denkwürdigen Maitagen des Jahres 1974 nicht nur einen neuen SPD-Kanzler mit neuer Mannschaft, sondern hörte den Startschuß zu einer neuen Politik, zu einem »kleinen Regierungswechsel«. Bei Lichte betrachtet, fällt die Zäsur von 1974 drastischer aus als die des Machtwechsels von 1982.

Der eigentliche Stimmungs- und Richtungsumschwung im Lande erfolgte nicht am Beginn der achtziger Jahre, sondern bereits irgendwo zwischen 1972 und 1974. Der Bericht des *Club of Rome*, überschrieben »Die Grenzen des Wachstums«, der im Sommer 1972 erschienen, aber zunächst kaum beachtet worden war, hatte ein dickes Fragezeichen hinter die unbekümmerte Wachstums- und Fortschrittsgläubigkeit nicht nur der Westdeutschen gesetzt. Die Wissenschaftler markierten damit einen mentalitätsgeschichtlichen

Umschwung in Westeuropa, brachten Moll-Töne in die internationale Debatte, die in den achtziger Jahren anschwollen und nur vorübergehend vom Getöse der zerfallenden Sowjetunion und dem Ende des Kalten Krieges überlagert wurden. Die erste Ölkrise im Herbst 1973 schien zu bewahrheiten, was die Gelehrten vorausgesagt hatten. In den Folgejahren verkörperte das ungleiche Tandem Schmidt-Genscher diese Trendwende zur abwägenden Vorsicht, den Übergang zu einer im wesentlichen konservierenden Status-quo-Politik, einer Politik zur Sicherung des Erreichten.

Keineswegs unglücklich zeigte sich Schmidt über Brandts Entschluß, Parteivorsitzender zu bleiben. Die Arbeitsteilung ersparte ihm den täglichen Umgang mit einer SPD, in der er immer wieder »Spinner«, »Flaschen« und »halbfertige Akademiker« ausmachte. Die Popularitätseinbrüche des Jahres 1974 auf unter 30 Prozent hatte sich die SPD seiner Meinung nach selber zuzuschreiben. Daß er mit solchen Attacken seine eigene Position schwächte und Brandts Renommee als Vorsitzender stärkte, stand auf einem anderen Blatt. Sollte Schmidt eines Tages nicht mehr Kanzler sein, konnte die Partei auf ihn verzichten – auf Brandt nicht.

Von Schmidt wurde eine Menge erwartet, in der eigenen Partei, in der Öffentlichkeit, sogar seitens der Opposition. Sein sorgfältig kultivierter Ruf, als erster für diesen Job richtig ausgebildet zu sein, tat ein übriges. Der neue Mann, als Macher und Machtmanager gehandelt, galt als eine Art Wundertäter. Aber Wunder sind in der Politik selten. Der Kaltstart wurde zum Fehlstart. Besonders schmerzlich waren Pannen auf Schmidts ureigenem Gebiet, der Wirtschafts- und Finanzpolitik. Dem Bundeshaushalt für 1975 lag ein eiserner Sparkurs zugrunde. Trotzdem ging Finanzminister Hans Apel das Geld aus. Die große Steuerreform, die noch aus Schmidts Zeiten im Finanzministerium stammte, riß tiefe Milliardenlöcher ins Rechenwerk des Volkswirtschaftlers, benachteiligte zudem die SPD-Klientel der »kleinen Leute«. Apel zeigte Wirkung: »Ich glaub, mich tritt ein Pferd.« Die Rezession galoppierte, die Arbeitslosenziffer, Schicksalszahl der Deutschen und Karriereknick des Kanzlers Erhard, verdoppelte sich 1974 auf knapp 600 000 und durchbrach ein Jahr später die Schmerzgrenze der Millionenmarke. Der Ölpreis hatte sich, nahm man das Vorjahr zum Maßstab, inzwischen vervierfacht.

Schmidt holte sich Rat beim britischen Nationalökonomen John M. Keynes, eigentlich einem Mann des 19. Jahrhunderts, und setzte auf großangelegte Konjunkturprogramme, im September 1974 zur »regionalen und lokalen Abstützung der Beschäftigung«, im Dezember zur Ankurbelung der Inlandsinvestitionen. Aber die Erfolge hinkten hinter den Erwartungen her, die klassischen Rezepte wirkten nicht mehr. Das Wirtschaftswachstum stagnierte, die Inflationsrate stieg auf knapp sieben Prozent. Apel meinte in der Rückschau, bewegt habe man mit den Programmen »recht wenig, nur die Haushaltsdefizite kräftig nach oben getrieben«. Der Kanzler mußte zurücksetzen. Sein Versprechen, man werde im Sommer 1975 »über den Berg sein«, entbehrte der Grundlage. Daß die Westdeutschen die Wirtschaftskrise immer noch besser verkrafteten als die westlichen Nachbarn, war dabei nur ein schwacher Trost.

Die SPD verlor eine Landtagswahl nach der anderen. Niedersachsen, Bayern und Hessen markierten den Weg in den Keller. Schmidt konnte das nicht kalt lassen. In knapp zwei Jahren war die nächste Bundestagswahl; er wußte, daß sein politisches Schicksal auf dem Spiel stand. Zu spüren bekamen das die Delegierten des Hamburger Parteitages im September 1974. Schmidt inszenierte einen seiner kalkulierten Wutanfälle, die Liste seiner Spitznamen verlängerte sich um das Etikett »Abkanzler«. »Die Weltwirtschaft ist in eine Krise geraten, die ihr nicht begreifen wollt«, schrieb er den versammelten Genossen ins Stammbuch. »Ihr beschäftigt euch mit der Krise des eigenen Hirns statt mit den ökonomischen Bedingungen, mit denen wir es zu tun haben.« Er persönlich könne mit den Begriffen »links« und »rechts« gar nichts anfangen. Freunde machte er sich mit seiner Philippika nicht, zumindest nicht in der SPD.

Zum Glück besteht das Kanzlerleben aber nicht nur aus Innenpolitik. Auch für Schmidt wie für alle Amtsinhaber seit 1949 galt: Statur gewinnt oder verliert man in erster Linie auf dem glatten Parkett der Außenpolitik. Hier hatte Schmidt auf Anhieb mehr Fortune; hier kannte er sich aus. Den ersten großen Auftritt hatte er im Oktober 1974 in Moskau. Gastgeber Leonid Breschnew zog alle Register. Der Kanzler wußte das zu schätzen. »Es war ein besonders aufwendiger ›großer Bahnhof‹, den man uns in Moskau bereitete. Als unsere Boeing, mit den Hoheitszeichen der Bundeswehr geschmückt, auf dem Flughafen Wnukowo ausgerollt war, empfingen uns nicht nur der Ministerpräsident Kossygin und der Außenminister Gromyko – was protokollarisch ausreichend gewesen wäre –, sondern auch der Generalsekretär selbst. Dies war weder bei Nixons noch bei Brandts Besuchen in Moskau der Fall gewesen. Ich empfand es als eine ungewöhnliche Geste.«

Daß die Ergebnisse hinter dem äußeren Gepränge zurückblieben, überraschte niemanden. In langen Sitzungen tauschten Breschnew und Schmidt Sinnsprüche aus, redeten über die Auslegung des Moskauer Vertrages, die Interpretation des Viermächteabkommens und über bilaterale ökonomische Mammutprojekte mit langer Laufzeit, eine Lieblingsidee des Generalsekretärs. Der wußte, was sein defizitäres Imperium brauchte: *Know-how* und Kapital, und zwar vom Westen, vorzugsweise aus der Bundesrepublik. Dennoch blieben Vertragsabschlüsse aus, weil Breschnew an der Verlegung von Bundesbehörden, etwa des Umweltamtes, nach West-Berlin Anstoß nahm. Zumindest kannte man sich jetzt, hatte eine Arbeitsbeziehung hergestellt. »Das ging ganz prima«, freute sich der Kanzler.

Seine außenpolitische Generalprobe hatte er bestanden. Die Premiere folgte im Hochsommer 1975. Diesmal stand die Bühne in Helsinki, gegeben wurde das Finale der »Konferenz über Sicherheit und Zusammenarbeit in Europa« (KSZE), der »Höhepunkt der Entspannungsphase zwischen Ost und West«, wie Schmidt in seinen Memoiren meinte. Die finnische Hauptstadt platzte aus allen Nähten. Die Delegationen der 35 beteiligten Staaten, alles in allem fast 400 Teilnehmer, hatten rund um den »Finlandia«-Konferenzpalast Quartier genommen. Anwesend waren mit Ausnahme Albaniens alle europäischen Staaten aus Ost und West, außerdem die Vereinigten Staaten von Amerika und Kanada. Die Deutschen waren gleich doppelt vertreten: Neben Kanzler Schmidt saß, nur durch Gangbreite von ihm getrennt, SED-Chef Erich Honecker.

Idee und Vorschlag des spektakulären Unternehmens kamen aus dem Osten, zentrale Inhalte und das Procedere steuerte der Westen bei. Am Ende der zweijährigen Verhandlungen seit Juli 1973 stand ein Kompromiß – die sechssprachige »Schlußakte«. Das beispiellose Dokument trug die Handschrift von Experten, umfaßte knapp 50 Seiten und sollte nun durch die Unterschriften der beteiligten Regierungschefs wirksam werden: nicht als völkerrechtlich bindender Vertrag, aber doch als verbindliche Erklärung, zudem in der Absicht, den »Prozeß fortzusetzen«. Das sagte Korb 4, so die inoffizielle Gliederung. Korb 1 enthielt Grundprinzipien und Grenzfragen und lag Breschnew sehr am Herzen, der ihn für die Bestätigung aller Nachkriegsgrenzen und damit der sowjetischen Hegemonie in Osteuropa hielt. Mit Korb 2 – »Zusammenarbeit in den Bereichen der Wirtschaft, der Wissenschaft und der Technik sowie der Umwelt« – verbanden die östlichen Vertreter ebenfalls größere Hoffnungen als ihre westlichen Partner.

Korb 3 hingegen, der menschliche Erleichterungen und den Informationsaustausch anstrebte, war für die westliche Seite zentral, zugleich nährte er die Hoffnung der Menschen im Ostblock auf Liberalisierung und Freizügigkeit. Gleiches galt für die Prinzipien VII und VIII im Korb 1: »Achtung der Menschenrechte und Grundfreiheiten« sowie »Gleichberechtigung und Selbsbestimmungsrecht der Völker«. Aus der Sicht der Bundesrepublik und des Westens waren diese Texte ein Erfolg. Hier wurden Maßstäbe und Begriffe verankert, denen die östlichen Parteidiktaturen des »real existierenden

Sozialismus«, bei Lichte besehen, nie und nimmer gerecht werden konnten. Anderthalb Jahrzehnte später stellte sich zur allgemeinen Überraschung heraus, daß die Sowjetunion die Freiheit, wie sie in Helsinki als abstraktes Prinzip verankert worden war, konkret ebensowenig aushielt wie die DDR und der übrige Ostblock. Aus Sicht des Kremls war die Schlußakte von Helsinki also ein kurzfristiger Prestigeerfolg, der mittelfristig dem eigenen System den Todesstoß versetzte, ein Pyrrhus-Sieg.

Das ahnte in der Hochsommerhitze des Jahres 1975 freilich niemand. Auch nicht der gutgelaunte deutsche Bundeskanzler. Das Gipfelklima bekam ihm glänzend. Er war den Niederungen der Tagespolitik entronnen, seine wohlvorbereitete, staatsmännisch gestimmte Rede kam hervorragend an. Kanzler sein kann Spaß machen! Helmut Schmidt war ein gesuchter Gesprächspartner. Neben Erich Honecker standen Tito, Kádár, Schiwkow, Ceauçescu, Husák und Strougal im Terminkalender. Breschnew sowieso. Und für Giscard d'Estaing, seinen Freund, und Gerald Ford, den amerikanischen Präsidenten, hatte Schmidt ohnehin immer Zeit.

Aufmerksamkeit erregte das erste Aufeinandertreffen der beiden ungleichen Deutschen. Die Logik des Alphabets plazierte sie nebeneinander, zwischen ihnen nur ein schmaler Gang. Man tauschte Floskeln aus, verabredete ein Treffen, das der Kanzler noch im Rückblick als »lächerlich verkrampft« empfand. Ein zweiter Anlauf brachte wenigstens einen »normalen, zwanglosen Umgang«. Beide wußten, was sie voneinander zu halten hatten. Im Bericht zur »Lage der Nation« Ende Januar 1975 hatte Schmidt kein Blatt vor den Mund genommen: »Mauer, Stacheldraht, Todesstreifen und Schießbefehl« hätten »ihre Unmenschlichkeit nicht verloren«, führte er vor dem Bundestag damals aus, fügte allerdings hinzu, an der Politik des »geregelten Miteinanders« festhalten zu wollen.

In Helsinki hatten die beiden deutschen Spitzenpolitiker

*Freundschaft in der Politik? Der französische Staatspräsident
Valéry Giscard d'Estaing an der Hausbar von Bundeskanzler
Helmut Schmidt in Hamburg*

in einem winzigen Kämmerchen die Gebrechen der Teilung durchdekliniert: Reiseverkehr, Berlin, Humanitäres, Transitpauschale, Mindestumtausch, Straßenbenutzungsgebühr, wirtschaftliche Kooperation. Einigkeit erzielten sie darin, daß weitere Versuche, die »Belastbarkeit« des Viermächteabkommens zu testen, unterbleiben sollten. Selbst nach Ansicht der Westmächte hatte Bonn mit der Verlegung des Umweltbundesamtes nach West-Berlin 1974 den Bogen überspannt. Weitere Bundesbehörden, kam man überein, sollten nicht an die Spree umziehen. »Offen, sachlich und konstruktiv« sei das Gespräch gewesen, fanden beide. Die DDR-Wirtschaft war damals schon weiter vom »Weltklasseniveau« entfernt, als Honecker ahnte: »Wer hat hier eine Kamera von Zeiss-Jena?« rief er in die Journalistenmenge. Nur einer meldete sich, vermutlich der DDR-Vertreter.

Mit dem polnischen Staats- und Parteichef Edward Gierek, der auf Schmidt einen »menschlich und politisch starken Eindruck« machte, gelang am Rande von Helsinki die Lösung eines hartnäckigen Problems: eine Einigung über die Ausreise deutschstämmiger »Polen« in die Bundesrepublik, allerdings für einen beachtlichen Preis. Gegen halb vier Uhr morgens war man handelseinig. Kern des Tauschgeschäfts waren 120 000 bis 125 000 Ausreisen gegen einen Milliarden-Kredit. Die Deutsch-Polen kamen in den Westen, die Tilgungsraten für den Kredit sollten in Polen bleiben.

Schmidt hatte es geschafft, den KSZE-Gipfel bravourös gemeistert, gute Figur gemacht. Erschöpft, aber in Hochstimmung ging es zurück nach Bonn, dann an den Brahmsee, denn im rheinischen Bundesdorf war Sommerpause. Am Seeufer plante er sein Entree als »Weltökonom«: Mitte November stand das nächste Großereignis ins Haus, ein erstes Treffen der sechs führenden Industrienationen in Frankreich.

Im Vergleich zur KSZE war dieser erste Weltwirtschaftsgipfel eine geheimniskrämerische Veranstaltung. Die illustre Runde der sechs Regierungschefs – Gerald Ford (USA), Harold Wilson (Großbritannien), Aldo Moro (Italien), Takeo

Miki (Japan), Valéry Giscard d'Estaing (Frankreich) und eben, nicht zuletzt, Helmut Schmidt – traf nicht etwa in Paris zusammen, sondern im fünfzig Kilometer entfernten Rambouillet. Am Zustandekommen des Projekts war Schmidt intensiv beteiligt. Mit Gastgeber Giscard verband ihn einiges: Kennengelernt hatten sie sich als Finanzminister, waren im Mai 1974 fast gleichzeitig an die Spitze ihrer Länder gelangt. Unbeschadet ihres unterschiedlichen Herkommens – hier der bildungsstolze Konservative aus vermögendem Großbürgertum, dort der aus kleinbürgerlichen Verhältnissen aufgestiegene Sozialdemokrat –, fühlten sich Giscard d'Estaing und Schmidt bald freundschaftlich verbunden. In wirtschafts- und währungspolitischen Dingen ergänzten sie sich, in den Grundfragen der Außen- und Sicherheitspolitik harmonierten sie. Schmidts erster Auslandsbesuch führte im Juni 1974 nach Paris. Beide waren alt genug, sich an die katastrophalen Folgen der Weltwirtschaftskrise am Beginn der dreißiger Jahre zu erinnern. Beide waren angesichts der weltweiten Rezession besorgt genug, einer womöglichen Wiederholung der Geschichte durch globales Krisenmanagement vorbeugen zu wollen.

Das Procedere in Rambouillet war diskret, von Gipfelspektakel keine Spur. »Das Schloß war angenehmerweise nicht allzu geräumig, die Konferenz fand in einem relativ kleinen Saal statt, die Zimmer der Chefs lagen eng beieinander, aber Presse und Fernsehen waren außerhalb des Parks, das heißt weit weg«, lobte Schmidt später. Nicht nur Medienvertreter, auch Minister hielt man auf Distanz: Genscher und Apel mußten mit einem Pariser Hotel vorliebnehmen.

Im Schloß hielt der deutsche Kanzler und Mitinitiator des Treffens unter Ausschluß der Öffentlichkeit seine Eröffnungsrede. Bald hatte er alle Hände voll zu tun, um zwischen Franzosen und Amerikanern zu vermitteln: Giscard hielt die schnöde Abkehr der USA von Bretton Woods – dem System fester Wechselkurse – für die Wurzel allen Übels, Ford plädierte für das »Floaten« im Rahmen eines freien Währungssystems. Schmidt ermöglichte den Kompromiß:

Giscard akzeptierte Fords Wunsch, während der US-Präsident zusicherte, den Dollar notfalls zu stützen. Zudem wollten die Herren die fatale Abhängigkeit ihrer Länder von importierter Energie verringern und eine »größtmögliche Handelsliberalisierung« erreichen.

Der Ertrag der Klausur stand zwischen den Zeilen. Die sechs hatten ihren Willen manifestiert, der Weltwirtschaftskrise gemeinsam zu Leibe zu rücken, und sich und anderen Mut gemacht. »Das Wichtigste an dem Treffen ist, daß es stattgefunden hat«, meinte Giscard. Das Unternehmen hatte Zukunft, allen späteren Irritationen und Animositäten zum Trotz. Zur Aufnahme Kanadas, das gegen seine Nichteinladung Protest eingelegt hatte, kam es schon 1976. Der »Geist von Rambouillet« wurde auf den Folgetreffen der »G-7« oft beschworen, wenngleich der effektive Stil von 1975 zunehmend den Spielregeln der Mediengesellschaft weichen mußte.

Nägel mit Köpfen machten die Finanzexperten Schmidt und Giscard Ende 1978 im Europäischen Rat. »Uns war klar«, schrieb Schmidt später, »daß die Mehrzahl der europäischen Währungen allein auf sich gestellt den Stürmen der Weltwirtschaft, der weltweiten Währungsunordnung und speziell der Schwäche des amerikanischen Dollars nicht Paroli bieten kann.« Am 5. Dezember 1978 erblickte das »Europäische Währungssystem« (EWS) das Licht der Welt, 1979 der sogenannte Ecu – ein typisches Kind europäischer Kompromißsuche: maßgeblich von deutscher Seite angeregt, den englischen Namen »European Currency Unit« tragend, aber in der Kunstform »Ecu« französisch buchstabiert. Die künstliche Einheit sollte Währungsschwankungen innerhalb definierter Grenzen halten und rechtzeitige Korrekturen ermöglichen. Der Ecu lebte bis zum 31. Dezember 1998 und wurde dann durch die gemeinsame Rechnungseinheit des Euro ersetzt, der am 1. Januar 2002 auch tatsächlich mit gemeinsamen Geldscheinen und Münzen Wirklichkeit wurde. Seine Großväter heißen fraglos Helmut Schmidt und Valéry Giscard d'Estaing.

Der Bundeskanzler stand Ende 1975 glänzend da. Seine zupackende, forsche Art, seine selbstbewußt vorgetragene finanz- und wirtschaftspolitische Kompetenz, sein internationales Führungs- und Organisationstalent waren Tugenden, die zu den Krisen der Zeit paßten. Aus dem Schatten seines Vorgängers erstaunlich schnell herausgetreten, reüssierte Schmidt zum gefragten Fachmann und geschätzten Ratgeber. Die Londoner *Financial Times* kürte ihn zum Mann des Jahres. Kenner attestierten ihm »fast alle Gaben, die den perfekten Regierungschef ausmachen, und dazu auch noch Fortune«.

Die harte Welt der Zahlen und Fakten hingegen bot ein anderes Bild. Das Bruttosozialprodukt, 1973 um knapp 5, 1974 um 0,4 Prozent gewachsen, schrumpfte 1975 um 1,8 Prozent. Immerhin schien damit die berühmte »Talsohle« erreicht. Wäre jemand auf die Idee verfallen, die Partei des Jahres zu küren, hätte die SPD keine Chance gehabt. Wahlerfolge in Ländern und Kommunen blieben Mangelware. Frustration breitete sich aus. Die auswärts gelobte angebotsorientierte, unternehmerfreundliche Wirtschaftspolitik des Kanzlers und stellvertretenden Parteivorsitzenden irritierte die Basis. Unbehagen wurde laut, daß man sich vom kleineren Koalitionspartner zuviel bieten lasse – erste Bruchlinien zeichneten sich ab. Die SPD/FDP-Koalition vom Mai 1974 war aus definitiv anderem Stoff als die legendäre sozial-liberale des Spätjahres 1969. Es ging nicht mehr um »wagen«, »machen«, »erst richtig anfangen«, sondern um abwägen, weitermachen und Schadensbegrenzung. Verbindende neue Themen vom Kaliber der Ostpolitik waren nicht in Sicht, für große Worte und Gesten fehlten die Taten. Anders als Brandt und Scheel vermittelten Schmidt und Genscher stets den Eindruck, sich in einer politischen Vernunftehe zu arrangieren.

In seiner eigenen Partei konnte sich Schmidt nie aus dem Schatten Willy Brandts lösen, dessen viereinhalbjährige Kanzlerschaft – »mehr Demokratie wagen« – auf der Parteilinken mittlerweile nostalgisch verklärt wurde. Interne Querelen sollten vom »Orientierungsrahmen '85« eingefangen werden. Doch die spröde Formulierung trug allzusehr des Kanzlers Handschrift. Sie war ungeeignet, Enthusiasmus für ein angeblich verbindliches Zukunftsprogramm zu erwecken. Heraus kam ein Grundsatzpapier, das die Probleme der Westdeutschen bis 1985 vorwegnehmen und gute sozialdemokratische Lösungen anbieten wollte. Verabschiedet wurde es auf dem Mannheimer Parteitag im November 1975. Die hitzigen Debatten über staatliche Wirtschafts- und Investitionslenkung, über die Zukunft der Reformpolitik, über Fernziele bis hin zur Vergesellschaftung von Produktionsmitteln, verhallten schnell. Die Parteiintellektuellen und Jusos, in deren Reihen gerade Gerhard Schröder Karriere machte, hatten ihren Auslauf gehabt und das Gefühl genossen, gefragt zu sein. Für den ungeduldigen Schmidt, der sich lange nächtliche Palaver erspart hatte, zählte der Schulterschluß in den eigenen Reihen, die Ruhe vor dem Sturm. Schließlich stand die Bundestagswahl 1976 vor der Tür.

Hier bekam es Schmidt mit einem Herausforderer zu tun, den er glaubte, nicht ernst nehmen zu müssen. Der elf Jahre jüngere Helmut Kohl, Ministerpräsident in Rheinland-Pfalz und CDU-Vorsitzender, hatte seine Kandidatur nach zähem Ringen vor und hinter den Kulissen gegen Gerhard Stoltenberg und Franz Josef Strauß durchgesetzt. Mit seiner demonstrativen, demütigenden Geringschätzung Kohls stand Schmidt nicht allein. Die düpierte CSU quittierte die Kandidatenkür mit der indignierten Bewertung, daß ihr Vorsitzender, also Strauß, nicht Kohl, der geeignete Kandidat sei. Viele sahen im damals 46jährigen Helmut Kohl eine unbeholfene Lokalgröße, die muffige Provinzialität ausstrahlte. Gewiß, der Mann konnte einen kometenhaften Aufstieg und etliche Erfolge vorweisen. Er hatte sich in Rekordzeit nach oben durchgekämpft, war mit 29 Jahren in den Mainzer Landtag eingezogen, mit 35 CDU-Chef in Rheinland-Pfalz, mit 39 dort Ministerpräsident geworden. Diese rasche Karriere war ohne beachtliche Qualitäten undenkbar: Machtinstinkt, Stehvermögen, Ehrgeiz, Dickfelligkeit zählten dazu.

*High noon: Kanzler Helmut Schmidt und der CSU-Vorsitzende Franz Josef Strauß, sein späterer Herausforderer, auf dem Weg zum Fernsehduell, April 1975*

Aber konnte das reichen, um einen Helmut Schmidt in Verlegenheit zu bringen? Nein, fanden die Auguren.

Einer zumindest unterschätzte Helmut Kohl nicht – er selbst. Selbstzweifel waren ihm fremd: »Ein Politiker, der sich das Amt des Bundeskanzlers zutraut, und das tue ich«, sagte er, »geht dem Reiz dieses Amtes auch nicht aus dem Weg. Es ist in Deutschland eine Art Gesellschaftsspiel, abzustreiten, daß man etwas Bestimmtes erreichen will. Wer öffentlich zugibt, daß er Macht will, um zu gestalten oder dieses Land zu verändern, wird schief angesehen. Aber daraus mache ich mir nichts.«

An solchen Sätzen läßt sich Kohls Kern ablesen: der unerschütterliche, fast unheimlich anmutende Wille, unbedingt Kanzler zu werden. Daß er mit diesem Furor schon seiner Tanzstundendame – und späteren Ehefrau – Hannelore imponierte, mag eine gut erfundene Anekdote sein. Sie trifft jedoch den Punkt. Kein anderer Kanzler verfügte über Kohls verblüffenden Willen zur Macht. Adenauer war in jeder Hinsicht eine Ausnahme. Seine Nachfolger Erhard und Kiesinger waren zur rechten Zeit am rechten Ort. Brandt wäre ohne Wehner kaum Kanzler geworden, obwohl er 1969 seinem Ziehvater zeitweilig entlief. Schmidt sprang unverhofft in die Bresche. Gerhard Schröder kommt Helmut Kohl am nächsten. Jedenfalls wirkte er so, als er etwas derangiert, leicht angeheitert, nicht mehr ganz jung, zu nächtlicher Stunde am Zaun des Bonner Kanzleramtes rüttelte. »Ich will hier rein!«, soll er gerufen haben.

Kein zweiter Kandidat mußte soviel offene und ausdauernde Häme, Verachtung, Geringschätzung aushalten wie Helmut Kohl. Solche Unerschütterlichkeit ist im politischen Metier zweifellos ein wertvolles Talent. »Hier ist die Luft eisenhaltig«, weiß Kohl. »Man muß einstecken können.« Viele können das nicht. Daß Kohl seine unheimlichen Nehmerqualitäten mit dem Unvermögen bezahlte, selbst wohlmeinende Kritiker um sich herum zu dulden, gar anzuhören, war die Kehrseite der Medaille. Vorerst fiel dies nicht ins Gewicht. Als am 3. Oktober 1976 die Stimmzettel ausgezählt waren, nickten die Auguren zufrieden mit dem Kopf.

Die Überraschung war ausgeblieben. Kohls CDU kam zwar mit der CSU zusammen auf 48,6 Prozent der Stimmen – mehr, als die SPD jemals erreicht hatte. Nur Adenauer war 1957 erfolgreicher gewesen, hatte zum ersten und letzten Mal in der Geschichte der Bundesrepublik die absolute Mehrheit der Stimmen geholt. Dennoch langte es 1976 nicht zum Regierungswechsel, da die SPD immerhin 42,6 und die relativ erfolgreiche FDP 7,9 Prozent der Stimmen zusammenkratzten. Damit war ihnen die knappe Regierungsmehrheit sicher, mochte auch Kohl seinen »moralischen Anspruch« auf die Kanzlerschaft anmelden, soviel er wollte.

Der »schwarze Riese« – wie er damals, halb spöttisch, halb anerkennend, genannt wurde – machte sich nicht viel aus seiner Schlappe. Die Zeit, davon war er überzeugt, arbeite für ihn. Ohne Zweifel hatte er, wie er es nannte, »einen Stein gelegt«. Er entschloß sich, den großen Schnitt zu wagen, vertauschte das geliebte, vertraute Mainz mit dem für Ankömmlinge gefährlich unübersichtlichen Bonn, den komfortablen Sessel eines Ministerpräsidenten mit dem Nagelbrett des Oppositionsführers.

Immerhin, auch wenn sie im Amt blieb: Die Regierung war angeschlagen. Der Wahlsieg – zu knapp, um gefeiert zu werden; der Kanzler – zu erschöpft, um mehr als ein gefrorenes Lächeln zustande zu bringen. Wie dieser Provinzler Kohl ihn, den Weltstaatsmann, nach Punkten fast geschlagen hatte, war ihm ein Rätsel. Seine Wahl zum Kanzler wurde zur Zitterpartie, die Abstimmung ergab nur eine einzige Stimme mehr als erforderlich: das knappste Ergebnis seit Adenauers Kanzlerwahl 1949. »Eine übern Durst!« schallte es von der Zuschauertribüne in den Bundestag. Gelächter. Schmidt wirkte um Jahre gealtert, seine Körpersprache war die eines Verlierers. Das, so mochte er denken, habe ich nicht verdient. Außenstehende vermuteten es, seine engsten Mitarbeiter, Staatssekretär Klaus Bölling vornewerg, wußten es: Der Kanzler steckte in einer Krise, begann zu ahnen, wie sich Brandt gefühlt haben mußte. Die Lust am Regieren war verflogen, depressive Anwandlungen lasteten wie Blei auf ihm, permanente Überarbeitung und Schlafmangel machten sich quälend bemerkbar. »Ich nehme die Wahl an«, rief er, sich zusammennehmend, dem neuen Bundestagspräsidenten Karl Carstens zu.

Aber es kam noch dicker. Nach der Wahl mußte sich Schmidt in einer Disziplin üben, die allen Kanzlern abverlangt wurde: der Rücknahme eigener Wahlzusagen. »Die Renten werden am 1. Juli 1977 um zehn Prozent erhöht«, hatte er vor der Wahl versprochen. Doch nun stellte sich heraus: Die Zahlen, von denen er ausgegangen war, stimmten nicht, die schönen Berechnungen flogen dem Kanzler und seinen Ministern um die Ohren, das Wort vom »Rentenbetrug« lief um. Wenn zurückgerudert werden muß, so eine alte Kanzlerweisheit, dann sofort. Die Mehrwertsteuer wurde erhöht, die Rentenerhöhung verschoben, Arbeitsminister Arendt in die Wüste geschickt. Zwei Jahre später warf auch Verteidigungsminister Georg Leber den Brocken hin; Hans Apel übernahm die Hardthöhe. Ein guter Start in eine neue Legislaturperiode sieht anders aus.

Im Jahr darauf kam der schlimme Herbst. Als am 5. September 1977 Arbeitgeberpräsident Hanns-Martin Schleyer von seinem Kölner Büro nach Hause fuhr, geriet er in eine Falle von Aktivisten der Rote-Armee-Fraktion (RAF). Sein Fahrer und drei Leibwächter hatten keine Chance. Sie verbluteten im Kugelhagel. Die Terroristen zerrten Schleyer in einen unauffälligen Wagen, der im dichten Berufsverkehr verschwand. Im Kanzleramt ging ein Ultimatum ein: Zehn Bandenmitglieder, darunter Gudrun Ensslin und Andreas Baader, seien auf freien Fuß zu setzen, mit 100 000 Mark auszustatten und in ein Land ihrer Wahl zu fliegen. Andernfalls werde Schleyer sterben.

Der Anschlag war der vorläufige Höhepunkt einer Verbrechensserie. Fehlgeleiteten, zunehmend isolierten Extremisten der Studentenbewegung erschien schon Mitte der sechziger Jahre Gewalt als geeignetes Mittel im Kampf für ihre verworrene Weltanschauung. Eine Blutspur war die Folge.

So wurde Ende 1974 Kammergerichtspräsident Günter von Drenkmann in Berlin erschossen. Die Köpfe der ersten RAF-Generation, unter ihnen Andreas Baader und Ulrike Meinhof, saßen zu jener Zeit bereits in Untersuchungshaft, zählten die Tage bis zum Prozeß. Die Entführung des Berliner CDU-Chefs Peter Lorenz im Februar 1975 ging glimpflich aus, aber nur, weil sich Bonn erpressen ließ. Eine Handvoll Terroristen kam frei, Lorenz mit dem Schrecken davon. Acht Wochen später besetzten Gangster die deutsche Botschaft in Stockholm, verlangten die Freilassung von sechsundzwanzig Kumpanen. Schmidt winkte ab. Die Erstürmung endete im Blutbad; zwei Diplomaten starben. Zwei Terroristen sprengten sich versehentlich selber in die Luft. Im April 1977 starb Generalbundesanwalt Siegfried Buback, während sein Auto an einer Ampel hielt, in einer Maschinengewehrgarbe. Im Sommer traf eine Scharfschützenkugel Jürgen Ponto, den Vorstandssprecher der Dresdner Bank, in seinem Privathaus bei Frankfurt.

Nun also Schleyer. Helmut Schmidt trommelte sein Kabinett und die Oppositionsspitze zu einem Großen Krisenstab zusammen. Sein Entschluß war, hart zu bleiben und auf Zeit zu spielen, Schleyer zu befreien und die Kidnapper dingfest zu machen. Der Kanzler trug schwer an dieser Entscheidung, litt unter Gewissensqualen. Hier die Staatsräson, dort das einzelne Menschenleben. Mit seiner Frau setzte er ein Schriftstück auf: Wenn einem von ihnen etwas zustoße, wolle sich der andere nicht erpressen lassen. Mit dem Bundespräsidenten vereinbarte er, daß es keine Verhandlungen geben werde, wenn der eine oder andere der beiden den Terroristen in die Hände falle. Palais Schaumburg und Villa Hammerschmidt, die Amtssitze, verwandelten sich in Kriegslager mit Schützengräben, Stacheldraht, Panzerfahrzeugen. Es herrschte Nachrichtensperre. »Tauscht ihn aus!« verlangte die *Bild*-Zeitung.

Nerven wie Stahltrossen waren gefragt. Schmidt hatte sie, präsentierte sich in Hochform. Da war sie wieder, die große Herausforderung, wie damals in Hamburg, im Februar

1962! Beobachter sahen den Kanzler in seinem Element. Mitarbeiter bemerkten am Chef eine Art Krisen-Euphorie. Endlich konnte er den Bonner Mehltau abschütteln, stand im Zentrum, konnte und mußte hinlangen, zupacken, entscheiden. Die Opposition durfte in den Großen Krisenstab, in den Vorhof der Macht, aber hatte sich ansonsten ruhig zu halten. Schmidt drosselte das Tempo. Er ließ jeden Häftling einzeln nach seinem Wunschziel befragen: Nordkorea, Uganda, Libyen ... Kostbare Zeit, schließlich mußten die genannten Länder informiert, ja ihre Bereitschaft erkundet werden, die Terroristen aufzunehmen. Ein »allerletztes« Ultimatum folgte dem »letzten«. Die Tage verrannen, ebenso die Chancen für Schleyer, der trotz fieberhafter Suche unauffindbar blieb.

Kaum jemand hätte geglaubt, daß die Lage noch an Dramatik gewinnen könnte. Als am 13. Oktober 1977, dem 38. Tag des Entführungsdramas, die Lufthansa-Boeing 737 »Landshut« mit 91 Menschen in Palma de Mallorca abhob und nicht in Frankfurt, sondern im Wüstensand der arabischen Halbinsel aufsetzte, war man eines Besseren belehrt: Arabische Luftpiraten hatten die Maschine gekapert. Die erneute Forderung war eine sofortige Freilassung der in Deutschland inhaftierten RAF-Täter. Nach einem Irrflug über Rom, Zypern und Dubai war man in Aden gelandet. Dort wurde der Flugkapitän erschossen, der Weiterflug des Kopiloten endete in Mogadischu. Die Terroristen wurden hingehalten, bis eine Spezialtruppe der GSG-9 in der somalischen Hauptstadt eintraf. Diesmal wollte man den Banditen keine Chance geben. Mogadischu sollte kein zweites München werde.

Am 18. Oktober, wenige Minuten nach Mitternacht, explodierten Blendgranaten, fielen Schüsse. Die Erstürmung gelang, die meisten Terroristen starben, ein Beamter wurde verletzt. Hans-Jürgen Wischnewski, Staatsminister im Bundeskanzleramt und Schmidts Mann vor Ort, rief in Bonn an: »Die Arbeit ist erledigt.« Die Männer des übernächtigten, ausgelaugten Krisensstabes brachen in befreienden Jubel aus,

»Tragische Schuld«: Der Kanzler und die Witwe des Terroristenopfers Hanns-Martin Schleyer, Oktober 1977

fielen sich in die Arme. Es war ein unglaubliches Wechselbad der Gefühle. Schmidt konnte seine Tränen nicht unterdrücken. Er hatte sich in den Tagen, den Stunden zuvor auf das Schlimmste eingestellt, innerlich mit seinem Amt abgeschlossen. Bei einem Fehlschlag wäre er am nächsten Tag zurückgetreten. Dies seien die schwersten Tage und Nächte seines Lebens gewesen, schrieb er ein Vierteljahrhundert später. Andreas Baader, Gudrun Ensslin und Jan-Carl Raspe erfuhren von der Geiselbefreiung merkwürdigerweise fast zeitgleich mit dem Kanzler und begingen in ihren Einzelzellen Selbstmord. Das Schicksal Hanns-Martin Schleyers war damit besiegelt. Seine Leiche wurde am selben Tag im Kofferraum eines Autos aufgefunden.

Schmidt wußte, daß man der terroristischen Erpressung des Staates durch skrupellose Mörder nicht mit einer Patentlösung beikommen kann. Aber der Rechtsstaat müsse auf jeden Fall Festigkeit beweisen, um potentielle Nachahmer abzuschrecken. Das Menschenmögliche getan zu haben und trotzdem mit »Schuld behaftet« zu sein, wie Schmidt in seiner Regierungserklärung vom 20. Oktober ausführte, ist ein Dilemma, aus dem es keinen Ausweg gibt. Die Bundesregierung, sagte der Kanzler fast tonlos, werde zu ihrer Verantwortung auch in Zukunft stehen. »Gott helfe uns.«

Zur Ruhe kam Helmut Schmidt in diesem heißen Herbst 1977 nicht. Nach der nationalen mußte er sich jetzt einer internationalen Herausforderung stellen. Am 28. Oktober 1977 hielt der Bundeskanzler im renommierten *International Institute for Strategic Studies* (IISS) eine Rede, die Geschichte machen sollte. Das Thema klang für Nichtexperten trocken. Moskau und Washington verhandelten seit einem knappen Jahrzehnt über die Begrenzung ihrer Interkontinentalraketen. Ende Mai 1972 hatten Breschnew und Nixon in Moskau den ersten SALT-Vertrag unterschrieben, der zwar die Anzahl dieser monströsen Projektile einfror, ihrer technischen Weiterentwicklung, etwa der Ausrüstung mit mehreren Sprengköpfen, aber keine Grenzen setzte. Zudem wurde die Anzahl und Qualität der Raketenabwehrsysteme fixiert, um – so die abstrus anmutende Logik des Kalten Krieges – die gegenseitige Verwundbarkeit und damit das »Gleichgewicht des Schreckens« nicht zu gefährden. Ein zweites SALT-Abkommen schien in Sicht, die Supermächte waren im Gespräch.

Schmidt, übrigens ein passabler Schachspieler, befürchtete nun, mehrere Züge vorausdenkend, daß durch die verhandelte Neutralisierung der strategischen Raketen die verbleibenden Waffenpotentiale stark an Bedeutung gewännen: Die Mittelstreckenraketen, voran die berüchtigten sowjetischen SS-20, deren drei Sprengköpfe sehr wohl das westliche Europa, nicht aber die USA erreichen konnten. In den Wiener SALT-Verhandlungen spielten die nagelneuen SS-20 keine Rolle, obwohl ihre Zahl gewaltig zunahm und die NATO nichts Gleichwertiges aufbieten konnte. Für den Gleichgewichtsbefürworter Schmidt war diese Situation ein unhaltbarer Zustand, der den Keim einer politischen Erpressung Bonns durch Moskau in sich trug.

Schmidts Besorgnis verriet, daß dieser Druck bereits Wirkung zeigte. Im konventionellen Bereich – Soldaten, Panzer, Artillerie – war der Warschauer Pakt seit eh und je drückend überlegen. Schmidt forderte in London, der Westen müsse etwas unternehmen. Am besten sei es, die SS-20 in den SALT-Prozeß einzubeziehen und die konventionellen Disparitäten abzubauen, etwa durch asymmetrische Reduktionen. Genau daran versuchte man sich aber seit fünf Jahren erfolglos im Rahmen der MBFR-Verhandlungen in Wien. Schmidts Londoner Alleingang stieß bei den Verbündeten anfänglich auf Unverständnis und in der SPD auf dauerndes Unbehagen. Brandt befürchtete, daß die Ungleichgewichte am Ende nicht durch eine gemeinsame Abrüstung, sondern durch westliche Aufrüstung beseitigt würden.

Alle hatten noch die schrille Debatte des Sommers 1977 um die »Neutronenbombe« im Ohr, eine Miniaturkernwaffe mit erhöhter Strahlung und konzentrierter Wirkung. Westliche Militärexperten waren sich einig, mit dieser Waffe die

Kremlführer davon abschrecken zu können, ihre Panzerarmeen jemals gen Westen rollen zu lassen. Sie sei eine »Perversion des Denkens«, stöhnte allerdings Egon Bahr, der SPD-Bundesgeschäftsführer. Helmut Schmidt hingegen plädierte für ein bedingtes »Ja« zur neuen Waffe, die gut in seine Gleichgewichtslogik paßte und zudem als wichtiger Trumpf bei Abrüstungsverhandlungen dienen konnte. Entscheiden mußte natürlich Washington. Aber kaum hatte der Kanzler die widerstrebende SPD in die Pflicht genommen und die Zustimmung des Parlaments eingeholt, ließ Präsident Carter die Neutronenbombe wie ein heißes Eisen fallen. Die Nerven lagen blank. Schmidts Vertrauen in Carter war dahin, sein Ruf in der eigenen Partei ramponiert.

Die Ostpolitik, Brandts Lebenswerk, stand ohnehin auf der Kippe. Die Sowjetunion hatte die Schwächephase der USA nach Vietnam und Watergate zu einer politisch-militärischen Offensive in der Dritten Welt genutzt: in Ägypten, Indien, dem Irak, in Somalia, Angola, Mosambik, Äthiopien, Syrien, dem Kongo – die Liste ließe sich fortsetzen. Dazu kam ein ehrgeiziges nukleares und obendrein ein maritimes Rüstungsprogramm einschließlich neuer Flugzeugträger. Offensichtlich hatte Moskau die Lektion der Kuba-Krise, als ein paar amerikanische Kreuzer die sowjetischen Raketenfrachter zum Abdrehen zwangen, mittlerweile gelernt und Schlußfolgerungen gezogen. Die selbstbewußte Kremlführung steuerte einer Machtprobe entgegen, die sich erst im nachhinein als ruinös erweisen sollte.

In Washington hatte man sich die Entspannung anders vorgestellt. Präsident Jimmy Carter legte den Hebel um, gab neue Raketen, U-Boote und Bomber in Auftrag. Sein republikanischer Nachfolger Ronald Reagan sollte sogar ganz auf militärische Stärke setzen. Für die Bundesrepublik, den halbsouveränen, geteilten Frontstaat an der Ostgrenze des Westens, taugten solche Muskelspiele nicht. Andererseits war man der wichtigste europäische NATO-Partner der Amerikaner. Schon im Blick auf Washington konnte Schmidt die sowjetischen Rüstungen nicht ignorieren. Sophistische Diskussionen, ob die Entspannung nun teilbar sei oder nicht, formulierten das Problem, nicht die Lösung.

Mit der Londoner Rede hatte der Kanzler einen Stein ins Wasser geworfen, der große Wellen schlug. Im Januar 1979 bat sein Freund Giscard zu einem exklusiven Vierer-Treffen auf der französischen Antilleninsel Guadeloupe. Neben Carter und Callaghan war mit Schmidt auch ein nuklearer Habenichts geladen. Das Quartett gebar die Idee des »NATO-Doppelbeschlusses«: eine Stationierungsoption, gekoppelt mit einer zeitlich befristeten Abrüstungsinitiative. Die Aufstellung neuer Raketen brauchte sowieso einige Jahre Vorlauf. Warum sollte man sie nicht zu Verhandlungen nutzen, die vielleicht die Stationierung entbehrlich machten? Schmidt stellte Bedingungen: Im Falle des Falles dürften die neuen Systeme nicht nur auf deutschem Boden stehen. Vielmehr müsse eine Art Risikogemeinschaft angestrebt werden.

So kam es dann auch. Am 12. Dezember 1979 hob die NATO in Brüssel den »Doppelbeschluß« aus der Taufe. 108 *Pershing II*-Startrampen sollten in der Bundesrepublik installiert werden, 464 Marschflugkörper, *Cruise Missiles* genannt, auch in Großbritannien, Italien und den Benelux-Staaten – wenn, ja wenn die Sowjetunion den zweiten Teil des Beschlusses, »so bald wie möglich« Verhandlungen aufzunehmen, in den Wind schlagen sollte. Leider sprach alles dafür. Schmidt hatte Breschnew mehrfach mit Engelszungen den Ernst der Lage zu erklären versucht, zuletzt im Mai 1978 in Bonn. Vergebens. Der Kremlchef, »sehr gealtert und offensichtlich krank«, wie Schmidt bemerkte, reagierte mit verständnislosem Ärger. In Europa bestehe, meinte er, ein »annäherndes Gleichgewicht«. Dabei blieb er. Als Breschnew drei Jahre später und nunmehr todkrank ein letztes Mal nach Bonn kam, wiederholte sich die bedrückende Szene.

Der Dezember 1979 war ein schlechter Monat für Entspannungs- und Abrüstungshoffnungen. Am Weihnachtstag ließ Moskau Elitetruppen in Afghanistan einmarschieren und verschob damit die Pflöcke im globalen Machtkampf zuungunsten der USA. Carter befürchtete einen strategischen Vorstoß der Sowjetunion auf die Golfregion und beklagte die schwerste »Bedrohung des Weltfriedens seit dem Zweiten Weltkrieg«. Der sowjetische Botschafter flog nach Hause, der amerikanische Senat ließ das SALT II-Abkommen platzen. Das Entspannungsjahrzehnt war vorbei.

In der SPD machte sich Unruhe breit. War die Ostpolitik, war die Entspannung ein Holzweg gewesen, der nirgendwohin führte, oder eine bloße Fußnote der Geschichte? Es begann sich zu rächen, daß der Kanzler nie sonderlich Wert darauf gelegt hatte, von seiner Partei geliebt zu werden. Der Doppelbeschluß löste eine riesige Protestwelle aus, die erst die Fundamente der SPD, dann die der sozial-liberalen Koalition unterspülte. Willy Brandts Bereitschaft, gegen die Fluten anzukämpfen, den Kanzler und die Regierung abzuschirmen, sank in dem Maße, wie er selbst zum neuen, alten Hoffnungsträger der desorientierten Sozialdemokraten wurde. So weit wie Adenauer mit Erhard ging er mit seinem Nachfolger freilich nicht.

Schon Schmidts Wirtschafts- und Finanzpolitik hatte die Herzen der SPD verfehlt. Für seine Sicherheitspolitik, die nun womöglich dazu führte, daß »auf jedem Hausdach eine Rakete steht«, wollte erst recht niemand den Kopf hinhalten – von Verteidigungsminister Hans Apel und einem überschaubaren Häuflein Getreuer einmal abgesehen. Im Bundestagswahlkampf des Herbstes 1980 schlossen sich die Reihen ein letztes Mal. Das lag am Herausforderer. Der umstrittene, widersprüchliche Choleriker Franz Josef Strauß machte es vielen leicht, für den brillanten, souveränen Helmut Schmidt zu stimmen. »Den Frieden wählen. Statt Strauß«, empfahl die SPD-Zentrale.

Der Kanzler wucherte mit dem Pfund seiner außenpolitischen Kompetenz, verständlich, aber nicht ohne Risiko. Denn der Sommer 1980 brachte die polnische Krise zum Überkochen. Es gab Streiks, Proteste, Massenunruhen. Partei- und Staatschef Gierek mußte abtreten. Schmidt sagte seinen DDR-Besuch ab. Der »polnische Bazillus« grassierte im

Ostblock. Moskau verhängte eine Informationsblockade. Die DDR erhöhten den Mindestumtauschsatz, Honecker stellte seine alt-neuen Forderungen: Anerkennung der DDR-Staatsbürgerschaft, Botschaften anstelle der Ständigen Vertretungen und so fort. Überall und immer wieder stellte man sich die bange Frage: Werden die Sowjets in Polen einmarschieren?

Über seinen zweiten Wahlsieg, immerhin 42,9 Prozent, konnte sich der Kanzler nicht recht freuen. Es wurde zusehends einsamer um ihn. Von Brandt zumindest nicht gebremst, profilierte sich vor allem Erhard Eppler auf Kosten des Kanzlers. Nie habe sich eine »solche Atmosphäre geistiger Öde verbreitet« wie nach dessen Regierungserklärung vom 24. November 1980, meinte der streitbare Schwabe. Die SPD wurde sichtlich zwischen Regierung und Anti-Raketen-Bewegung aufgerieben, bangte um ihre Identität als Friedenspartei. Eppler warb offen für ein »Nein« zum Doppelbeschluß. Der 10. Oktober 1981 sah ihn an der Spitze von fünfzig SPD-Bundestagsabgeordneten auf der ersten Großdemonstration der Friedensbewegung. Die bis zu 300 000 im Bonner Hofgarten Versammelten hingen an seinen Lippen. Brandt konnte es nicht verhindern, wollte es auch nicht. Zwei Jahre später stand er selbst auf der Tribüne. Aber da war Schmidt schon nicht mehr Kanzler.

Der lange Abschied von der Macht hatte für Helmut Schmidt und die SPD spätestens nach dem Wahlsieg gegen Strauß begonnen. Er vollzog sich auf Raten. Diplomatische Achtungserfolge – etwa Schmidts Vermittlungsmissionen in Moskau und Washington und der Besuch Leonid Breschnews in der Bundesrepublik Ende November 1981 – verschafften dem Kanzler zu Hause keine Luft. Die händeringend erwarteten Verhandlungen über die leidigen Mittelstreckenraketen begannen zwar am 30. November 1981 in Genf. Aber Moskau und Washington tauschten lediglich Maximalpositionen aus. Ronald Reagans spektakulärer Vorschlag einer »Null-Lösung« – keine westliche Nachrüstung, wenn Moskau sämtliche Mittelstreckenraketen verschrotte – wurde selbst von NATO-Partnern für einen Propagandatrick gehalten. Die britische Premierministerin Margaret Thatcher stimmte in der Hoffnung zu, »die Sowjets würden diese Regelung ohnehin nicht akzeptieren«. Damit sollte sie Recht behalten. Auf Leonid Breschnew war Verlaß: Reagans Vorschlag schmetterte er brüsk als »Verhöhnung unseres Verstandes« ab.

Schmidt mußte zur Kenntnis nehmen, daß der Einfluß eines deutschen Kanzlers auf die Nuklearpolitik der Supermächte gegen Null tendierte. Den gewaltigen Erwartungen, die allen voran die SPD in ihren »Weltstaatsmann« setzte, tat dies keinen Abbruch. Immerhin ermöglichte die ansatzweise erkennbare Gesprächsbereitschaft zwischen Moskau und Washington jetzt eine Annäherung auf der untergeordneten deutsch-deutschen Ebene.

Seit Schmidts erstem Treffen mit Honecker in Helsinki 1975 waren mittlerweile sechs Jahre verstrichen. 1980 hatte man einander kurz am Sarg Titos in Belgrad getroffen. Der sowjetische Einmarsch in Afghanistan und die lange schwelende Polen-Krise machten zweimal einen Strich durch Schmidts Reisepläne in die DDR. Doch dann besuchte er vom 11. bis 13. Dezember 1981 endlich den zweiten deutschen Staat. Im verschneiten Jagdschlößchen Hubertusstock am Werbellinsee feilschte er viele Stunden mit Erich Honecker über humanitäre Fragen, den NATO-Doppelbeschluß, die Rolle der Deutschen in Europa, eine wirtschaftliche Kooperation. Schmidts Kalkül war: »Ich wollte helfen, das Selbstwertgefühl Erich Honeckers im internationalen Kontext zu heben und die Minderwertigkeitskomplexe der DDR-Führung abzubauen; dadurch hoffte ich zu einer wachsenden Souveränität und Großzügigkeit der DDR-Führung im Umgang mit den von ihr regierten Bürgern beizutragen.«

Der Kanzler hoffte also auf Wandel durch Annäherung oder auf Liberalisierung durch Stabilisierung. Das war eine eher zweifelhafte Hypothese, aber eine bessere kannte niemand. Vermutlich gab es auch keine. Schmidt wußte, daß

*In der Schorfheide: Bundeskanzler Helmut Schmidt zu Besuch bei Erich Honecker, dem Staatsratsvorsitzenden der DDR, Dezember 1981*

mit Honecker, der den deutsch-deutschen Gipfel als persönlichen Erfolg, allemal als Prestigegewinn empfinden mochte, keine Durchbrüche zu erreichen waren. Unterm Strich blieb wenig: die Verlängerung des zinslosen Überziehungskredits für Ost-Berlin, einige kosmetische Verbesserungen in Sachen Handel, Post und Verkehr. Und ein schaler Nachgeschmack. Denn in der Nacht zum 13. Dezember verhängte General Jaruzelski das Kriegsrecht über Polen.

Schmidt setzte seinen Besuch trotzdem fort. In Güstrow, wohin ihn seine Vorliebe für den expressionistischen Bildhauer Ernst Barlach geführt hatte, zog der Kanzler durch eine ausgestorbene Gespensterstadt. Alles war abgeriegelt, die Bevölkerung hatte Straßenverbot, bestellte Claqueure ließen Honecker hochleben. Von einem entspannten Umgang mit dem eigenen Volk konnte keine Rede sein. Dennoch mußte der Kanzler gute Miene zum bösen Spiel machen. Es wäre ein schwerer Fehler gewesen, den Besuch abzubrechen, sagte er später.

Aus den matten Ergebnissen seiner Expedition konnte der Kanzler zu Hause keine innenpolitischen Funken schlagen. Außerdem wuchs die Arbeitslosigkeit stetig an, das Haushaltsloch ebenfalls. Die internen Zerreißproben sowohl in der SPD als auch in der sozial-liberalen Koalition gewannen an Schärfe. Am 5. Februar 1982 versuchte Schmidt einen ungewöhnlichen Befreiungsschlag. Er stellte dem Bundestag – und damit der eigenen Fraktion – die Vertrauensfrage. Die Abgeordneten der Regierungsfraktionen gaben dem Druck notgedrungen nach und sprachen dem Kanzler mit 269 gegen 224 Stimmen das Vertrauen aus.

Eines seiner Hauptprobleme sah der Kanzler zweifellos in der SPD. Im Parteivorstand und in der Fraktion malte er ein Menetekel nach dem anderen an die Wand. Das Jahr 1982 werde »über die weitere Regierungsfähigkeit unserer Partei entscheiden«. Bei einem Scheitern müsse man sich auf »eine nach Jahrzehnten zu bemessende Oppositionsrolle einrichten«. Mit beiden Prognosen sollte Helmut Schmidt mehr

*Bereit für größere Aufgaben: Oskar Lafontaine, Oberbürgermeister von Saarbrücken und kommender Parteivorsitzender der SPD, September 1983*

recht behalten, als ihm lieb sein konnte. Willy Brandts persönliche Prioritäten – erst die Partei, dann die Regierung – schimmerten zwischen seinen vieldeutigen Solidaritätsbekundungen für den Kanzler immer stärker hervor. Er hielt Schmidt den Rücken frei – mit Bauchschmerzen, das sah jeder. Die eigentliche Nagelprobe, nämlich die Abstimmung über die Raketenstationierung, hatten die Genossen in weiser Vorahnung auf die lange Bank geschoben: ein entsprechender Sonderparteitag sollte erst im Oktober 1983 stattfinden. Insofern blieb die Zustimmung für Kanzler und Regierung auf dem Münchener Parteitag vom April 1982 ein Muster ohne dauerhaften Wert.

In der Partei rumorte es. Der Saarbrücker Oberbürgermeister und saarländische SPD-Vorsitzende Oskar Lafontaine, damals noch am Anfang seiner schillernden Karriere, kritisierte den Kanzler schroff: Helmut Schmidt spreche von Pflichtgefühl, Berechenbarkeit, Machbarkeit, Standhaftigkeit. Das seien Sekundärtugenden. »Ganz präzis gesagt: Damit kann man auch ein KZ betreiben.« Schmidt verzieh ihm diesen Fauxpas nie.

Anlaß für Lafontaines Entgleisung war die Einigung zwischen SPD und FDP über den Haushalt 1983 gewesen. Sie sollte eine der letzten gemeinsamen Entscheidungen werden. Die Koalition schwankte. Die Gemeinsamkeiten in der Wirtschafts- und Finanzpolitik schwanden dahin wie Schnee in der Maisonne. Die zweite Ölkrise wirbelte alle Sanierungspläne durcheinander, die Rezession kehrte zurück. Allgemeines Frösteln. »Unser Stern verblaßt«, erkannte Verteidigungsminister Hans Apel, ein alter Freund des Kanzlers. Hans-Dietrich Genscher, Außenminister und FDP-Chef, registrierte kühl den Verfall und streckte seine Fühler zu Helmut Kohl und der CDU aus. Schließlich mußte man in der FDP sehen, wo man blieb. An der Macht, im Zweifelsfalle. »Eine Wende ist notwendig«, hatte er schon im August 1981 vage geweissagt. Wo und wohin genau, behielt er lieber für sich. Klare Worte waren seine Sache nie.

Der Kanzler erkrankte schwer, litt unter Ohnmachtsanfäl-

*Bonn, 10. Oktober 1981: Fast 300 000 Gegner des NATO-Doppelbeschlusses sind Vorboten des Endes der sozial-liberalen Koalition*

len und Herzattacken. In den letzten Jahren war er mehrfach zusammengebrochen. Mitte Oktober 1981 hatte er sich im Koblenzer Bundeswehrkrankenhaus einen Herzschrittmacher implantieren lassen müssen. Danach rappelte er sich wieder auf, eilte von einer Krise zur nächsten, versuchte Löcher zu stopfen. 1982 griff die Rezession beängstigend um sich. Die Haushaltsberatungen für 1983 machten die tiefe Kluft zwischen SPD und FDP sichtbar. Warum ausgerechnet jetzt milliardenschwere Nachrüstungsprogramme beschlossen werden sollten, fragten sich nicht nur die Aktivisten der Anti-Raketenbewegung.

Der freidemokratische Wirtschaftsminister Otto Graf Lambsdorff hielt es für unvermeidlich, das soziale Netz zu überprüfen. Im September 1982 provozierte er die Sozialdemokraten mit einem wirtschaftsliberalen Radikalkonzept, das als »Scheidungsbrief« in die Geschichte einging. Sein Grundtenor war: Erst komme die Wirtschaftssanierung, dann die Sozialpolitik. Oskar Lafontaine goß erneut Öl ins Feuer: Die SPD müsse »raus aus der Regierung in Bonn«, eine Regeneration sei nur in der Opposition möglich.

Der Kanzler wußte nun, daß es zu Ende ging. Ihm lag daran, das Heft bis zum Schluß in der Hand zu behalten, den Schwarzen Peter der FDP und Hans-Dietrich Genscher zuzuschieben, die ihn seiner Überzeugung nach unbedingt verdienten. An seinem Stuhl, behauptete er, klebe er nicht. Als der Untergang der Koalition nahte, zeigte sich Schmidt noch einmal voll an Deck. Bei Krisen war er immer in seinem Element. Am 17. September 1982 ließ der Kanzler im Bundestag die Bombe platzen, erklärte die sozial-liberale Koalition, »eine geschichtliche Epoche in der Entfaltung unseres demokratischen Gemeinwesens«, für beendet, und räumte ein, daß sich die Sozialdemokratie in einem handfesten politischen Tief befinde.

Genscher war zu diesem Zeitpunkt schon nicht mehr Außenminister. Am Morgen des gleichen Tages war er schnell noch um seine Entlassung eingekommen, gefolgt von den drei anderen FDP-Ministern. Andernfalls hätte Schmidt sie vor die Tür gesetzt. Der Kanzler wurde in Personalunion Außenminister, die drei vakanten Ressorts übernahmen SPD-Minister zusätzlich. Heraus kam ein kurzlebiges Rumpfkabinett. Denn die Mehrheit war dahin. Schmidts weiterer Fahrplan orientierte sich am Grundgesetz. Er sah als nächste Stationen die Vertrauensfrage, die Auflösung des Bundestages und schließlich Neuwahlen binnen sechzig Tagen vor, also Mitte November. Man mußte kein Prophet sein, um diesen weiteren Verlauf für unwahrscheinlich zu halten.

Kohl und Genscher schmiedeten nämlich längst hinter den Kulissen in aller Ruhe eine konservativ-liberale Koalition. Die Initiative lag ganz bei ihnen. Den angeschlagenen Regierungschef spannten sie damit auf die Folter. Kanzlerdämmerung in Bonn. Nichts ging mehr. Er amtiere auf »konstruktiven Abruf«, unkte Schmidt bitter. Abwarten, Zuschauen müssen, lag ihm gar nicht. Dann kam der 1. Oktober 1982 im Bundestag. Auf der Tagesordnung des Parlaments stand nur ein einziger Antrag, und zwar aus den Federn der Fraktionen von CDU/CSU und FDP: »Der Deutsche Bundestag spricht Bundeskanzler Helmut Schmidt das Mißtrauen aus und wählt als seinen Nachfolger den Abgeordneten Dr. Helmut Kohl zum Bundeskanzler.«

Vorher durfte Helmut Schmidt sein politisches Vermächtnis zu Protokoll geben, dessen Schlußsatz lautete: »Jedermann darf und jedermann muß mit unserer Stetigkeit rechnen.« Was sollte das in der gegebenen Situation heißen? Es klang vielen Sozialdemokraten seltsam in den Ohren, hatten sie doch ihrem Kanzler, namentlich in der Sicherheitspolitik, die Gefolgschaft längst offensichtlich verweigert. Kohl und seine Leute – nicht die SPD – würden den Doppelbeschluß realisieren, das war gar keine Frage. Oft genug hatte der Pfälzer es versprochen. Der Wechsel der Innenpolitik garantierte paradoxerweise die Kontinuität der Außenpolitik. Das mußte auch Helmut Schmidt anerkennen. »Nahtlos fortgeführt« habe Kohl seine Linie, sagte er später.

Um 15.12 Uhr war es soweit. Präsident Stücklen gab das Ergebnis bekannt. Von 495 Abgeordneten hatten 256 mit Ja gestimmt: »Ich stelle fest, der Abgeordnete Dr. Helmut Kohl ist zum Bundeskanzler der Bundesrepublik Deutschland gewählt.« Schmidt erstarrte zur Salzsäule. Ob er die achteinhalb Jahre seiner Kanzlerschaft Revue passieren ließ, die in diesem Augenblick zu Ende gingen? Erst Minuten später raffte er sich auf, steuerte schwerfällig seinen umjubelten Nachfolger an und gratulierte mit einem sparsamen Handschlag. Danach verließ er fast unbemerkt den Saal. Niederlagen machen einsam.

Sein Sturz sei zur einen Hälfte von seiner eigenen Partei vorbereitet, zur anderen von der FDP vollzogen worden, schrieb er später. Willy Brandt verzieh er dessen »späten Frontwechsel«, wie er es nannte, erst Jahre später, kurz vor dessen Tod. Konsequenterweise zog er sich aus allen Parteiämtern zurück. Der schwerkranke Herbert Wehner schied im März 1983 aus dem Fraktionsvorsitz. Mit der legendären Troika ging eine Ära zu Ende. Brandt war der letzte politisch Überlebende. Was brachte das der Partei, dem Staat? Von der neuen Konstellation hielt jedenfalls Schmidt herzlich wenig und machte keinen Hehl daraus: »Die sozialdemokratischen Wahlergebnisse der vier Bundestagswahlen nach 1982 sind dementsprechend enttäuschend ausgefallen.« Das lag aber nicht nur an der SPD.

Helmut Kohl hatte es geschafft. Die Gratulationen seiner beiden sozialdemokratischen Amtsvorgänger nahm er mit sichtlicher Genugtuung entgegen. Ihn selbst hatte sein Triumph wohl am wenigsten überrascht, so sicher, wie er sich und seiner Sache immer war. Kanzler werden – das lag jetzt hinter ihm. Kanzler bleiben – hier sollte er alle Rekorde brechen, sogar den seines großväterlichen Vorbilds Konrad Adenauer.

Am Anfang sah es allerdings gar nicht danach aus. Drei Tage nach dem ersten erfolgreichen konstruktiven Mißtrauensvotum der Bonner Republik präsentierte Kohl sein erstes Kabinett. Am spektakulärsten – und zugleich ganz selbstverständlich – wirkte die Rückkehr der drei FDP-Minister, die

*Einsam: Kanzler Helmut Schmidt zwischen dem Vorsitzenden seiner Partei und dem seiner Fraktion, Willy Brandt und Herbert Wehner, März 1982*

drei Wochen zuvor im letzten Moment dem Rauswurf durch Schmidt zuvorgekommen waren. Helmut Kohl verlor nie aus den Augen, was er an der FDP hatte. Er pflegte und hegte sie, so einfühlsam wie energisch. Der umtriebige Genscher, am Ziel seiner neuen Wünsche, wurde wieder Außenminister und Vizekanzler, Lambsdorff Wirtschafts- und Ertl Landwirtschaftsminister. Gerhard Stoltenberg übernahm das Finanzressort, Norbert Blüm debütierte als Minister für Arbeit und Sozialordnung, was er, als einziges Mitglied der Kabinette Kohls, sechzehn Jahre lang bleiben sollte. Manfred Wörner zog auf der Hardthöhe ein, Heiner Geißler blieb CDU-Generalsekretär und avancierte zum Minister für Jugend, Familie und Gesundheit. Rainer Barzel, der beim Mißtrauensvotum gegen Willy Brandt dank zweier gekaufter Stimmen tragisch unterlegene Kanzlerkandidat des Aprils 1972, wurde mit dem Ministerium für Innerdeutsche Beziehungen und Ende März 1983 mit dem Präsidentenstuhl des Deutschen Bundestages abgefunden.

Am 13. Oktober trat Helmut Kohl mit seiner ersten Regierungserklärung vor das Plenum. Die innere Lage malte er, bei Machtwechseln nicht unüblich, grau, ja schwarz. Der neue Kanzler gab den sorgenvollen Arzt am Krankenbett der Bundesrepublik. Man stecke »in der schwersten Wirtschaftskrise seit Bestehen« des Landes. Unrecht hatte er damit nicht. Die fetten Jahre waren längst vorüber, ohne daß die großen Interessenverbände und die Bevölkerung das begriffen, ihrem Verhalten zugrunde gelegt hätten. Kohl sah sich vor allem in der Pflicht, »die Arbeitslosigkeit zu bekämpfen«. Im Herbst 1982 waren knapp 1,8 Millionen Menschen arbeitslos gemeldet, etwa zehnmal so viele wie beim Abtritt des letzten christdemokratischen Kanzlers im Oktober 1969. Weiterhin gelte es, sagte Kohl, das »Netz sozialer Sicherheit zu gewährleisten und die zerrütteten Staatsfinanzen wieder in Ordnung zu bringen«. Daran seien Schmidt und seine Mannschaft gescheitert. Von einer »Politik der Erneuerung« war die Rede und von einer »Koalition der Mitte«. Dort schien es eng zu werden. Schon Willy Brandt hatte das

Schlagwort einer »neuen Mitte« benutzt, es freilich anders definiert.

Die eigentliche Ursache der Wirtschafts- und Finanzmisere machte der neue Kanzler in den Köpfen der Deutschen aus. Damit bereicherte er, für viele überraschend, das unerschöpfliche Thema »Macht und Moral« um eine neue Variante. Anders als sein Vorgänger, der sich so vehement geweigert hatte, für die »geistige Führung« seiner Landsleute zuständig zu sein, und der schon gar kein »Volkserzieher« sein wollte, sprach Kohl viel und gern von Werten und ihrer fundamentalen Bedeutung für Politik und Gesellschaft. Eine »geistig-moralische Wende« müsse her, so sein Credo, dann würden sich die wirtschaftlichen Kalamitäten von allein lösen. Als Etikett klang das zunächst nicht schlecht, bei aller Verschwommenheit. Inhalte ließen allerdings auf sich warten, und so geriet das verheißungsvolle Stichwort rasch wieder in Vergessenheit. Es wurde in künftigen Jahren nur noch von Gegnern, und daher höhnisch, zitiert, um zu beweisen, wie wenig intellektuelle und ethische Substanz die Ära Kohl von Anfang an besessen, bewiesen habe.

Kohl versäumte es nicht, Salz in die Wunden einer verunsicherten SPD zu streuen, die in der Außen- und Sicherheitspolitik »ihren eigenen Regierungschef im Stich gelassen« habe. Schmidt sah dies ähnlich. In Kohls Augen war das Bündnis mit den USA der »Kernpunkt deutscher Staatsräson«. Demonstrativ fiel demgemäß sein Bekenntnis zum amerikanischen Präsidenten Ronald Reagan aus, dem neuen starken Mann im Weißen Haus und erklärten Gegner der deutschen Linken und Friedensbewegten. Kohl kündigte an, die »deutsch-amerikanischen Beziehungen aus dem Zwielicht zu befreien«, in das sie zu Zeiten Brandts und Schmidts geraten seien, und die deutsch-amerikanische Freundschaft zu bekräftigen, zu stabilisieren.

Ost- und deutschlandpolitisch setzte Kohl auf bruchlose Kontinuität, was nicht selbstverständlich war für den Vorsitzenden einer Partei, welche die Schlußakte von Helsinki seinerzeit in Bausch und Bogen verdammt hatte – gemeinsam mit den albanischen Kommunisten und den italienischen Neofaschisten. »Wir stehen zu diesen Verträgen und wir werden sie nutzen als Instrumente aktiver Friedenspolitik«, versprach Kohl und griff damit nicht zufällig, schon gar nicht unbedacht, eine von Willy Brandt favorisierte Wendung auf. Bemerkenswert war allerdings eine rhetorische Nuance: Seinen Berichten »Zur Lage der Nation« fügte Kohl wieder demonstrativ die drei Worte »im geteilten Deutschland« an. Von den »Brüdern und Schwestern in der DDR« war künftig häufiger die Rede. Grundtenor seiner ins Auge gefaßten Politik waren die Konsolidierung nach innen, die Kontinuität nach außen.

Leicht tat er sich mit alldem nicht. Kritiker und Spötter aller Sparten konnten sich vor Hohn und Häme gar nicht fassen. Aber auch seriöse Chronisten sprachen geringschätzig vom Winterkanzler und seiner Übergangsregierung. Woran lag das? Kohl war aus ganz anderem Holz geschnitzt als Schmidt: Dieser war ein kühler, schneidiger Machtmanager und scharfzüngiger Rhetor, ein Weltstaatsmann mit Weitblick und brillantem Englisch, ein unduldsamer Kopfmensch voller Fakten, Daten, Sentenzen, dem Kant und Popper ebenso geläufig waren wie Ernst Bloch oder Marc Aurel. Schmidt wirkte wie ein Kosmopolit, er war ein Medienstar. Das alles war Helmut Kohl nicht. So intelligent, auch gebildet er war: Der Pfälzer gab nicht den intellektuellen Überflieger. Unbeholfen, schwerfällig, altmodisch, provinziell wirkte er in Rede und Erscheinung. Er wurde deshalb von seinen innen- und außenpolitischen Gegnern sträflich unterschätzt, schien er doch in eine andere Zeit, auf eine untere Ebene zu gehören.

Helmut Kohl verkörperte auf der einen Seite die Werte der fünfziger Jahre: Familie, Tradition, Religion, Autorität, Heimat, Vaterland. Auf diesen Ton stimmte er seine Reden. In solchen Begriffen fand er sich wieder. Andererseits war er 1969 in Rheinland-Pfalz mit einer wachen, jungen und modernen Regierung angetreten, hatte später mit Kurt Biedenkopf oder Heiner Geißler auch Männer an sich gebunden, die vorausschauend dachten und konzeptionell planten. Von den Medien fühlte sich Kohl meist mißverstanden, war vor ihnen eigentlich immer auf der Flucht: In seinen schlechtesten Zeiten standen 70 Prozent der Medien gegen ihn. Er wehrte sich. Einzelne Vertreter der Zunft boykottierte er ausdauernd. Kohls Weltbild war einfach: Wer nicht für ihn war – und das hieß: loyal, ohne Widerrede –, mußte gegen ihn sein und war demgemäß fernzuhalten, auszuschließen, möglichst mundtot zu machen.

Wie man Macht erwirbt und behält, davon verstand er eine Menge. Sein Machtinstinkt war legendär, trieb ihn zeitlebens an, ließ ihn Niederlagen und Rückschläge, Spott und Hohn wegstecken. Macht hatte für Kohl immer mit Menschen zu tun. Den einen mußte man sie abjagen, die anderen nutzen beim Machterhalt. Auf das Menschlich-Allzumenschliche verstand sich Kohl glänzend. Er wußte Talente an sich zu binden, für sich und seine Zwecke zu instrumentalisieren. Er lese Menschen wie andere Leute Bücher, sagte er oft. Bücher las er auch, viele, gern – besonders natürlich über Menschen: Biographien über Herrscher, Staatenlenker, Feldherren, Kirchenfürsten. Die eigene Partei hatte er im Gegensatz zu Schmidt fest im Griff. Sein elefantenhaftes, im guten wie im bösen nachtragendes Gedächtnis speicherte Namen und Telefonnummern bis hinunter zum Ortsverein. Unermüdlich wob er an einem flächendeckenden Netz von persönlichen Beziehungen. Was vielen Politikern und anderen Personen des öffentlichen Lebens als notwendiges, aber ärgerliches Übel erscheint, war für Kohl sein Element, die wichtigste Kraft- und Machtquelle.

Der Wahltermin wurde schließlich auf den 6. März 1983 festgesetzt. Den Weg dorthin machte Mitte Dezember 1982, wie schon während der Kanzlerschaft seiner Vorgänger Brandt und Schmidt im September 1972 beziehungsweise im Februar 1982, die – verfassungsrechtlich keineswegs unbedenkliche – »negative Vertrauensfrage« frei: Die Abgeordneten der neuen Koalition führten durch Stimmenthaltung die

Auflösung des Bundestages herbei. Auf der Gegenseite hatte Ende Oktober Helmut Schmidt abgewinkt und eine erneute Kanzlerkandidatur nicht nur aus Gesundheitsgründen abgelehnt. Die Partei stand nicht mehr hinter ihm. Einige, so vertraute er seinem ehemaligen Regierungssprecher und Intimus Klaus Bölling an, würfen ihn weg »wie ein verbrauchtes Blatt Löschpapier«.

Einige? Mehr denn je fühlten sich die Sozialdemokraten von Willy Brandt, nicht Helmut Schmidt verstanden und repräsentiert. In einem rückhaltlos offenen Briefwechsel der beiden sozialdemokratischen Altbundeskanzler im Spätherbst 1982 trat der Bruch zwischen ihnen offen zutage. Schmidt müsse »selbst wissen, daß Du ohne mich kaum länger, sondern wohl eher kürzer und vielleicht mit weniger Erfolg im Amt gewesen wärst«, schrieb Brandt. Schmidt antwortete, daß »weder Du noch sonst die Klügeren innerhalb und außerhalb der Partei« daran vorbeisehen konnten, daß »Du tatsächlich ... bis über die Grenzen der Selbstachtung Dich überwinden mußtest, während Du im Innern erkennbar andere Meinungen hegtest«. Das Tischtuch zwischen den beiden war zerschnitten.

Das Angebot an kanzlerfähigem Personal ist am Ende einer langen Regierungsphase in keiner Partei überwältigend. Die SPD der Post-Schmidt-Ära bildete da keine Ausnahme. Schmidt wollte nicht mehr. Johannes Rau, Ministerpräsident in Nordrhein-Westfalen, winkte ab. Schließlich warf Hans-Jochen Vogel seinen Hut in den Ring. Im März 1960 hatte er, 34jährig, mit 64 Prozent der Stimmen die bayerische Hauptstadt erobert, es zum Münchener Oberbürgermeister gebracht und den Sozialdemokraten die Gewißheit vermittelt, daß dem »Genossen Trend« die Zukunft gehöre. Bauminister unter Brandt, Justizminister unter Schmidt und 1981 Regierender Bürgermeister von Berlin, war Vogel gewiß mehr als eine Verlegenheitslösung. Er galt als Integrationsfigur und Brückenbauer – Talente, welche die in alle Richtungen zerfasernde SPD dringend nötig hatte. Das Charisma eines Willy Brandt oder auch Helmut Schmidt jedoch fehlte ihm. Ein Volkstribun war der spröde, pedantische Jurist, der wegen seiner bürokratischen, aktenbezogenen Umgangsformen gelegentlich als »Notar der Nation« bespöttelt wurde, schon gar nicht.

Der Wahlkampf geriet zum »Raketenwahlkampf«, verbiß sich im NATO-Doppelbeschluß. Die SPD versprach, die Stationierung in der Bundesrepublik zu verhindern. »Wer Kohl wählt, bekommt automatisch neue Raketen«, plakatierten die Genossen. Ausgerechnet François Mitterrand, der sozialistische Präsident im Elysée-Palast, warb im Januar 1983 vor dem Deutschen Bundestag jedoch für die Nachrüstung – und damit für die Union, gegen die SPD, zum Verdruß der Sozialdemokraten. Weltanschauliche Affinitäten mit der SPD waren eine Sache, Frankreichs Staatsräson eine andere. Die Antitypen Kohl und Mitterrand fanden rasch Gefallen aneinander und setzten die deutsch-französischen Beziehungen im Stile wie Geiste Konrad Adenauers und Charles de Gaulles, Helmut Schmidts und Giscard d'Estaings fort.

Zu Hause kehrte die CDU/CSU ihre vermeintliche wirtschafts- und finanzpolitische Kompetenz heraus: »Den Aufschwung wählen!« Das überzeugte im März 1983 48,8 Prozent der Wähler. Zur absoluten Mehrheit der Union fehlte nicht viel. Die SPD mußte sich mit 38,2 Prozent begnügen. Den Grünen, die sich Anfang 1980 auf Bundesebene organisiert hatten, glückte erstmals der Einzug in den Bundestag. Mit 5,6 Prozent meisterten sie knapp die Hürde. Auch das war eine Premiere: Erstmalig in der deutschen Nachkriegsgeschichte gelang einer politischen Bewegung mit einer neuartigen Deutung der Wirklichkeit und einem entsprechenden Programm der Sprung in die Reihe der etablierten Traditionsparteien.

Ob sie sich in den parlamentarischen Betrieb einfügen würden, blieb zunächst offen. Die Grünen-Abgeordneten der ersten Generation suchten das Plenum mit dem linkischen Habitus trotziger Exoten zu beeindrucken: mächtige Vollbärte, knallbunte Strickpullover, Sonnenblumen. Eigentlich wollten sie ganz links sitzen, aber die SPD stellte sich quer:

Links von ihnen gebe es nichts. Also mußten die Grünen zur Rechten der Genossen Platz nehmen. Den Debütanten stand langsam, aber unaufhaltsam ein politischer Domestizierungs- und Anpassungsprozeß bevor, an dessen Ende sie sich nicht nur äußerlich kaum mehr von ihrer Konkurrenz unterscheiden sollten.

Willy Brandt räumte zerknirscht ein, seine Partei habe »kräftig eins auf'n Deckel bekommen«, einen Rückfall in die sechziger Jahre erlitten. Unschuldig daran war er nicht. Die Annäherung an die neuen Bewegungen aus Raketengegnern, Umweltschützern und Bürgerinitiativen bezahlte die SPD mit Verlusten bei der Stammwählerschaft. Der Erfolg der Grünen ging auf Kosten der SPD, raubte den Genossen die Mehrheitsfähigkeit aus eigener Kraft. Denn die vielbeschworene Mitte, wie neu sie auch immer sein mochte, wählte eher konservativ.

Helmut Kohl sonnte sich im Erfolg. Einmal mehr hatte er es allen gezeigt. Mochten ihn die Intellektuellen zerpflücken, die Kabarettisten parodieren, die Karikaturisten demontieren – die Wähler wählten ihn. Warum? Er vermittelte in schwierigen Zeiten ein Gefühl der Sicherheit, transplantierte die heile Welt der fünfziger Jahre in die achtziger, in eine Dekade der Unsicherheit und Orientierungslosigkeit. Angst war die Signatur der Epoche. Die Gespenster der Stunde hießen: Atomkrieg, Umweltzerstörung, Rezession, Kriminalität, Arbeitslosigkeit, sozialer Abstieg. Kohls beruhigende Botschaft lautete: Das alles sei halb so schlimm. Es gebe nichts, was mit einer Neu- und Rückbesinnung auf altbewährte, konservative Werte und Tugenden nicht gemeistert werden könne.

Eine Blut-, Schweiß- und Tränen-Rede hielt er jedoch nicht, genausowenig wie sein Vorgänger. Allerdings ist zuzugeben, daß die Lage der Bundesrepublik des Jahres 1983 keinesfalls derjenigen Englands 1940 glich. Krise hin oder her: Es ging nun sachte bergab mit den Westdeutschen. Wer nicht genau hinsah, merkte lange nichts. Man konnte sich einbilden, die Fehlentscheidungen und Mißstände ließen sich mit schlichten Rezepten beseitigen. Politik wurde wieder einfach, der gesunde Menschenverstand Trumpf. Was im Kleinen, im Privaten, in der Familie funktioniere, so Helmut Kohls Credo, könne im Großen, im Staat, in der Innen-, in der Außenpolitik nicht falsch sein. Diese Logik fanden viele Deutsche tröstlicher und anheimelnder als die klaren kühlen Analysen Schmidts. Mit Blick auf den neuen Kanzler stellten scharfzüngige Beobachter bei ihm nicht ohne Überheblichkeit eine geradezu »überdurchschnittliche Durchschnittlichkeit« fest. Das war in Deutschland kein neues Phänomen, wenngleich nicht unbedingt ein Erfolgsgeheimnis. Dieser Kaiser, über den ihr euch so aufregt, schrieb einst Friedrich Naumann über Wilhelm II., »ist euer Spiegelbild«.

Helmut Kohl machte sich aus derlei klugen Spitzfindigkeiten nichts. Die Wirtschaftsdaten kamen ihm zu Hilfe. Eine zaghafte Konjunkturbelebung erlaubte es dem Kanzler, in seiner zweiten Regierungserklärung Anfang Mai 1983 die »Talfahrt unserer Wirtschaft« für beendet zu erklären und dieses Verdienst sich und seiner »Regierung der Mitte« zuzuschreiben. »Der Aufschwung hat begonnen«, rief er. Allerdings erschöpfte sich der Rückgriff auf Ludwig Erhard – »Erneuerung der Sozialen Marktwirtschaft« – in einer durchweg unverbindlichen historischen Reminiszenz. Zur »Aufgabe Nummer eins« erklärte der Kanzler die »Beseitigung der Massenarbeitslosigkeit«, bei der es nicht nur um ein wirtschaftliches Problem gehe, sondern »vor allem um ein Gebot der Mitmenschlichkeit«.

Die außenpolitischen Partien des Kanzlertextes hätten ohne weiteres aus einer Rede Helmut Schmidts stammen können. Zuverlässig, vertragstreu, berechenbar wolle die Bundesrepublik sein, das war sein Grundtenor. »Wir sind keine Wanderer zwischen Ost und West.« Als großes Fernziel nahm der Kanzler Europa ins Visier: »Es ist unsere historische Aufgabe, auf dem Weg der Einigung Europas energisch voranzugehen. Nur ein geeintes Europa kann seinen Aufgaben in der Welt gerecht werden.« Das war kein Lippenbekenntnis. Helmut Kohl, 1930 in Ludwigshafen am Rhein geboren, war 1945 zu jung gewesen, um im letzten

Aufgebot des Naziregimes verheizt zu werden, aber alt genug, um den Krieg als Trauma zu erleben. Sein älterer Bruder war im vorletzten Kriegsjahr gefallen. Die Heimat lag in Trümmern. Ein neuer Krieg, so Kohls frühe Einsicht, könne nur durch die Vereinigung Europas dauerhaft verhindert werden. Damit hatte er schon als Heranwachsender begonnen: Im jugendlichen Überschwang war er mit Schulfreunden zur deutsch-französischen Grenze gezogen und hatte Grenzpfähle herausgerissen.

Es war daher kein Zufall, daß ihn seine erste Auslandsreise als Kanzler bereits am 4. Oktober 1982 zu Präsident Mitterrand nach Paris führte. Es sollte nicht bei bloßen Gesten bleiben. Frühzeitig plante Kohl ein ehrgeiziges Projekt, eigentlich zwei, das seinem innigen Verhältnis zur Geschichte entsprang: Ein »Deutsches Historisches Museum« für Berlin und eine »Sammlung zur deutschen Geschichte seit 1945« für Bonn, die Kohl eines Tages mit einer Strickjacke aus seinem Kleiderschrank bereichern sollte.

Nach der eindeutigen Bundestagswahl vom März 1983 dämmerte auch der SPD, daß Helmut Kohl kein Übergangskanzler sei, sondern fest im Sattel sitze. Herbert Wehner hatte noch zuletzt die düstere Prognose gestellt, daß mit einer mindestens fünfzehnjährigen Oppositionsperiode zu rechnen sei. Er sollte Recht behalten; die Schwäche der SPD sollte lange Zeit zur Stärke der konservativ-liberalen Koalition werden.

Diese sah sich anfangs Problemen gegenüber, die allesamt aus der Konkursmasse der Vorgängerregierung stammten. NATO-Doppelbeschluß, Staatsverschuldung, Rezession, Inflation. Die Arbeitslosenziffer pendelte sich allmählich bei zweieinhalb Millionen ein. Obwohl unter Kohls Ägide keineswegs einschneidende Reformen eingeleitet, bestenfalls Signale gesetzt wurden, kam die Konjunktur wieder in Gang. Stoltenberg leitete eine moderate Steuerreform in die Wege. Kürzungen beim Arbeitslosen- und Kindergeld, Einsparungen bei Beamten und Rentnern sowie die Erhöhung der

Mehrwertsteuer spülten wieder Geld in die klamme Staatskasse. Der defizitäre Außenhandel konnte erneut einen Überschuß von sieben Milliarden D-Mark verzeichnen, das Haushaltsdefizit sank, die Teuerungsrate fiel von über sechs Prozent Anfang 1982 auf unter 3,5 Prozent im Sommer 1983. Die Wirtschaftsweisen prognostizierten übereinstimmend erfreuliche Wachstumsraten und wurden durch den Lauf der Dinge bestätigt. Das hatte vor allem damit zu tun, daß die Weltwirtschaft aus dem tiefen Tal der zweiten Ölpreiskrise wieder herausgefunden hatte. Die Auftragsbücher der exportabhängigen deutschen Industrie füllten sich. Für ökonomische Mißerfolge pflegten alle Bonner Kanzler globale Miseren verantwortlich zu machen, meist zu Recht. Den »Aufschwung« reklamierten sie hingegen mit derselben Selbstverständlichkeit gern für sich, oft zu Unrecht.

Kaum hatte sich das Wahlkampfgetöse gelegt, kam das unselige Raketenthema wieder auf. Die SPD blieb bei ihrer Absage an die Nachrüstung; schließlich mußte man auf keinen Helmut Schmidt mehr Rücksicht nehmen. Egon Bahr empfahl seiner Partei im Sommer 1983 ein »Nein«. Auf dem Kölner Sonderparteitag im November 1983 kam es, wie es kommen mußte: In der Stunde der Wahrheit stand nur noch ein klägliches Häuflein von dreizehn Getreuen mit Helmut Schmidt für den NATO-Doppelbeschluß, darunter bezeichnenderweise die beiden ehemaligen SPD-Verteidigungsminister Georg Leber und Hans Apel. Knapp vierhundert Delegierte stimmten mit Willy Brandt dagegen. Zu sagen hatten sich die beiden Altkanzler jetzt nichts mehr.

In der entscheidenden Abstimmung des Deutschen Bundestages am 22. November 1983 ergab sich jedoch ein ganz anderes Bild. Unter den Bedingungen eines Ausnahmezustands – die Anti-Raketen-Bewegung belagerte das Parlamentsgebäude, das von einem massiven Polizeiaufgebot gesichert werden mußte – paukte Kohls Koalition die Aufstellung neuer Mittelstreckenwaffen auch in der Bundesrepublik mit 286 zu 226 Stimmen gegen SPD und Grüne durch. Über das Ende seiner Amtszeit hinaus hat Kohl diese Umsetzung des Beschlusses als die größte außenpolitische Herausforderung betrachtet, der er sich gegenübergesehen habe, und sie in dieser Hinsicht noch vor die Vereinigung Deutschlands plaziert. Es gibt keinen Grund, an dieser Einschätzung zu zweifeln, und das nicht nur, weil die Geschichte ihm recht gegeben hat.» Gottlob ist die Nachfolgeregierung unter Kohl bei der Stange geblieben«, kommentierte kein Geringerer als Vorgänger Schmidt.

Nach einem unerwartet respektablen Start wurde der sechste Kanzler der Bundesrepublik von einer selbstverschuldeten Pleiten-, Pech- und Pannenserie eingeholt. Den Anfang machte die Affäre um den Vier-Sterne-General der Bundeswehr und stellvertretenden NATO-Oberbefehlshaber Günter Kießling. Aufgrund letztlich unseriöser Zeugenaussagen wurden ihm fälschlicherweise Kontakte zum Kölner Homosexuellen-Milieu unterstellt, was seine unehrenhafte Entlassung zur Folge hatte. Hauptverantwortlicher für den Skandal war Verteidigungsminister Manfred Wörner, der eigentlich hätte zurücktreten müssen.

Helmut Kohls Umgang mit der Affäre Kießling/Wörner war bezeichnend für sein Verständnis von Krisenmanagement, auch von Personalpolitik. Der Kanzler schob die Angelegenheit auf die lange Bank, saß sie aus, hielt an seinem diskreditierten Minister eisern fest. Eine Kabinettsumbildung wollte er unter allen Umständen vermeiden. Kießling wurde am Ende rehabilitiert. Wörner verdankte von nun an seine politische Existenz ausschließlich Helmut Kohl, was durchaus in dessen Sinne war. Später brachte er Wörner in Brüssel als – übrigens allseits respektierten – NATO-Generalsekretär unter.

Die Vorfälle um Wörner und Kießling gerieten rasch in Vergessenheit. Ein anderes, ungleich größeres Kapitel war die sogenannte Parteispendenaffäre. Hier kamen Abgründe der Bonner Parteiendemokratie ans Licht, die Helmut Kohl immer wieder einholen, am Ende seiner Karriere die politische und persönliche Reputation dieses Mannes nahezu

»Gottlob bei der Stange geblieben«: Kanzler Kohl bringt den
NATO-Doppelbeschluss über die parlamentarischen Hürden;
Altkanzler Schmidt bastelt im Plenum eine »Pershing II«,
November 1983

verschlingen sollten. 1983 ging es zunächst um direkte Schwarzgeldzahlungen des Flick-Konzerns an die Bonner Parteien und ihre Spitzenpolitiker – wobei hier offen bleiben muß, inwieweit den Beteiligten die Illegalität ihres Verhaltens klar war oder klar sein mußte. Die Summen flossen, gewaschen oder nicht, in die Parteikassen oder wurden auf dubiosen Konten in der Schweiz und anderswo geparkt.

Vor allem der FDP-Politiker und amtierende Wirtschaftsminister Lambsdorff hatte sich in der Vergangenheit als besonders erfinderisch in der Kunst erwiesen, seiner Partei über ein Adergeflecht aus Briefkastenfirmen und Geldwaschanlagen Bares zuzuleiten, oft und gern am Fiskus vorbei. Lambsdorffs Tarnfirmen stellten Spendenquittungen aus, welche die Spender besser von der Steuer absetzen konnten als direkte Zahlungen an die Parteien. Auch Kohl geriet als bevorzugter Adressat von Spenden der Industrie ins Visier der Ermittler. Konsequenzen mußte vorerst nur Lambsdorff ziehen: Im Sommer 1984 trat er zurück. 1987 wurde er wegen Steuerhinterziehung rechtskräftig zu einer sechsstelligen Geldstrafe verurteilt.

Helmut Kohl leugnete im Juli 1985 jegliche Kenntnis von unlauteren Spenden für die CDU während seiner Mainzer Ministerpräsidentschaft, wobei er nicht nur Barzahlungen von Flick verschwieg, sondern auch eigenen früheren Aussagen widersprach. Sein Gehilfe Heiner Geißler, damals noch treu an seiner Seite, relativierte Kohls partiellen Erinnerungsschwund öffentlich als womöglichen »Blackout«. Die Ermittlungen gegen Kohl wegen uneidlicher Falschaussage wurden 1986 eingestellt. Ende 1999 beglich Geißler, nunmehr mit Kohl heftigst zerstritten, seine alten Rechnungen mit dem Pfälzer und brachte mit wohlgezielten Tips die CDU-Spendenaffäre ins Rollen.

Im Gegensatz zu Helmut Schmidt und zur Mehrzahl seiner Amtsvorgänger gelang es Helmut Kohl in den ersten Jahren seiner Kanzlerschaft nicht, Fehlschlägen daheim durch außenpolitische Prestigeerfolge die Spitze zu nehmen. Im Gegenteil. Anfänglich häuften sich die Mißgeschicke, so beim

Israel-Besuch des als angeschlagen geltenden Kanzlers im Januar 1984. In Erinnerung blieb ein Satz, den Kohl eher beiläufig hatte fallen lassen: In der Nazizeit habe ihn »die Gnade der späten Geburt und das Glück eines besonderen Elternhauses« davor bewahrt, Schuld auf sich zu laden. Über diese Äußerung konnten sich seine Kritiker gar nicht genug empören. Wer dürfe sich, wurde gefragt, schon das eigene Geburtsdatum als Verdienst anrechnen? Seine Gegner wollten nicht wahrhaben, daß es tatsächlich eine glückliche Fügung gewesen war, in den Dämmerstunden des Dritten Reiches nicht noch zum Kriegsdienst eingezogen zu werden. Die weiterhin als unglücklich empfundene Bemerkung verfolgte den Kanzler noch jahrelang und veranlaßte ihn zu immer neuen Rechtfertigungsversuchen in eigener Sache. Dabei stammte die mißverständliche Formel einer »Gnade der späten Geburt« gar nicht von Kohl, sondern von dem sozialdemokratischen Publizisten Günter Gaus.

Die Geburt des Außenpolitikers Helmut Kohl stand zu jener Zeit noch in den Sternen. Das hatte damit zu tun, daß seine Amtsvorgänger Willy Brandt und Helmut Schmidt hier eine besonders gute Figur gemacht und die Meßlatte damit in beträchtliche Höhe gelegt hatten. Zudem übernahm mit Bundespräsident Richard von Weizsäcker ausgerechnet ein ehemaliger Protegé und jetziger Konkurrent Helmut Kohls die nach Schmidt unbesetzt gebliebene Rolle eines deutschen Weltstaatsmannes und aufgeklärten Kosmopoliten. Der vornehme, stilsichere von Weizsäcker, seit Juli 1984 im Amt, traf den Ton, den Kohl – vorerst – verfehlte. Er hielt die Reden, die man gerne von Kohl gehört hätte. Kein Wunder, daß sich die beiden untereinander immer weniger einig waren.

Seine erste, halbwegs gelungene Aktion auf dem unerwartet tückischen internationalen Parkett verdankte Kohl dem französischen Staatspräsidenten François Mitterrand. Er hatte ihm schon im Januar 1983 im Bundestag mit seinem Plädoyer für die Nachrüstung unter die Arme gegriffen. Im September 1984 lud Mitterrand den Kanzler zur Trauer- und

»Gemeinsam gedenken wir...«: Der französische Staatspräsident François Mitterand und Bundeskanzler Helmut Kohl auf den Schlachtfeldern der Weltkriege, Verdun 1984

Versöhnungsfeier auf das Schlachtfeld von Verdun. Bei der Inszenierung der großen historischen Geste – Kohl und Mitterrand Hand in Hand auf dem Soldatenfriedhof von Douaumont – blieb nichts dem Zufall überlassen. Damit mochte es zusammenhängen, daß das Bild dieser Szene nicht zu einer ähnlichen Ikone wurde wie der berühmte Kniefall Brandts in Warschau. Die seltsam disproportionierte Erscheinung der Akteure, hier der hünenhafte Kohl, dort der feingliedrige Mitterrand, tat ein übriges.

Die nächste geschichtsträchtige Inszenierung von Versöhnung, diesmal mit dem amerikanischen Präsidenten Ronald Reagan, Kohls ureigene Idee, wurde im Kanzleramt vorbereitet. Für das Treffen der beiden Staatsmänner zum vierzigsten Jahrestag des Kriegsendes hatte Kohl den Soldatenfriedhof von Bitburg in der Eifel bestimmt. Bei dieser Planung wurden allerdings 48 Gräber von Angehörigen der Waffen-SS übersehen. Als das der Weltöffentlichkeit bekannt wurde, war es schon zu spät. Kohl konnte nicht mehr zurück, das Programm stand fest. Auch Reagan, der bereits einen Besuchstermin in einem Konzentrationslager abgelehnt hatte, mußte seinem Gastgeber zuliebe den heiklen Termin wahrnehmen. Er rechtfertigte ihn sogar souverän. Mit steinernen Mienen stapften beide durch das Gräberfeld, doch Sinn und Zweck der Aktion waren verfehlt. Im In- und Ausland herrschte Empörung. Drei Tage später, am 8. Mai 1985, gelang es Richard von Weizsäcker in seiner Gedenkrede zum vierzigsten Jahrestag des Kriegsendes, die Wogen halbwegs zu glätten, die widersprüchlichen Erfahrungen und Empfindungen des Kriegsendes souverän im Zusammenhang zu würdigen.

Anderthalb Jahre darauf geriet der promovierte Historiker Helmut Kohl in noch größere Bedrängnis: Im Kreml hatte das Interregnum der todkranken Greise inzwischen sein Ende gefunden. Im November 1982 war Breschnew nach langem Leiden verstorben. Es folgten der kranke Andropow und, im Februar 1984, der schwerkranke Tschernenko, dessen Tod ein Jahr später, am 10. März 1985, bekanntgegeben wurde. Keine vierundzwanzig Stunden später verfiel das Politbüro von einem Extrem ins andere. Mit dem 54jährigen Michail Gorbatschow wählte es einstimmig einen für sowjetische Verhältnisse jungen Mann zum Generalsekretär. Der Neue, gelernter Jurist und ein Mann der Partei, des Systems, forderte »neues Denken« im Zeichen von »Perestroika« und »Glasnost«. Das irritierte alle Beobachter. Ein demokratischer Kommunismus gleiche einem gebratenen Schneeball, hatte Jahre zuvor der polnische Philosoph Leszek Kolakowski geschrieben. Konnte Gorbatschow Schneebälle braten? Wollte er es überhaupt? Das waren offene, große Fragen. In jedem Fall setzte er mit unorthodoxen Verhandlungsvorschlägen und einer Charme-Offensive den Westen sanft unter Druck.

Helmut Kohl sah in dem neuen Mann in erster Linie ein Genie der Propaganda in eigener Sache. Damit hatte er so Unrecht nicht. Zur Veranschaulichung bemühte er jedoch einen historischen Vergleich, der irritierte: Auch Joseph Goebbels, sagte er am Rande eines Interviews, sei ein »Experte für Öffentlichkeitsarbeit« gewesen. Zwar hatte er diese Äußerung *off the record* gemacht. Aber natürlich kam sie durch die geschwätzige Medienwelt sogleich in die Öffentlichkeit. Daraufhin stellte der Kreml bis auf weiteres die Spitzenkontakte mit der Bundesrepublik ein und zog es vor, die Ergebnisse der nächsten Bundestagswahl im Januar 1987 abzuwarten.

Während der Kanzler auf dem weltpolitischen Parkett vorerst mit wenig Fortune agierte, hatten seine Kritiker und Widersacher Hochkonjunktur. Richard von Weizsäcker reiste nicht nur im Oktober 1985 nach Israel und klebte Pflaster auf die Wunden, die Kohl hinterlassen hatte, sondern im Juli 1987 in Begleitung Genschers in ähnlicher Mission nach Moskau. Franz Josef Strauß, zweifelsohne die imposanteste Gestalt unter den Widersachern Kohls, nutzte das vom Kanzler erzeugte außenpolitische Vakuum auf seine Weise. Noch vor Kohl erhielt er einen Termin bei Gorbatschow und ließ es sich nicht nehmen, höchstpersönlich im Dezember 1987 ein winziges Sportflugzeug nach Moskau zu steuern.

*Der Kanzler und sein Widersacher: Helmut Kohl mit Franz Josef Strauß auf gemeinsamer Wanderschaft, 1984*

Schon Jahre zuvor war er durch überraschende ostpolitische Aktivitäten aufgefallen. Im Sommer 1983 hatte sich Strauß zur Verblüffung politischer Freunde, die ihn als strammen Antikommunisten schätzten, als Devisenbeschaffer der DDR hervorgetan. Zusammen mit dem zwielichtigen SED-Finanzjongleur Alexander Schalck-Golodkowski fädelte er einen Milliardenkredit für die klammen Ost-Berliner Kommunisten ein. Eine zweite Milliarde folgte 1984. Die Bundesregierung bürgte für die eigenwillige Transaktion. Wie sich im nachhinein herausstellte, rettete damit ausgerechnet Strauß die praktisch bankrotte DDR vor der Pleite; Ost-Berlin wurde vorerst wieder liquide und kreditwürdig. Vor allem hatte Strauß mit seinem Coup parallele Planspiele des Kanzleramts unterlaufen und damit seinen Erzrivalen Kohl ausgestochen. An konkrete Bedingungen knüpfte sich der Kredit nicht. Immerhin ließ das Politbüro die Selbstschußanlagen entlang der innerdeutschen Grenze abmontieren – eine Geste an Strauß, mehr nicht. Im September 1985 traf er sich erstmals mit Honecker, der mittlerweile ein gefragter Gesprächspartner für Bonner Politiker jeder Couleur geworden war. Wer Tacheles erwartet hatte, wurde enttäuscht: »So provokatorische Fragen wie Schmidt« habe der Gast nicht gestellt, berichtete der SED-Chef seinem Politbüro.

Für Helmut Kohl wurde es eng. Die Fäden schienen ihm aus der Hand zu gleiten. Auf der Habenseite stand außer der Durchsetzung des NATO-Doppelbeschlusses wenig. In der Union begann sich eine Fronde aus alten wie neuen Kritikern und Gegnern zu formieren. Neben von Weizsäcker und Strauß zählten der ehemalige CDU-Generalsekretär Kurt Biedenkopf und der baden-württembergische Ministerpräsident Lothar Späth dazu. Beide glaubten, dem Kanzler intellektuell weit überlegen zu sein. Kohl und seine Partei steckten in der Krise, die Wählergunst drohte abhanden zu kommen.

Unter diesen Vorzeichen nahte die Bundestagswahl 1987. Wenn es ums Ganze, um die Macht ging, lief Helmut Kohl regelmäßig zu großer Form auf. Er tat, was er am glaubwürdigsten konnte: Er versprach Sicherheit. Die Wirtschaftsdaten widerlegten ihn zumindest nicht, von den mittlerweile über 2,5 Millionen Arbeitslosen abgesehen. Die überwältigende Mehrheit der Deutschen jedoch war nicht arbeitslos und hörte Kohls Slogan »Weiter so, Deutschland« gern. So hielten sich am Wahlsonntag, dem 25. Januar 1987, die Überraschungen in Grenzen. Die Union fuhr eher dürftige 44,3 Prozent ein, verlor mithin 4,5 Prozent gegenüber 1983 – eine Quittung auch für Kohls Pleiten und Pannen. Die SPD allerdings blieb mit ihren 37 Prozent weit von der absoluten Mehrheit entfernt. Von der Schwäche der großen profitierten die kleinen Parteien. Die FDP verbesserte sich auf 9,1, die Grünen auf 8,3 Prozent. Der Kanzler war mit einem blauen Auge davongekommen.

Die Koalitionsverhandlungen mit dem erstarkten Juniorpartner FDP verliefen außergewöhnlich zäh. Es gab nichts, worüber nicht gestritten wurde: Personalien, Renten- und Steuerreform, Ost- und Deutschlandpolitik, Umwelt, Wirtschaft und Finanzen. Außenminister Hans-Dietrich Genscher verlangte unterdessen auf dem Weltwirtschaftsforum in Davos, Gorbatschow nicht nur ernst, sondern auch beim Wort zu nehmen, und meinte damit nicht zuletzt seinen zögerlichen Kanzler.

Am 11. März 1987 erlebte Kohl seine dritte Wahl zum Bundeskanzler, diesmal mit 253 gegen 225 Stimmen. Seine anschließende Regierungserklärung folgte Genschers Empfehlung, und er versprach, auf Gorbatschow ernsthaft einzugehen, »wenn er den Weg für Kooperation zwischen allen west- und osteuropäischen Staaten« weiter ebne. Was die Regierungserklärung im übrigen anging, war schon die Überschrift bemerkenswert: »Die Schöpfung bewahren – die Zukunft gewinnen«. Damit versuchte die Union, den Begriff der »Umwelt« den Grünen auszuspannen. 1986 war bereits in Reaktion auf die Reaktorkatastrophe von Tschernobyl das Bundesministerium für Umwelt, Naturschutz und Reaktorsicherheit ins Leben gerufen worden. Grüne Themen und Schlagworte sickerten nahezu unbemerkt in die Programmatik der etablierten Parteien ein. Im übrigen beließ es Kohl bei Allgemeinplätzen. Über seine »geistig-moralische Wende«, wohin und zu welchem Ende auch immer, schwieg er sich aus. Der vielversprechende Begriff war in Vergessenheit geraten, in Seminare und Archive gewandert, dort unerledigt abgelegt worden.

Kohls Wahlsieg verdankte sich in nicht unwesentlichem Maße dem teils zögerlichen, teils zerfahrenen Agieren der SPD. Die Genossen kamen mit ihrem Spitzenkandidaten Johannes Rau nie so recht aus den Startlöchern. Dessen ökumenisches Motto »Versöhnen statt Spalten« wirkte seltsam defensiv. Es lähmte die eigene Klientel, statt sie zu mobilisieren. Vor allem paßte es nicht zum Ziel einer absoluten Mehrheit, das Rau vorgegeben hatte, weil er partout nicht mit den Grünen koalieren wollte. Hingegen ließ der Parteivorsitzende Brandt wohlgemut verlauten, 40 Prozent seien ein »schönes Ergebnis« und die Grünen als strategischer Partner so übel nicht. Vor allem in der Sicherheits- und Deutschlandpolitik galt die Faustregel: zwei Sozialdemokraten, drei Meinungen.

Mit wachsender Skepsis verfolgte der Kanzlerkandidat die von Egon Bahr ins Werk gesetzte Sonder-Außenpolitik mit der SED, die sich in einer Reihe von eigenwilligen Vertragsentwürfen niederschlug und im Sommer 1987 in einem gemeinsamen Papier der Grundwertekommission der SPD und der Akademie für Gesellschaftswissenschaften beim Zentralkomitee der SED über den »Streit der Ideologien und die gemeinsame Sicherheit« gipfelte. Rau wußte genau, warum er im Wahlkampf diese Aktivitäten, übrigens gegen den Rat Bahrs, lieber unter dem Tisch hielt. Das Einschwenken der SPD auf die Seite der Friedensbewegung schlug sich ebenfalls nicht in Stimmenzuwächsen nieder. Mit der Umsetzung des NATO-Doppelbeschlusses waren den Raketengegnern Minimalkonsens und Massenpublikum abhanden gekommen.

Einmal mehr hatte der äußere Schein getrogen: Es war eben nicht die Mehrheit der Westdeutschen gewesen, die sich in den Parolen der Anti-Raketen-Bewegung wiedererkannte. Vor allem der notorisch umworbenen »bürgerlichen Mitte« war die der Union zugeschriebene Kompetenz in Finanz- und Wirtschaftspolitik ein Kreuz auf dem Wahlzettel wert. Helmut Kohl hatte erneut einen seiner hervorstechendsten Charakterzüge demonstriert. Wann immer es um die Macht, die nächste Wahl ging, war er ganz in seinem Element und überraschte besorgte Freunde und vorfreudige Gegner gleichermaßen.

Aber auch die konservativ-liberale Bundesregierung blieb im Sommer 1987 von sicherheitspolitischen Querelen nicht verschont. Den Zankapfel lieferten die in Deutschland stationierten 72 Mittelstreckenraketen vom Typ *Pershing 1 A*, ein Kriegsgerät aus den sechziger Jahren, dessen Sprengköpfe selbstverständlich unter alleiniger amerikanischer Verfügungsgewalt standen. An diesen Raketen drohte der Kreml nun seinen Vorschlag einer »doppelten Nullösung« scheitern zu lassen, falls der Westen an ihnen festhalte. Außenminister Genscher, der Gorbatschow bekanntlich beim Wort zu nehmen beabsichtigte, plädierte für den Verzicht auf die *Pershing 1 A*. Für Kohl kam das zunächst nicht in Frage, zumal im Bonner Verteidigungsministerium wie auch in der CDU und an der Spitze der CSU heftiger Widerstand gegen Genschers Entgegenkommen aufflammte. Konservative Kritiker bangten um die nukleare Abschreckung und gaben die Parole aus: »Je kürzer die Reichweiten, desto toter die Deutschen«. Kohl mußte sich zwischen ihnen und seinem Außenminister und Vizekanzler entscheiden.

Daß sein Rivale Strauß wie üblich im anderen Lager stand, mochte Kohls Entschlußkraft stärken: Ende August 1987 durchschlug er den gordischen Knoten, indem er sich namens der Bundesregierung überraschend von der *Pershing 1 A* verabschiedete. Kohl leistete damit die wichtigste deutsche Geburtshilfe für den INF-Vertrag, den Reagan und Gorbatschow am 8. Dezember 1987 in Washington unterschrieben. Mit ihm gaben sie alle landgestützten Mittelstreckenraketen mittlerer und größerer Reichweite zur Verschrottung frei. Das war zweifellos ein Triumph vorausschauender Politik, vor allem für Helmut Schmidt, der zehn Jahre zuvor in London erstmals öffentlich das Problem angesprochen und danach dem NATO-Doppelbeschluß den Weg bereitet hatte. Im Mai 1991 fiel die letzte sowjetische SS-20 dem Schneidbrenner zum Opfer.

Das Jahr 1987 fand auch anderweitig Eingang in die Annalen der Ost-West-Beziehungen. Am 28. Mai 1987 narrte ein 19jähriger Amateurflieger aus der Bonner Republik die ausgeklügelte militärische Luftsicherung der Sowjets und landete eine winzige Sportmaschine auf dem Roten Platz – ein blamables Zeichen des Verfalls der UdSSR. Vieles schien plötzlich möglich, auch zwischen Bonn und Moskau. »Gerade jetzt« könne man »auf keinen Fall ... atmosphärische Störungen brauchen«, registrierte Außenminister Genscher besorgt. Wenige Wochen später flog er mit von Weizsäcker nach Moskau.

Beim verbalen Streifzug durch die Weltpolitik kam von Weizsäcker naturgemäß an der deutschen Frage nicht vorbei. Im Gegensatz zu seinen in diesem Punkt besonders unzugänglichen Amtsvorgängern parierte Gorbatschow überraschend eloquent: Was in hundert Jahren sein werde, solle die Geschichte entscheiden. Als von Weizsäcker nachhakte, ging der Kremlchef auf fünfzig Jahre herunter, was als sensationell empfunden wurde. Damit kam er in gewisser Weise dem amerikanischen Präsidenten entgegen. Ronald Reagan hatte Gorbatschow beim Anblick der Berliner Mauer aufgefordert, das Bauwerk sogleich abzureißen, damit freilich erheblich mehr verlangt, als der führende Sowjet zugestehen konnte – im Moment jedenfalls. Welches atemberaubende Tempo die Geschichte bald darauf tatsächlich vorlegen sollte, ahnte zu diesem Zeitpunkt keiner der Beteiligten.

Dies galt auch für Helmut Kohl und seinen ungewöhnlichen Staatsgast im September 1987 – Erich Honecker, der als erster Staats- und Parteichef der DDR die Bundesrepublik besuchte. Endlich kam die Reise zustande, nach jahrelangem Anlauf. Die Einladung stammte noch von Helmut Schmidt. Im August 1984 hatte der Generalsekretär im Kreml ein Plazet für seinen Bonn-Besuch zu erwirken versucht und war damit bei Tschernenko »voll gegen die Wand gefahren«, wie ein Mitglied der SED-Delegation berichtete. Jetzt hatte Honecker es geschafft und durfte unter den Augen von 1500 Journalisten seine fünftägige Tournee durch die Bundesrepublik als Sternstunde seiner persönlichen Außenpolitik erleben. Im Besuchskalender standen unter anderem Bonn, Köln, Düsseldorf, Essen, Trier und München, seine saarländische Heimatstadt Wiebelskirchen sowie Gespräche mit der Bonner *classe politique*: von Weizsäcker, Strauß, Brandt, Vogel, Engholm, Lafontaine.

Die Empfindungen seiner Gastgeber waren gemischt. Das galt vor allem für den Bundeskanzler, dem die vor seinem Amtssitz intonierte DDR-Hymne schmerzhaft in den Ohren klang. »Wer mich ein bißchen kennt«, sagte Helmut Kohl später, konnte »erkennen, wie verkrampft ich war«. Neben Honecker wirkte er allerdings vergleichsweise locker, vor allem in der Wahrnehmung der DDR-Bürger, die im staatlichen Fernsehen gebannt die Tischreden der beiden ungleichen Deutschen verfolgten, und zwar *live*: Darauf hatte der Kanzler bestanden. Ihre Hoffnungen auf spürbare Erleichterungen, etwa im innerdeutschen Reiseverkehr, erfüllten sich nicht.

Die unterzeichneten Abkommen – Wissenschaft und Technik, Umwelt- und Strahlenschutz – brachten niemanden um den Schlaf. Die deutsche Frage, so Helmut Kohl, bleibe offen, ihre Lösung stehe derzeit jedoch nicht auf der Tagesordnung der Weltgeschichte. Die von der SPD auf Kosten ihres guten Rufes im westlichen Bündnis betriebene Verquickung von Deutschland- und Sicherheitspolitik lehnte der Kanzler rundheraus ab. Selbstverständlich sei der Dialog mit der DDR schon der dortigen Menschen wegen fortzusetzen. Gleichwohl werde man sich, so Kohls Credo, »niemals mit Mauer und Schießbefehl und Stacheldraht abfinden«.

*Deutschstunde: Bundeskanzler Helmut Kohl, der Staatsratsvorsitzende der DDR, Erich Honecker, und die Ehrenformation der Bundeswehr. Die beiden verneigen sich vor den Fahnen der zwei deutschen Staaten, September 1987*

Honeckers Refrain lautete, es gehe um Sicherung und Festigung des Friedens, was seiner Meinung nach gleichbedeutend mit der Stärkung der DDR war. Sozialismus und Kapitalismus, so seine Prognose, ließen sich ebensowenig vereinigen wie Feuer und Wasser. In Ost und West wurde die schwarz-rot-goldene Staatsaktion einhellig als Besiegelung von Teilung und Zweistaatlichkeit gewertet. Die deutsch-deutsche Schnecke fiel in ihren gewohnten Kriechgang zurück.

An der Jahreswende 1987/88 häuften sich die Krisensymptome in der Bonner Regierungskoalition. Kohls Stern schien zu sinken, Meinungsumfragen zeigten die CDU in einer Abwärtsspirale. Querschüsse von Strauß waren längst Routine. Schwerer wogen hausgemachte Fehlschläge und neue Skandale: Die großartig angekündigte Steuerreform wurde bis zur Unkenntlichkeit verwässert. In den Ländern kam eine CDU-geführte Regierung nach der anderen ins Straucheln, nicht ohne den Gegenwind aus Bonn entschuldigend ins Feld zu führen. In Schleswig-Holstein stand der CDU-Ministerpräsident Uwe Barschel im Zentrum einer mysteriösen Bespitzelungsaffäre gegen den SPD-Konkurrenten Björn Engholm, in deren Verlauf Barschel seiner Glaubwürdigkeit durch ein falsches Ehrenwort und seinem Leben durch Selbstmord ein Ende setzte. Am 8. Mai 1988 gewann Engholm die Landtagswahlen und wurde Ministerpräsident in Kiel.

Die CDU lastete ihren Niedergang zunehmend Helmut Kohl an, der immerhin seit 1973 Parteivorsitzender war. Die Zeichen deuteten auf Kanzlerdämmerung. Ein erstes Warnsignal hatte Kohl bereits auf dem Bonner CDU-Parteitag im Herbst 1987 wahrnehmen müssen, als er mit einem der schlechtesten Ergebnisse im Vorsitz bestätigt worden war. Allerdings konnte Kohl innenpolitische Durststrecken zwar nicht beenden, aber doch durch außenpolitische Prestigeerfolgen überbrücken.

Beispielsweise intensivierten sich die deutsch-französischen Beziehungen unter Kohls Ägide, was nicht zuletzt seinem guten Draht zu Mitterrand zu verdanken war: Am 22. Januar 1988 wurden anläßlich des fünfundzwanzigjährigen Jubiläums des Elysée-Vertrages ein gemeinsamer Wirtschafts- und Finanzrat sowie ein Verteidigungs- und Sicherheitsrat ins Leben gerufen. Im Vorfeld hatte es bereits etliche teils symbolische, teils konkrete Annäherungsversuche gegeben. Darunter fielen die Einrichtung eines »Roten Telefons«, nukleare Konsultationszusagen Mitterrands sowie militärische Kooperationsschritte bis hin zur Aufstellung einer deutsch-französischen Brigade, einer Frühform des »Eurokorps«, das nach dem Ende des Kalten Krieges das Rückgrat einer europäischen Armee werden sollte.

Gleichwohl blieb Kohls Bilanz in den Augen seiner innerparteilichen Kritiker mager. Im Vorfeld des Wiesbadener Parteitages Mitte Juni 1988 wagte sich einer von ihnen aus der Deckung: Heiner Geißler. Der kantige Jurist, ein Draufgänger, wie Kohl 1930 geboren, hatte 1977 Kurt Biedenkopf im Amt des CDU-Generalsekretärs abgelöst und verstand sich wie sein Vorgänger als eigenständige, der Partei und ihrem Profil verpflichtete Persönlichkeit. Wie Biedenkopf geriet er deswegen mit Kohl über Kreuz, der mit seinem sechsten Sinn für potentielle oder tatsächliche Rivalen auch Geißler immer stärker als Risiko und Zumutung empfand. Kohls Versuche, dem in seinen Augen abtrünnigen früheren Protegé das Parteiamt aus der Hand zu winden, schlugen regelmäßig fehl. Als letzte Trumpfkarte blieb ihm das Parteistatut, wonach der Generalsekretär vom Vorschlagsrecht des Vorsitzenden abhängig war.

Der Machtkampf wurde vorerst mühsam in die Kulissen verbannt, ohne jedoch an Schärfe zu verlieren. Schließlich stand 1990 ein sogenanntes Superwahljahr ins Haus, in dem es neben der Bundestagswahl noch die Europa-Wahl und eine lange Reihe von Landtags- und Kommunalwahlen zu bewältigen galt. Mit Helmut Kohl, so raunten sich immer mehr Christdemokraten hinter vorgehaltener Hand zu, war aller Wahrscheinlichkeit nach wenig zu gewinnen. 1989 nahmen die internen Querelen an Intensität zu. Der Sinkflug von Partei und Kanzler drohte in einen unkontrollierbaren Absturz überzugehen. Im Januar 1989 mußte die Berliner CDU den Gang in die Opposition antreten und einer rot-grünen Koalition unter Walter Momper Platz machen. Auch in Kommunalwahlen hagelte es Niederlagen. Zu allem Überfluß grassierte in der bundesdeutschen Parteienlandschaft mit den Republikanern das unheimliche Phänomen des organisierten Rechtsextremismus, der Anhänger und Sympathisanten nicht zuletzt vom rechten Rand der CDU/CSU anzog.

Kohl suchte bei einem geradezu klassischen Kanzlerheilmittel Zuflucht, das alle seine Vorgänger in bedrängter Lage und mit unterschiedlichem Erfolg zur Anwendung brachten: der Kabinettsumbildung. Ein hintergründiges Ziel bestand darin, den aufmüpfigen Heiner Geißler auf den Stuhl des Innenministers zu verfrachten und damit in die Kabinettsdisziplin einzubinden. Geißler witterte die Falle und sagte ab. Statt seiner übernahm Kohls loyaler Zuarbeiter Wolfgang Schäuble, der Chef des Bundeskanzleramtes, diesen Posten. Theo Waigel wurde Finanzminister, Gerhard Stoltenberg Bundesminister der Verteidigung. Die Bauernopfer hießen Rupert Scholz, der Stoltenberg weichen, und Wohnungsbauminister Oscar Schneider (CSU), der seinen Stuhl zugunsten der Waigelfavoritin Gerda Hasselfeldt räumen mußte, allerdings mit dem Kohl wichtigen Posten eines Beraters für die musealen Großvorhaben des Kanzlers abgefunden wurde.

Die unmittelbaren Wirkungen des Revirements blieben freilich, wie in solchen Fällen fast immer, gering. Die Wahlen zum Europäischen Parlament am 18. Juni 1989 wurden für die CDU/CSU-Fraktion nur deshalb nicht ein völliges Desaster, weil die SPD noch schlechter abschnitt und mit 37,3 Prozent der Stimmen hauchdünn unter den 37,8 Prozent der Union blieb. Der eigentliche Sieger waren die Republikaner, die mit 7,1 Prozent erstmals ins Europäische Parlament einzogen und in Bayern gar ein Traumergebnis von 15 Prozent einfuhren. Einmal mehr rettete die SPD, die keine echte Alternative zu Kohl anbieten konnte und immer noch ein

Quentchen erfolgloser war, die angeschlagene Koalition. Die Union konnte sich somit als stärkste politische Kraft im Lande empfinden, die Talsohle für durchschritten erklären und sich damit selbst wieder neuen Mut machen.

Das galt auch für den umstrittenen Kanzler, der sich im Frühsommer 1989 erneut außenpolitische Erfolgserlebnisse zu verschaffen wußte. Der ärgerliche Streit um die letzte, die sogenannte dritte Null-Lösung, also die Abschaffung der Kurzstreckenraketen unterhalb von 500 Kilometern Reichweite, wurde Ende Mai 1989 beigelegt. Moskau verfügte in dieser Waffenkategorie über eine Überlegenheit von 15:1, und die NATO drängte angesichts dieses krassen Ungleichgewichts auf die Modernisierung der 88 veralteten *Lance*-Raketen. Bonn setzte statt dessen auf die Reduzierung, besser noch den völligen Abbau der sowjetischen Raketenflottille und zog sich damit den Unwillen der NATO-Partner zu, die prompt an der Zuverlässigkeit des deutschen Verbündeten zweifelten. Ende April 1989 schrammten die britische Premierministerin Margaret Thatcher und der deutsche Kanzler im pfälzischen Deidesheim nur knapp am Eklat vorbei. Einen Monat später zerrten die Staats- und Regierungschefs der NATO die Kuh vom Eis, indem sie übereinkamen, die Modernisierungsfrage erst 1992 und im »Lichte der sicherheitspolitischen Gesamtentwicklung« zu verhandeln. Auch für den Bundeskanzler war das Problem damit – vorerst – vom Tisch.

Den außenpolitischen Statusgewinn der Bundesrepublik wie des Kanzlers demonstrierte der Besuch des amerikanischen Präsidenten George Bush, der im Januar 1989 Ronald Reagan im Weißen Haus abgelöst hatte. In einer vielbeachteten Rede anläßlich des vierzigsten Jahrestages des westlichen Bündnisses erklärte Bush im Mai 1989 die Bonner Republik nicht nur zum engen Freund und Verbündeten, sondern zum »Partner in der Führung«. Das war eine Auszeichnung, die weit über die bescheidenen Möglichkeiten der nur eingeschränkt souveränen, sicherheitspolitisch unmündigen zweiten deutschen Republik hinausging. Gleichwohl verfehlte sie ihre Wirkung nicht – insbesondere vor dem Hintergrund der politischen Erschütterungen in Osteuropa. Dort kündigten sich Veränderungen an, die den betonierten Status quo der kontinentalen Teilung bald ins Wanken bringen sollten.

Den Epochenwandel in der Sowjetunion setzte ein Mann ins Werk: Michail Gorbatschow. Seine planlosen Reformversuche im Namen von »Glasnost« und »Perestroika«, seine panischen Abrüstungsoffensiven – allesamt rollende Steine, die dem Bergsturz vorangingen, der am Ende die Sowjetunion, den realexistierenden Sozialismus und um ein Haar den überforderten Reformer selbst unter sich begrub. Gorbatschows fulminantes Scheitern freilich war im Juni 1989 noch nicht absehbar, erst recht nicht während seines streckenweise triumphalen Besuchs in der Bundesrepublik. Die deutsche Öffentlichkeit feierte den charismatischen Gast enthusiastisch als politische Verheißung, und dies derart hemmungslos, daß in Übersee das Schlagwort »Gorbomania« die Runde machte, verbunden mit der Befürchtung, die Deutschen hätten über Gorbatschow den Verstand verloren. Hatten sie vergessen, daß der Kreml-Herr immer noch das seit den Tagen Chruschtschows erklärte Ziel der Sowjets verfolgte, Partei und Staat mit Hilfe durchgreifender Reformen gegenüber dem Westen konkurrenzfähig zu machen, ja ihn zu überrunden?

Helmut Kohl zeigte sich der Charmeoffensive des Russen gegenüber resistent. Zum einen wirkte sein verunglückter Goebbels-Gorbatschow-Vergleich noch nach, zum anderen lag ihm nichts daran, Deutschlands Ruf als verläßlicher Verbündeter des Westens aufs Spiel zu setzen. Das galt um so mehr, als die ostpolitischen Vorstöße seines Außenministers in den westlichen Kapitalen bereits Verwirrung auslösten und Verdächtigungen aufkommen ließen. In jenen Tagen war viel vom »Rapallo-Komplex« und einem listigen, unzuverlässigen »Genscherismus« die Rede.

Die Gorbatschow-Visite kam dem Kanzler gelegen, weil der Gast willens schien, die Vergangenheit ruhen zu lassen und, wie er sich ausdrückte, die »ersten Seiten eines neuen Kapitels in unseren Beziehungen umzublättern«. Gorbatschows Komplimente an die Adresse der deutschen Wirtschaftskapitäne – unsere »Partner Nr. 1 unter den entwickelten Ländern des Westens« – kamen nicht von ungefähr. Nachdem die ersten Blütenträume seiner Systemreform zerstoben waren und sich industriell vermeintlich potente Ostblockstaaten als wenig vorbildhaft erwiesen hatten, richtete Gorbatschow seine begehrlichen Blicke verstärkt nach Westen, in erster Linie auf Bonn.

Den Tagträumereien seines Gastes von gigantischen gemeinsamen Projekten, offenbar ein Moskauer Topos seit Breschnews Zeiten, hielt Kohl kühl das Faktum der deutschen Teilung entgegen. In einer denkwürdigen Szene – die beiden Staatsmänner saßen Seite an Seite auf einer Mauer oberhalb des Rheinufers und sinnierten über den Lauf der Geschichte – verglich Kohl die mächtigen Fluten des Rheins mit der deutschen Vereinigung: Beide seien »unaufhaltsam«. Auf die Mehrheit seiner Landsleute konnte der Kanzler bei dieser Sicht der Dinge allerdings nicht zählen. Umfragen zufolge sahen knapp 1 Prozent der Westdeutschen die Frage der deutschen Vereinigung als tagespolitisch relevantes Problem an. In den fünfziger und sechziger Jahren waren es noch 35 bis 45 Prozent gewesen.

Solche beliebten Besuche im Rücken, konnte Kohl gelassen dem Bremer CDU-Parteitag im September 1989 ins Auge blicken. In der Unionsfraktion pfiffen es die Spatzen von den Dächern: Die Kohl-Gegner hätten vor, mit der Parole »jetzt oder nie« die Entscheidung zu erzwingen. Die treibende Kraft war Heiner Geißler, der landauf, landab um Verbündete gegen Kohl geworben hatte. Erfolg hatte er beim baden-württembergischen Ministerpräsidenten Lothar Späth und der Bundestagspräsidentin Rita Süssmuth; verhaltenes Interesse an Kohls Abgang bekundeten Norbert Blüm, Gerhard Stoltenberg sowie die üblichen Verdächtigen, also Kurt Biedenkopf und Richard von Weizsäcker, der sich als Bundespräsident jedoch Zurückhaltung auferlegen mußte. Kohl grub seinerseits Geißler mit der Entscheidung das Wasser ab, ihn nicht mehr als Generalsekretär vorzuschlagen: »Heiner, einer von uns bleibt auf der Strecke.« Zum Nachfolger bestimmte er den loyalen Volker Rühe. Machtkämpfe, zumal Mann gegen Mann, galten nicht umsonst als Kohls Spezialität.

Der Parteitag selbst war danach nur noch Formsache. Die potentiellen Diadochen hatte bereits vor dem entscheidenden Moment der Mut verlassen. Späth scheiterte desaströs bei der Wiederwahl in den stellvertretenden Parteivorsitz, Kohl wurde mit solider Mehrheit als Vorsitzender bestätigt. Der Kanzler hatte damit die letzten Palastverschwörer in die Flucht geschlagen. Sie zerstreuten sich fortan in alle Winde. Das war ein Erfolg für ihn, jedoch ein Aderlaß für die CDU, die mehr und mehr an den »Kanzlerwahlverein« der Adenauer-Ära erinnerte.

Dem Parteivolk blieb verborgen, daß der Sieger von Bremen gesundheitlich schwer angeschlagen war und gegen starke Schmerzen ankämpfte. Vor dem Parteitag war bei Helmut Kohl eine Prostata-Erkrankung diagnostiziert und die Operation nur unter schweren ärztlichen Bedenken aufgeschoben worden. Wenn der Kanzler gehofft hatte, nach der internen Machtprobe etwas Atem schöpfen zu können, sah er sich getäuscht. Im Irrtum waren aber auch alle jene, die des Kanzlers Zenit für überschritten und sein Ende für bald gekommen hielten. Wenn die Lage freilich so geblieben wäre, wie bisher in Bonn gewöhnt, wären seine Kritiker wahrscheinlich in ihrer Prognose bestätigt worden, hätte die Karriere Helmut Kohls vermutlich in den Bundestagswahlen von 1990 ihr natürliches Ende gefunden.

Im Herbst 1989 aber brach einer jener historischen Ausnahmezustände herein, in denen binnen Stunden mehr geschieht als sonst in Jahrzehnten. Es sah ganz danach aus, als eile die Geschichte, die Kohl oft und so andächtig wie keiner seiner Vorgänger im Munde geführt und angerufen hatte, ihm nun in großen Schritten zu Hilfe.

*Das Vorbild vor Augen: Helmut Kohl und Konrad Adenauer, Januar 1967*

»Die Mauer«, so erklärte Erich Honecker noch im Januar 1989, werde »in fünfzig und auch in hundert Jahren« noch Bestand haben, wenn ihre Ursachen nicht beseitigt seien. Erstaunlicherweise entschlüpfte ihm das Wort »Mauer« anstelle des gängigen Ost-Berliner Euphemismus vom »antifaschistischen Schutzwall«. Was waren die Gründe für die Mauer? Der Kalte Krieg, die Konfrontation der Supermächte, die Teilung Europas: hier der freie Westen, dort der von Moskau dominierte Osten, wo sich demokratisch nicht legitimierte Machthaber nur dank sowjetischer Bajonette halten konnten. Der konkrete Grund der Mauer aber war die DDR, die von der Mehrheit ihrer Bewohner nie akzeptiert wurde und deren Geschichte eine einzige Kette von Versuchen der SED-Führung war, den Staat und sich selber gegen das eigene Volk zu behaupten. Die letzte, äußerste Zwangsmaßnahme zu diesem Zweck wurde und blieb jahrzehntelang die Mauer.

1989 war diese Aufgabe nicht mehr zu meistern, die monströse Barriere gegen die eigenen Leute nicht länger zu halten – nicht von der greisen SED-Führung um den schwerkranken 76jährigen Erich Honecker, nicht gegen Gorbatschows Reformeifer, nicht gegen den schließlich massenhaften Protest der einen und gegen den massenhaften Exodus der anderen DDR-Bürger, nicht gegen die attraktive kapitalistische Alternative eines prosperierenden Westdeutschland. Da half es wenig, daß selbst die Springer-Presse den SED-Staat jetzt semantisch anerkannte und ihre Redakteure anwies, »DDR« künftig ohne Anführungszeichen zu schreiben.

Es war Gorbatschow, der Ost-Berlin die Geschäftsgrundlage entzog. Er bewerkstelligte den Übergang von der »Breschnew-Doktrin« eingeschränkter Souveränität der Staaten des Warschauer Paktes zur »Sinatra-Doktrin«, wie einer seiner Sprecher zu witzeln versuchte: Ungarn und Polen »are doing it their way«. Jedes Land im Block machte, wenn auch zunächst nur vorsichtig, was es wollte. Im Falle Ungarns hatte das dramatische Folgen für die DDR. Am 2. Mai 1989 begannen die Ungarn, ihre Befestigungen an der

Grenze zu Österreich abzubauen. Ende Juni schnitten die Außenminister beider Länder vor den Augen der Welt ein Loch in den Eisernen Vorhang.

Die Budapester Führung verspürte wenig Neigung, sich zum Büttel des SED-Regimes zu machen und Ostdeutsche mit Gewalt an der Weiterreise in den Westen zu hindern, zumal die Ungarn auf gute, finanziell und wirtschaftlich ersprießliche Beziehungen zu Bonn hofften. Eine entsprechende Kreditzusage Kohls erleichterte dem Ministerpräsidenten Miklós Németh und seinem Außenminister Gyula Horn die Entscheidung, die Grenze am 10. September 1989 gänzlich zu öffnen. Von da an gab es in der DDR kein Halten mehr. Zehntausende setzten sich gen Ungarn in Marsch, um über Österreich in die Bundesrepublik zu flüchten. Tausende besetzten die Bonner Botschaft in Prag. An die 120 Ostdeutsche harrten in der Ständigen Vertretung Bonns in Ost-Berlin aus. In Warschau bot sich ein ähnliches Bild. Wer nicht mit den Füßen abstimmte, ging in seiner Heimatstadt auf die Straße und demonstrierte – anfangs für die Reform des Sozialismus, danach für freie Wahlen, die Abschaffung der SED-Diktatur und, nach dem Fall der Mauer, für die deutsche Wiedervereinigung. Der Bewußtseinswandel in der DDR begann bei »Wir sind das Volk«, um in dem Satz zu enden: »Wir sind ein Volk.«

Dies war die Lage, wie sie sich dem an sein Oggersheimer Krankenlager gefesselten Helmut Kohl darbot. Unsägliche Zustände in der Prager Botschaft der Bundesrepublik, wo in qualvoller Enge an die sechstausend ausreisewillige DDR-Bürger hausten, erforderten dringend Abhilfe. Unglücklicherweise war auch Außenminister Genscher schwerkrank. Im Sommer hatte er einen Herzinfarkt erlitten; danach blieben chronische Herzbeschwerden. Jetzt sprang er für Kohl in die Bresche – zu dessen Mißvergnügen. Denn das ehedem kollegiale Verhältnis der beiden Gründungsväter der schwarz-gelben Koalition war längst einer unterschwelligen Konkurrenz gewichen.

Genscher verhandelte in New York umgehend mit dem

DDR-Außenminister Oskar Fischer und rang der SED-Führung eine Lösung ab, derzufolge die Botschaftsflüchtlinge über DDR-Gebiet in die Bundesrepublik ausreisen durften. Am 30. September stand er auf dem Balkon der Prager Botschaft und verkündete den zusammengepferchten Ostdeutschen: »Wir sind gekommen, um Ihnen zu sagen ...« – der Rest ging in ohrenbetäubenden Jubelschreien unter. Der aus Halle an der Saale stammende Genscher bezeichnete diesen Augenblick später als die »bewegendste Stunde« seines politischen Lebens. Der zur Passivität verurteilte Kohl verfolgte den spektakulären Auftritt Genschers mit deutlich gedämpftem Enthusiasmus.

Das rasche Entgegenkommen der SED-Spitze wurzelte in dem Kalkül, zum vierzigsten Jahrestag der DDR am 7. Oktober 1989 ein weiteres Mal den äußeren Schein zu wahren, freilich um den Preis endgültigen inneren Verfalls. Die DDR-Wirtschaft war ruiniert, Rettung aus Bonn oder München in Form neuer Milliardenkredite diesmal nicht in Sicht. Michail Gorbatschow, der höchste Gast der gespenstischen Jubiläumsfeier, konnte im Politbüro, einer Versammlung, die mittlerweile an die Insassen eines Altersheims denken ließ, nur vergebens Reformen anmahnen und einen beziehungsreichen Satz prägen, der ihn schon bald selber einholen sollte: »Wer zu spät kommt, den bestraft das Leben.« Es war bereits zu spät. Am 18. Oktober 1989 mußte Honecker, auf erzwungenen eigenen Wunsch, zurücktreten. Sein Nachfolger wurde der biedere Kleingeist Egon Krenz. Der Apparatschik stand von Anfang an auf verlorenem Posten.

In welchem Tempo dem SED-Regime die Zügel entglitten, demonstrierte der verunglückte Auftritt des Politbüromitglieds Günter Schabowski, der am Abend des 9. November eigentlich ein neues Reisegesetz der Öffentlichkeit vorstellen sollte. Übermüdet und von der unübersichtlichen Situation überfordert, hinterließ Schabowski jedoch den irrtümlichen Eindruck, Privatreisen in den Westen seien für jedermann möglich, und zwar »sofort, unverzüglich!«. Damit löste er einen Massenansturm neugieriger Ost-Berliner auf die

Grenzübergangsstellen nach West-Berlin aus. Um 23.14 Uhr war es soweit: Die überraschten, von ihrer Führung nicht informierten, ohne Weisung gebliebenen, also völlig im Stich gelassenen Grenzsoldaten wußten sich in ihrer Bedrängnis nur noch durch Öffnen der Schlagbäume zu helfen. »Wir fluten jetzt!« Berliner aus Ost und West fielen einander in die Arme. Ein insgesamt eher banaler Zufall also, der nach 28 Jahren die Mauer zu Fall brachte. Schnell zeigte sich, daß die Tage der SED-Diktatur von nun an gezählt waren: Die Mauer war nicht ohne die DDR, vor allem aber die DDR nicht ohne die Mauer denkbar.

Helmut Kohl mangelte es erneut an Fortune. Gerade erst hatte er krankheitshalber – unter Schmerzen im doppelten Sinne – Genscher die Bühne und damit die Schlagzeilen überlassen müssen. Jetzt, in der historischen Sternstunde des Mauerfalls, hielt er sich zu einem ersten offiziellen Staatsbesuch in Warschau auf, weitab vom Geschehen. Kohl wurde vom Mauerfall aber auch grundsätzlich überrascht. Wie alle Vertreter des Bonner Establishments rechnete er zu Lebzeiten nicht mit der Chance einer deutschen Vereinigung. So hatte Willy Brandt den Gedanken der Wiedervereinigung gar mehrfach zur »Lebenslüge« der Bonner Republik erklärt. Jetzt brach der SPD-Ehrenvorsitzende, von der Nachricht des Mauerfalls aus dem Bett geholt, in einer britischen Militärmaschine sofort nach Berlin auf.

Für den Kanzler gestaltete sich die Blitzreise nach Berlin noch schwieriger. Erst mußte er seinen Besuch zum Befremden seiner polnischen Gastgeber unterbrechen, dann eine Odyssee über Schweden nach Hamburg erdulden, da die alliierten Sonderrechte seiner Bundeswehrmaschine weder das Überfliegen der DDR noch die Landung in Berlin erlaubten. In einem amerikanischen Militärflugzeug kam er schließlich in Berlin an und erreichte abgehetzt die bereits laufende Kundgebung vor dem Schöneberger Rathaus. Auf dem Balkon standen neben ihm Brandt, Vogel, Momper und Genscher. Unten drängte sich ein Meer von Menschen, die der

SPD-Prominenz huldigten und Kohls verspätete Rede mit Pfiffen und Buhrufen übertönten. Der Kanzler wähnte sich vor den Augen der medialen Weltöffentlichkeit und kämpfte mit wachsendem Zorn gegen die Störer an, obwohl in Wirklichkeit die Kameras längst abgeschaltet waren. Den Satz des Tages hatte mit Brandt ein anderer geprägt: »Jetzt sind wir in einer Situation, in der zusammenwächst, was zusammengehört.« Das abschließende gemeinsame Deutschlandlied war eine bestürzende Kakophonie und lieferte einen ersten Hinweis darauf, daß CDU und SPD im bevorstehenden Vereinigungsprozeß keine gemeinsame Tonlage finden würden.

Die Berliner Szene war zudem symptomatisch für Kohls Agieren unmittelbar nach dem Mauerfall. Er war weder zur rechten Zeit am rechten Ort, noch fand er die richtigen Worte. Brandt, Genscher, sogar Momper – sie alle stahlen ihm die Schau. Mit Wut im Bauch flog er nach Warschau zurück. Vor allem, so war ihm klar, mußte er jetzt aus dem Schatten Genschers treten, der die bereits erwachte Löwin der deutschen Einheit wieder in den Schlaf zu wiegen versuchte, zur Erleichterung der westeuropäischen Verbündeten in Paris und London. Allein die Amerikaner, voran Präsident Bush, signalisierten, daß sie mit der deutschen Vereinigung, immerhin ein jahrzehntelanges, gemeinsames Lippenbekenntnis des Westens, kein Problem hatten – ganz im Gegenteil.

Widersprüchliche Rauchzeichen stiegen aus dem Kreml auf, was auf ähnliche Orientierungsschwierigkeiten und Machtverluste wie im Ost-Berliner Politbüro schließen ließ. Am 21. November 1989 tauchte der sowjetische Emissär Nikolai Portugalow in Bonn auf und konfrontierte den engen Kohl-Mitarbeiter Horst Teltschik mit kryptischen Bemerkungen zur deutschen Frage, die unter anderem den Terminus »Konföderation« enthielten. Teltschik reagierte »elektrisiert«. Sofort erkannte er die Willensschwäche, die sich offensichtlich in dieser Angelegenheit in Moskau ausbreitete. Hans Modrow, glückloser Vorsitzender des Ministerrats der DDR, war bereits mit dem Gedanken einer Vertragsgemein-

*Freude einer Heimkehr: Egon Bahr in Thüringen, November 1989*

schaft beider deutscher Staaten hausieren gegangen, verstand darunter aber offensichtlich etwas anderes als Portugalow. Allenthalben herrschte Unklarheit. Alles wartete auf ein klares Konzept, eine klärende Aktion.

Damit ergab sich für Kohl eine Gelegenheit, die er beim Schopfe packen mußte. Nachdem der Kanzler grünes Licht gegeben hatte, verfertigten Teltschik und sein Stab in einer Nacht- und Nebelaktion unter höchster Geheimhaltung einen Deutschlandplan, zu dessen Endredaktion es im heimischen Oggersheim kam. Abgesehen von Rupert Scholz, dessen Rat telefonisch eingeholt wurde, waren nur drei Vertraute des Kanzlers mit von der Partie: zwei Geistliche, die das unbedingte Vertrauen Kohls besaßen, und Hannelore Kohl, die ihrem Mann nach dessen Bekunden nicht nur »manche wertvolle Anregung« gab, sondern auch auf einer Reiseschreibmaschine die Abschrift der von ihm verfaßten Partien besorgte.

Am 28. November 1989 trug der Kanzler dieses unkonventionelle Papier als veritables »Zehn-Punkte-Programm« in der Haushaltsdebatte des Deutschen Bundestages vor. Kohl landete damit eine Sensation und verwies vor allem den völlig überraschten Genscher auf seinen Platz. Die SPD-Opposition fiel aus allen Wolken, vor allem ihr Vorsitzender Hans-Jochen Vogel, der einen ähnlichen Plan vorzulegen beabsichtigte. Dem Kanzler konnte das gleichgültig sein. Er hatte sich mit seiner kühnen Initiative die Meinungsführerschaft in der deutschen Frage gesichert. Auch wenn er anfangs förmlich zum Jagen getragen werden mußte – seine Gegner und Kritiker hatten ihn wieder einmal unterschätzt.

Kohls zehn Punkten, einer Art Etappenplanung für den Weg zur deutschen Vereinigung, lag die Erwartung zugrunde, daß mit ihr keinesfalls vor der Vollendung des europäischen Binnenmarktes zu rechnen sei. Sie war für Ende 1992 geplant. Im Kernpunkt Nr. 5 schlug er als Zwischenziel »konföderative Strukturen zwischen beiden Staaten in Deutschland« vor, und zwar unter der Voraussetzung einer demokratisch legitimierten Regierung in der DDR. Eine Aussage zur polnischen Westgrenze enthielt der Plan nicht, was später für politischen Zündstoff sorgen sollte.

Die erstaunte Weltöffentlichkeit rieb sich beim Anblick des neuen Kohl die Augen. Von Zagen und Zaudern, von »Aussitzen« – ein Begriff aus dem Reitsport, der sich als Synonym für Kohls dilatorischen Stil eingebürgert hatte – diesmal keine Spur. Kohl agierte jetzt instinktsicher und schien ganz auf der Höhe der Zeit. Die Probe aufs Exempel bestand er während seines DDR-Besuchs am 19. und 20. Dezember 1989. In Dresden traf er mit DDR-Ministerpräsidenten Hans Modrow zusammen, dem gerade die Felle davonschwammen: Der zweite deutsche Staat stand vor dem Bankrott, war praktisch zahlungsunfähig. Kohl kam von einem Staatsbesuch in Ungarn, hatte sich daher nicht ausführlich auf diesen deutsch-deutschen Gipfel vorbereiten können. Als er aber in Dresden aus dem Flugzeug stieg und von einer erwartungsfrohen Menschenmenge begrüßt wurde, schoß ihm blitzartig durch den Kopf: Das Regime stehe vor dem Ende, die Einheit vor der Tür. »Rudi, die Sache ist gelaufen«, wandte er sich an seinen Begleiter, den Bundesminister im Kanzleramt Rudolf Seiters.

Vermutlich verlieh ihm das Gefühl, von einer Tiefenströmung der Geschichte getragen zu sein, eine ungewohnte, fast traumwandlerische Sicherheit. Jedenfalls fand er in seiner kurzen Rede vor der Weltkriegsruine der Frauenkirche den richtigen Ton. Viele tausend Dresdner hingen an seinen Lippen, begierig, jeden noch so kleinen Hinweis auf die deutsche Einheit mit frenetischem Jubel zu begrüßen. Da Kohl keinen präparierten Text zur Hand hatte, kam ihm in den Sinn, was er so oder ähnlich schon Hunderte von Malen gesagt hatte: »Mein Ziel bleibt, wenn die geschichtliche Stunde es zuläßt, die Einheit unserer Nation.« Im Bundestag oder auf einem CDU-Parteitag wäre dieser Satz bestenfalls einen müden Beifall wert gewesen. In Dresden wirkte er wie eine Initialzündung, bescherte Kohl einen seltenen Moment vollkommenen Rednerglücks und die Gewißheit, daß er sein großes Thema gefunden hatte.

Die Verhandlungen mit Modrow waren Nebensache. Horrende Geldforderungen des DDR-Ministerpräsidenten, 15 Milliarden D-Mark »Lastenausgleich«, blockte der Kanzler ab. Statt dessen erwirkte er beispielsweise die öffentlichkeitswirksame Öffnung des Brandenburger Tors für Fußgänger noch vor dem Heiligen Abend: am 23. Dezember 1989. Diesmal war es unübersehbar Helmut Kohl, der den Gang des Geschehens bestimmte. An diesem Bild änderte sich während der kommenden Monate nichts, ganz im Gegenteil. In der Innenpolitik stand jetzt Wahlkampf auf dem Programm, seit jeher Kohls Lebenselixier. Die Außenpolitik, die völkerrechtliche Herstellung der äußeren Einheit, gestaltete der Kanzler zu einer Art Heimspiel, in dem er sowohl den drei Westmächten als auch dem Kreml gegenüber zu großer Form auflief. Auf einmal, so raunten sich Beobachter mit Blick auf den Kanzler ungläubig zu, mache er alles richtig.

Die ersten freien Wahlen für die DDR-Volkskammer hatte Modrow für den 6. Mai 1990 angekündigt – ein viel zu später Termin, wie sich herausstellen sollte. Die Abwanderungswellen gen Westen schwollen weiter an. Das Spinnennetz staatlicher Lügen konnte das wahre Ausmaß des ökonomischen Desasters nicht länger verschleiern. Die Verwaltung, der öffentliche Dienst, Handel, Versorgung und Verkehrswesen brachen mehr und mehr zusammen. Die Einheit wurde für immer mehr DDR-Bürger zum rettenden Ufer, wo die – vermeintlichen – Attraktionen Westdeutschlands lockten: rascher Wohlstand, hartes Geld, schnelle Autos, weltweites Reisen, internationales Prestige. Von der jahrzehntelangen Verspätung einmal abgesehen, hätten sich Kurt Schumacher oder Konrad Adenauer die praktische Bestätigung ihrer «Magnettheorien« kaum eindrucksvoller ausmalen können.

Ende Januar 1990 beschloß der Runde Tisch, eine basisdemokratische Verlegenheitslösung der DDR-Regierung, den Wahltermin auf den 18. März vorzuverlegen. In Moskau begann Gorbatschow sich mit dem offensichtlich Unvermeidlichen, der deutschen Vereinigung, zähneknirschend zu arrangieren – zur Enttäuschung von Margaret Thatcher und

François Mitterrand, der im Dezember 1989 mit einem merkwürdigen Besuch in Ost-Berlin, gewissermaßen fünf vor zwölf, sein Interesse am Fortbestand der deutschen Zweistaatlichkeit ebenso spektakulär wie vergebens hatte erkennen lassen. Gorbatschows Karten waren im Grunde noch schlechter als die Mitterrands. Er konnte den Trend zur Einheit nicht stoppen, noch weniger umkehren, zumal der Boden unter seinen eigenen Füßen bereits gefährlich schwankte. Einen guten Preis für seine unumgängliche Zustimmung glaubte er indes noch herausschlagen zu können.

Bereits am 10. Februar 1990 stellte er Kohl einen Freibrief aus: Es sei die Sache der Deutschen, den Zeitpunkt und den Weg der Einigung selbst zu bestimmen. Das war ein historischer Augenblick. »Eigentlich müßten wir uns jetzt besaufen«, raunte Kohl vor der Bekanntgabe der guten Nachricht auf einer eigens einberufenen Pressekonferenz im Kreml seinem Podiumsnachbarn Genscher ins Ohr. Gorbatschows Forderungskatalog, das wurde danach klar, enthielt drei Positionen: Unantastbarkeit der Grenzen, deutsche Wirtschaftshilfe, Verzicht des vereinigten Deutschlands auf die NATO-Mitgliedschaft. Die ersten beiden Punkte waren vergleichsweise leicht zu regeln. Mit Punkt drei hatte der Kremlchef seine Karten bereits überreizt, wie sich bald herausstellen sollte.

Die Wahlkampfmaschine Helmut Kohl stand in diesen Wochen unter Volldampf. In Rekordzeit schmiedete er eine erfolgversprechende »Allianz für Deutschland« aus der Ost-CDU, dem Demokratischen Aufbruch (DA) und der Deutschen Sozialen Union (DSU) zusammen, politische Eintagsfliegen allesamt, deren Existenz sich nach dem Wahltag, dem 18. März 1990, erübrigte. Der Sieg fiel überwältigend aus, nicht zuletzt dank Kohls forciertem Einheitskurs, der den Beitritt der DDR zum Geltungsbereich des Grundgesetzes ebenso ins Auge faßte wie eine umgehende Wirtschafts- und Währungsunion. Das war der Zauberspruch. Die verunsicherten DDR-Bürger glaubten im Kanzler endlich einen Wundertäter gefunden zu haben. Ein Plakat brachte es auf den Punkt: »Helmut, wir lieben Dich!«

*»Helmut, wir lieben Dich!« Erfurt 1990*

# *Ausbau?*
## Helmut Kohl und Gerhard Schröder
## 1990–2002

Helmut Kohl war in Höchstform. Es war seine Stunde, und er verstand es, sie zu nutzen. Die von ihm geschmiedete Allianz mit dem christdemokratischen Spitzenkandidaten Lothar de Maizière triumphierte in einer ganz nach westdeutschem Vorbild geführten Kampagne und gewann bei der ersten freien Wahl in der DDR 48 Prozent der Stimmen. Die mit Vorschußlorbeeren überhäufte SPD brach hingegen am 18. März 1990 mit 21,9 Prozent kläglich ein, gefolgt von der in PDS umbenannten SED mit 16,4 und dem Bund Freier Demokraten (BfD) mit 5,3 Prozent. Alles in allem war das Ergebnis ein Plebiszit für eine rasche Verwirklichung der Einheit Deutschlands, die niemand sonst so überzeugend verkörperte wie Helmut Kohl. Der Rest lief nach Plan. De Maizière wurde am 12. April 1990 durch die Volkskammer zum ersten und letzten demokratisch gewählten Ministerpräsidenten der DDR, und zwar an der Spitze einer Großen Koalition aus CDU, SPD, DSU, DA und BfD.

In den knapp sechs Monaten ihrer Existenz hatte diese Koalition im Kern nur eine Aufgabe: die geordnete Abwicklung der DDR und ihre schnellstmögliche Überführung in die Bundesrepublik. Dieses Vorhaben war schwer genug, zumal der Zeitdruck erheblich zunahm. Der ursprüngliche Beitrittstermin, Dezember 1990, erwies sich bald als fragwürdig. Bereits im Sommer zerfiel de Maizières Koalition, die von Anfang an starken Fliehkräften ausgesetzt gewesen war.

Der Kanzler hielt sich aus dem Kleinklein des Einigungsprozesses wohlweislich heraus und vertraute die Details dem Bundesinnenminister an, seinem tüchtigsten Mitarbeiter. Die Wertschätzung, die Helmut Kohl für Wolfgang Schäuble empfand, beruhte damals auf Gegenseitigkeit. Bereits am 18. Mai 1990 setzten die Finanzminister Theo Waigel und Walter Romberg im Palais Schaumburg ihre Unterschrift unter den Vertrag über die Schaffung einer Währungs-, Wirtschafts- und Sozialunion, der am 1. Juli in Kraft trat. 460 Tonnen Banknoten und 600 Tonnen Münzen, insgesamt knapp 28 Milliarden D-Mark, wurden gen Osten gekarrt. Nachdem die DDR-Bürger monatelang skandiert hatten: »Kommt die D-Mark nicht nach hier, kommen wir zu ihr«, hielten sie jetzt endlich die so heiß ersehnte Währung in den eigenen Händen.

Entgegen dem einhelligen Rat führender Wirtschafts- und Währungsexperten, allen voran Bundesbankpräsident Karl Otto Pöhl, wurden die ostdeutschen Löhne, Renten und Sparguthaben bis zu einer bestimmten Höhe im Verhältnis 1:1 umgetauscht, danach 1:2. Die tödlichen Folgen dieser Aktion für die ohnehin kaum weltmarktfähige DDR-Wirtschaft, deren kärgliche Produkte nun auch für osteuropäische Kunden unerschwinglich wurden, kamen in der allgemeinen Kirmesstimmung kaum jemandem unter den Politikern in den Sinn. Später war man klüger, wie stets. Aber gab es im Frühjahr 1990 in politisch-psychologischer Hinsicht eine Alternative? Wie hätte man den Bürgern der DDR erklären sollen, daß ihr bisheriges Leben nur ein Drittel des westdeutschen wert gewesen sei, fragte Kohl.

Dem ersten Schritt folgte wenige Monate später der zweite: Am 23. August beschloß die Volkskammer nach einer langen, konfusen Debatte gegen 62 Stimmen aus den Lagern von PDS und Bündnis 90/Grüne den Beitritt der DDR zur Bundesrepublik nach Artikel 23 des Grundgesetzes – und zwar zum 3. Oktober, der aus diesem Grunde später neuer Nationalfeiertag wurde. Am 31. August unterschrieben Bundesinnenminister Wolfgang Schäuble und DDR-Staatssekretär Günther Krause den sogenannten Einigungsvertrag, der alle praktischen Probleme des Anschlusses der DDR an die Bundesrepublik regeln sollte. Stichtag war wiederum der 3. Oktober 1990.

In Washington, Paris, London und Moskau waren zu diesem Zeitpunkt bereits alle Signale auf Grün gestellt worden, unter tätiger Mithilfe des Bundeskanzlers, der es meisterhaft verstand, den verbreiteten Ängsten und Befürchtungen, bis hin zur Horrorvision eines »Vierten Reiches«, die Spitze zu nehmen. Kein zweiter Deutscher war für die Gewinnung des notwendigen Vertrauens geeigneter als Helmut Kohl. Seine vermeintlichen Schwächen – Provinzialität, Biederkeit, Unbeholfenheit – verwandelten sich in Stärken. Trotz seiner zusehends beängstigenderen Körperfülle mußte bei diesem Kanzler niemand neue Ausbrüche pangermanischen Größenwahns befürchten. Mit seiner beruhigenden Wirkung kam Kohl einer »verkörperten Entwarnung« gleich, wie der Philosoph Jürgen Habermas treffend beobachtete. Zudem machte sich nun die von Kohl stets bekundete Verläßlichkeit im Bündnis bezahlt. Angesichts der rückhaltlosen amerikanischen Zustimmung gingen allmählich auch die lange schwankenden Regierungen in London und Paris zähneknirschend auf Einigungskurs.

Selbst Michail Gorbatschow konnte sich dem besänftigenden Charme Kohls nicht entziehen, zumal der Kanzler noch einen zusätzlichen Trumpf im Ärmel hatte: Geld. Am 16. Juli 1990 ließ sich der Kreml-Herr in seiner kaukasischen Heimat von Kohl die Zustimmung zur deutschen NATO-Mitgliedschaft entlocken. Bereits Ende Mai hatte er dieses kardinale Zugeständnis dem amerikanischen Präsidenten Bush gegenüber in Camp David gemacht, wobei ungeklärt blieb, ob die überraschende Konzession lediglich auf einem irreversiblen Versprecher des fahrig wirkenden Generalsekretärs beruhte.

Die von Gorbatschow im Kaukasus geltend gemachten Bedingungen waren Formsache: Reduzierung der deutschen Streitkräfte auf 370 000 Mann, Verzicht auf Herstellung, Besitz und Verfügung von ABC-Waffen, Verbleib im »Atomwaffensperrvertrag«, Regelung des Abzugs der Roten Armee aus der DDR. Im Vorfeld hatte Bonn Gorbatschows Entschlußkraft durch einen Fünf-Milliarden-Kredit gestärkt und weitere Zahlungen in Aussicht gestellt. Alles in allem ließ sich Bonn die Aufgabe der DDR durch Moskau etwa 35 Milliarden D-Mark kosten, aus deutscher Sicht ein mehr als vorteilhaftes Geschäft. Kohl tat diese Summe nicht weh, Gorbatschow nützte sie wenig. Anderthalb Jahre später mußte er zurücktreten, am 31. Dezember 1991 löste sich die Sowjetunion in ihre Bestandteile auf. Die Demokratien, so bilanzierte Henry Kissinger, hatten den Kalten Krieg schließlich gewonnen.

Kohls Kaukasus-Mission überzeugte auch die beharrlichsten Skeptiker. »Glückwunsch, Kanzler!« gratulierte selbst der alte publizistische Widersacher Rudolf Augstein. Bald darauf konnten die sogenannten Zwei-plus-Vier-Verhandlungen, vorangetrieben von den Außenministern der alliierten Siegermächte und ihren beiden deutschen Kollegen, erfolgreich abgeschlossen werden. Am 12. September unterzeichneten die Sechs in Moskau ein historisches Dokument, das die Funktion des nie zustande gekommenen Friedensvertrags der Siegermächte mit Deutschland hatte. Die Rechte der Vier Mächte bezüglich Berlins und Deutschlands wurden damit endgültig zu den Akten gelegt. Mit Inkrafttreten des Vertrags – das dann aber doch bis Mitte März des kommenden Jahres auf sich warten ließ – wurde das vereinigte Deutschland, erstmals seit beinahe einem halben Jahrhundert, wieder vollständig souverän, ein Nationalstaat wie andere auch.

Ein deutsch-sowjetisches Vertragspaket über den Abzug der Roten Armee aus Ostdeutschland und »gute Nachbarschaft, Partnerschaft und Zusammenarbeit« lag unterschriftsreif bereit, ebenso der deutsch-polnische Grenzvertrag, dem ein längeres Tauziehen zwischen Bonn und Warschau vorangegangen war. Kohl hatte sich insbesondere in der Frage einer endgültigen Anerkennung der Oder-Neiße-Grenze lange Zeit bedeckt gehalten, weil er überzeugt

*Im Mantel der Geschichte: Kanzler Kohl und der polnische Ministerpräsident Mazowiecki auf Gut Kreisau, dem einstigen Treffpunkt deutscher Hitler-Gegner, drei Tage nach dem Fall der Mauer*

war, daß dieses Thema nur im Zusammenhang mit einer befriedigenden Lösung der deutschen Frage den Bundestag passieren könne. Entgegen einer mündlichen Vereinbarung mit Kohl hatte der polnische Ministerpräsident Tadeusz Mazowiecki im Februar 1990 auf einer Pressekonferenz ultimativ die sofortige Anerkennung der Oder-Neiße-Grenze gefordert. Das belastete den Vereinigungsprozeß bis in den Sommer hinein sehr, verzögerte ihn aber nicht. Der Vertrauensvorschuß des Kanzlers war zu groß, seine Integrität unbestritten – international und national.

Am 1. Oktober wurde Helmut Kohl von der frisch vereinten CDU auf dem Hamburger Parteitag mit sagenhaften 98,5 Prozent der Stimmen zum Vorsitzenden gewählt. Kohl wurde vom Parteivolk beinahe wie ein Heiliger betrachtet und genoß eine Verehrung, wie sie allenfalls Konrad Adenauer in dessen besten Zeiten zuteil geworden war. Von Hamburg aus ging es nach Berlin, wo in der Nacht zum 3. Oktober 1990 vor der Kulisse des Reichstags die Feierlichkeiten zur deutschen Einheit über die Bühne gingen: Fahnen, Fackeln und Feuerwerk, Beethovens Neunte mit Schillers Ode »An die Freude«, Prominenz aus Politik und Gesellschaft, Kunst und Kultur. Blitzlichtgewitter flackerten, Hunderte Fernsehkameras übertrugen das Spektakel in alle Welt. Und inmitten des Ganzen der zum Weltstaatsmann gereifte deutsche Bundeskanzler, der den glanzvollen Höhepunkt seiner politischen Karriere sichtlich genoß – mit Recht.

Kein Wunder, daß sich die ersten gesamtdeutschen Bundestagswahlen am 2. Dezember 1990 zu einer Art Selbstläufer für die Regierungskoalition gestalteten. Eindrucksvoll hatte es der Kanzler verstanden, die deutsche Einheit als sein Werk, seinen persönlichen Erfolg darzustellen. Ebenso offensichtlich hatte der SPD-Spitzenkandidat Oskar Lafontaine den Nerv der Deutschen verfehlt und sich wie seine Partei mit düsteren Prophezeiungen über die Kosten der Wiedervereinigung isoliert. Die lebensgefährliche Verletzung, die ihm eine verwirrte Messer-Attentäterin Ende April 1990 zugefügt hatte, kostete Lafontaine zudem viel, vielleicht zuviel Kraft, ließ ihn lange am Sinn seines politischen Engagements zweifeln.

Seine postnationalen Positionen waren heftig umstritten, nicht zuletzt in den eigenen Reihen. »Lafontaine wird die Wahlen verlieren, und das verdient er auch«, sagte Altkanzler Helmut Schmidt voraus. Willy Brandt forderte intern immer wieder dazu auf, das »gesamtnationale Thema nicht an der eigenen Partei vorbeiziehen zu lassen«. Vergebens. Lafontaines menschlich enttäuschende, niveaulos wirkende Schätzungen, wonach die Einheit mindestens 100 Milliarden D-Mark im Jahr verschlingen werde, wies Kohl selbstsicher brüsk zurück: Die Wiedervereinigung werde sich im wesentlichen selbst tragen. Nicht einmal Steuererhöhungen seien vonnöten, um die fest versprochenen »blühenden Landschaften« Wirklichkeit werden zu lassen. Ob er damit die angeblich vorhandene immense Opferbereitschaft seiner westdeutschen Landsleute im Keim erstickte, sei dahingestellt. Keinem werde es schlechter, vielen aber besser gehen, lautete seine frohe Botschaft an die Ostdeutschen. Daß selbst Lafontaines schockierende Zahlen in Bälde weit hinter den tatsächlichen Kosten des deutschen Einheitsprojekts zurückbleiben sollten, half dem Kanzlerkandidaten der SPD im Dezember 1990 gar nicht. Recht haben und Recht bekommen ist zweierlei, zumal im Wahlkampf.

Die Quittung des Wählers ließ für Interpretationen wenig Raum: 43,8 Prozent der Stimmen für die CDU/CSU waren angesichts der Leistung des Kanzlers kein überwältigendes Ergebnis; 11 Prozent für die FDP waren eine Überraschung. Die Grünen – auch sie standen der Einheit eher ratlos gegenüber – scheiterten im westlichen Wahlgebiet an der Fünf-Prozent-Hürde, ergatterten aber im Osten in der Listenverbindung Bündnis 90/Die Grünen sechs Prozent und damit acht Bundestagsmandate. Die PDS lebte ausschließlich vom Osten und brachte es letztlich auf 17 Mandate in Bonn. Die eigentliche Wahlverliererin war die SPD. Mit ernüchternden 33,5 Prozent drohte sie erneut unter die 30-Prozent-

Marge der fünfziger Jahre zu fallen. Die Sozialdemokraten, so schien es, hatten mit Ausnahme Brandts die Zeichen der Zeit verkannt, den Zug zur deutschen Einheit verpaßt. »Zu wenig ist zu wenig!« resümierte der enttäuschte Ehrenvorsitzende die dramatische Niederlage seiner Partei.

Kohls Freude über den Wahlsieg war nicht ungetrübt. Sein engster Mitstreiter und unentbehrlicher Einheitsmanager Wolfgang Schäuble überlebte am 12. Oktober 1990 nur knapp ein Attentat und blieb querschnittsgelähmt. Kohl hatte Schäuble immer wieder als seinen potentiellen Nachfolger ins Gespräch gebracht und versuchte jetzt, den ans Krankenlager gefesselten Patienten zur Übernahme des Fraktionsvorsitzes zu überreden. Zugleich war er bemüht, Schäuble zu versichern, daß er nach wie vor in ihm einen Nachfolger sehe. Beziehungsreich legte Kohl eine Biographie des legendären US-Präsidenten Franklin D. Roosevelt ans Krankenbett, mit eigenhändig unterstrichenen Passagen, in denen es um den Imagevorteil ging, den Roosevelt langfristig aus seiner Behinderung, dem Schicksalsschlag einer Kinderlähmung, gezogen habe. Daß Kohls rührende Anteilnahme des instrumentellen Kalküls nicht entbehrte, das der Kanzler jeder politischen Freundschaft zugrunde legte, blieb Schäuble nicht verborgen. Aber gab es unter diesen Umständen eine Alternative? Am 25. November 1991, dreizehn Monate nach dem Attentat, wurde der an den Rollstuhl gefesselte Schwabe zum CDU-Fraktionsvorsitzenden gewählt.

Bei den Koalitionsverhandlungen konnte Genscher den überraschenden Stimmengewinn der FDP gegenüber dem eher bescheidenen Wahlerfolg der Unionsparteien sofort geltend machen. In der Frage der von Kohl ausgeschlossenen, praktisch aber unumgänglichen Steuererhöhungen gelangte man rasch an den toten Punkt. Am Ende kam es dann doch zu ihnen, wenn sie auch als bloßer »Solidaritätszuschlag« maskiert wurden. Obwohl diese verkappte Einheitssteuer gleichermaßen von Ost- und Westdeutschen entrichtet werden mußte, sorgte sie in den sogenannten alten Bundesländern für heftigen Unmut. Bezeichnenderweise nahmen viele

*Zeichen der Zeit: Willy Brandt und Helmut Kohl sind 1991 in der deutschen Frage nahe beieinander*

Westdeutsche an, nur sie würden für die neuen Länder zur Kasse gebeten. Dabei konnten sich die Ostdeutschen ihrerseits doch darauf berufen, sie allein hätten, was historisch nicht von der Hand zu weisen war, die gesamtdeutsche Strafe für Hitlers verbrecherischen Krieg abgesessen – in einem Unrechtstaat unter sowjetischer Aufsicht.

Die Sektlaune und Einheitseuphorie kippten hier wie dort recht schnell in eine beleidigte Katerstimmung um. »Wo aber Einheit ist, wächst das Spaltende auch«, hatte der Historiker Thomas Nipperdey auf dem Bochumer Historikertag schon Ende Oktober 1990 zu bedenken gegeben und sich damit als Prophet erwiesen. Die Wohlstandsträume der Ostdeutschen verflogen über Nacht, die neuen Bundesländer entpuppten sich als gewaltiges Notstandsgebiet – finanziell, konzeptionell und personell. Niemand sah sich in der Lage, den tatsächlichen Zustand der früheren DDR seriös zu bilanzieren. So waren beispielsweise nur sieben Prozent der 2 600 Verträge, die Ost-Berlin mit 137 Staaten abgeschlossen hatte, im Gesetzblatt der DDR veröffentlicht worden. Kein Wunder, daß praktisch alle Zahlen und Ziffern, die Bonn damals nach Brüssel schickte, falsch, zumindest fehlerhaft waren.

Zu Hause reagierten Politik und Wahlvolk auf die fatale Situation mit einem vertrauten Reflex. An den Rhein kehrten rasch Routine, Selbstzufriedenheit und Alltagstrott zurück. Obwohl die alte Bundesrepublik seit dem 3. Oktober 1990 der Geschichte angehörte, blieb im westlichen Teil alles beim alten. Östlich der Elbe begann ein beispielloser Abbau von Industrien, der die Arbeitslosenzahlen in große Höhe trieb. Vor allem stimmten viele junge und qualifizierte Ostdeutsche weiterhin mit den Füßen ab und zogen gen Westen. Dabei begegneten sie einem dünneren, gegenläufigen Strom westdeutscher Experten, aber auch Abzocker, Spekulanten und Vereinigungsgewinnler, von denen nicht wenige ihre bislang entgangene Chance in den sogenannten neuen Bundesländern suchten.

Der auf Staatskosten forcierte Ausbau der Infrastruktur

*Go West: Trabi-Kolonnen nach dem Mauerfall*

änderte an der Misere vorerst wenig. Erst recht war die Privatisierung des Volksvermögens der DDR durch die sogenannte Treuhandanstalt kein voller Erfolg. Jetzt trat offen zutage, daß Kohls Erwartung eines rasanten zweiten »Wirtschaftswunders« im Stil der fünfziger Jahre auf Sand gebaut war. Seine optimistische Prognose, es werde drei, vier, vielleicht fünf Jahre dauern, bis die Angleichung erreicht sei, mußte immer weiter in die Zukunft korrigiert werden. Statt von Jahren war bald von Jahrzehnten die Rede.

Die politische Klasse der DDR war im Gefolge der Einheit größtenteils aufs Abstellgleis geraten, in den meisten Fällen durchaus zu Recht. Der regionale Erfolg der in PDS umbenannten SED verdankte sich nicht zuletzt der offensichtlichen Tatsache, daß nur wenige ostdeutsche Vertreter im fremden Bonner Machtbetrieb Fuß fassen konnten, sondern Exoten blieben, die kaum eine Rolle spielten. Auf Kohls Kabinettsliste standen lediglich drei von ihnen: der skandalumwitterte Verkehrsminister Günther Krause, Bildungsminister Rainer Ortleb und schließlich Angela Merkel, Ministerin für Frauen und Jugend und ab Dezember 1991 stellvertretende CDU-Vorsitzende. Im Schachern um Macht und Einfluß hatten ostdeutsche Seiteneinsteiger den abgebrühten Bonner Profis einstweilen kaum etwas entgegenzusetzen.

Die aufbrechende Vereinigungskrise traf die alte Bundesrepublik gänzlich unvorbereitet, auch weil man in Bonn angenommen hatte, wenn erst die großzügigen Transferzahlungen im Osten angekommen seien, werde sich dort alles von selbst lösen. Außerdem sah sich Westdeutschland seinerseits mit unbewältigten Krisensymptomen konfrontiert: einem siechen Sozialstaat, einer wachsenden Staatsverschuldung, einem industriellen Strukturwandel, einem verkümmernden Bildungssystem sowie einer bedrohlich anschwellenden Arbeitslosigkeit – lauter Probleme, die man schon vor der Wiedervereinigung gehabt hatte, die aber durch die neuen Aufgaben und Belastungen verschärft wurden. Der von Kohl – wie von allen seinen Vorgängern in ähnlicher Lage – herbeigeredete Wirtschaftsaufschwung ließ sich nicht blicken. Im

Gegenteil: Die frisch vereinigten Deutschen rutschten gemeinsam in eine Strukturkrise, wiesen sich aber gegenseitig die Schuld am Mißstand zu.

An der Routine des parlamentarischen Betriebs änderte das nichts. Kohl wurde am 17. Januar 1991 mit 378 gegen 257 Stimmen, also einer historisch einmaligen Mehrheit, zum Bundeskanzler gewählt, insgesamt zum vierten, im vereinigten Deutschland zum ersten Mal. Vor ihm lag seine achte Kabinettsbildung, wenn man die vier Mainzer Landeskabinette mitrechnet. Es gab inzwischen kaum noch christdemokratische Politiker von Rang, die nicht irgendwann unter Helmut Kohl Minister gewesen wären.

Von einer Aufbruchsstimmung konnte keine Rede sein, obgleich sie angesichts aller ungelösten Probleme wünschenswert, ja notwendig gewesen wäre. Im Gegenteil: Mancher fürchtete, Deutschland werde unvermittelt von seiner Vergangenheit eingeholt. Denn in den frühen neunziger Jahren wurde das Land von ausländerfeindlichen Gewaltexzessen erschüttert, die vor allem deshalb irritierten und schockierten, weil sie in dieser Intensität seit 1945 nicht vorgekommen waren. Ihren Schwerpunkt hatten sie zunächst im sozial deklassierten Osten. Ebenso erschreckend wie die Krawalle selbst – etwa im sächsischen Hoyerswerda im September 1991 oder in Rostock ein knappes Jahr darauf – waren die zum Teil unverhüllten Sympathien der Bevölkerung für die randalierenden Täter. Den traurigen Höhepunkt bildeten Mordanschläge in Westdeutschland, bei denen in Mölln und Solingen im November 1992 und im Mai 1993 zehn türkische Mitbürger starben.

Der Bundeskanzler wirkte angesichts des Terrors hilflos, der sonst so deutungsmächtige Bundespräsident und der Rest der politischen Klasse nicht minder. Nicht besser ging es den Behörden und der Polizei. Was hätten sie alle auch sagen sollen, sagen können? Bilder der Anschläge, zunehmend auch fahnenschwenkender Neonazis, gingen, von einer gierigen Presse eingefangen, immer häufiger auch inszeniert, um die Welt und beschworen düstere historische Parallelen und neue Ängste vor dem vereinigten Deutschland herauf.

Dabei wurde das unerwartet rasch vereinigte Deutschland nicht nur zu Hause vor bisher unbekannte Bewährungsproben gestellt. Das erste außenpolitische Ereignis, an dem sich die neue Republik entzweite, war der Zweite Golfkrieg. Der irakische Diktator Saddam Hussein hatte ihn mit der Annexion Kuweits am 2. August 1990 vom Zaun gebrochen und das Räumungsultimatum des UN-Sicherheitsrates ignoriert. In der Nacht zum 17. Januar 1991, dem Tag von Kohls vierter Kanzlerwahl, begann eine multinationale Streitmacht unter Führung der USA eine Luftoffensive, mit der die Operation *Desert Storm* eingeleitet wurde. Die jetzt außenpolitisch souveräne Bundesrepublik – am 15. März 1991 trat der Zwei-plus-Vier-Vertrag in Kraft – hielt sich jedoch ratlos zurück und überließ streckenweise einer lautstarken pazifistischen Minderheit und deren antiamerikanischen Parolen die Straße.

Bonn schickte keine Soldaten, hoffte aber, diese Abstinenz mit dem Hinweis auf die Irrwege der eigenen Geschichte rechtfertigen und mit ungemein großzügigen Kriegskontributionen kompensieren zu können: 17 Milliarden D-Mark wurden innerhalb eines Jahres hingeblättert. Dabei muß eingeräumt werden, daß ein Kampfeinsatz deutscher Soldaten damals für die meisten Teilnehmer der Koalition gegen den Irak, von Israel gar nicht zu reden, undenkbar, ja völlig tabu war. Das galt in Deutschland erst recht. Vor allem die Opposition aus Sozialdemokraten und Grünen verwahrte sich gegen jedwedes militärische Engagement. Joschka Fischer argwöhnte, hinter der Diskussion um die künftige Rolle Deutschlands in der Weltpolitik drohe »die historische Entsorgung von Auschwitz im Stile der Gnade der allerspätesten Geburt«. Die Bundesregierung entschloß sich gleichwohl zur Flankierung der westlichen Militäraktion, indem sie ein Truppenkontingent in die Türkei und Minensuchboote in den Persischen Golf entsandte. Der Golfkrieg, soviel schien klar, stand für die Rückkehr des Krieges als taugliches und akzeptables Mittel der Lösung schwerer internationaler Konflikte.

Akuter, weil keine Flugstunde von München entfernt, stellte sich das Problem einer – nötigenfalls sogar bewaffneten – Friedensmission außerhalb des NATO-Gebiets auf dem Balkan. Der Zerfall Jugoslawiens verwandelte die Region in eine ganze Reihe ethnischer Pulverfässer, deren Lunten ganz unterschiedlicher Längen seit den Unabhängigkeitserklärungen Sloweniens und Kroatiens vom 25. Juni 1991 gefährlich glimmten. War die Bundesregierung im Golfkrieg weit abgeschlagen hinter dem westlichen Bündnis hergelaufen, preschte sie mit der diplomatischen Anerkennung der beiden Staaten am 23. Dezember 1991 unverhofft vor und setzte sich kühn an die Spitze. Der scheinbar plötzliche Wechsel von schläfriger Passivität zu hektisch-voreiligem Tatendrang, also von einem Extrem ins andere, bewies nicht gerade gelassene, urteilssichere Souveränität und erweckte die Zweifel der westlichen Verbündeten an der prinzipiellen Berechenbarkeit des vereinigten Deutschlands zu neuem Leben.

Am 3. April 1990 hatte Helmut Kohl seinen 60. Geburtstag gefeiert. Die ihm aus diesem Anlaß gewundenen Lobgirlanden schienen selbst Anhängern gewaltig. Anläßlich seines zehnjährigen Amtsjubiläums am 1. Oktober 1992 ergingen sich sogar langjährige Widersacher des Kanzlers in Elogen, scheuten gar vor kühnen Parallelen zu Otto von Bismarck nicht zurück. Diese Entrückungen und Überhöhungen waren ein sicheres Zeichen, daß auch für diesen Kanzler das Grundgesetz der politischen Physik galt: Nach dem Kulminationspunkt geht es unweigerlich bergab. Helmut Kohl hatte seinen Zenit überschritten. Nach der Dauerbelastung seiner Anstrengungen, mit einer globalen Diplomatie die deutsche Vereinigung zustande zu bringen, war er schlicht erschöpft, doch kämpfte er Aufwallungen von Amtsmüdigkeit und Rücktrittsabsichten rigoros nieder – und verpaßte damit den idealen Moment eines ruhmreichen Abgangs, des glanzvollen Eingangs in die Geschichte. Unbeirrt wiederholte der Kanzler den tieferen Grund seines Ausharrens im Amt. Er müsse die europäische Integration, die nach dem Vorbild der deutschen Einheit ins Werk gesetzt werden sollte, mit aller Energie voranbringen.

Am 7. Februar 1992 war der Vertrag von Maastricht unterzeichnet worden. Er sah den Ausbau der Europäischen Gemeinschaft zu einer Europäischen Union vor, die auf drei stabilen Stützpfeilern ruhen sollte: der gemeinsamen Außen- und Sicherheitspolitik, einer einheitlichen Innen- und Rechtspolitik und nicht zuletzt der Wirtschafts- und Währungsunion, dem Zentrum der auf eine erneuerte, reformierte Grundlage gestellten Europäischen Gemeinschaften. Das Aufgehen der Deutschen Mark in einer europäischen Währung nach festem Zeitplan war der Preis gewesen, den der französische Präsident Mitterrand, und nicht nur er, mehr oder minder unverblümt für seine Zustimmung zur deutschen Vereinigung eingefordert hatte. Kohl sah das anders, hielt den »Euro«, jedenfalls in der Rückschau, schon 1989 für eine beschlossene Sache, hätte diesen Preis aber, wäre er für die Vereinigung zu entrichten gewesen, auch bereitwillig gezahlt.

Tatsächlich waren sogar in den eigenen Reihen einige Widerstände zu überwinden. Daher lag es vor allem an Bonn, wenn der Maastrichter Vertrag erst zum 1. November 1993, also mit zehnmonatiger Verspätung, in Kraft treten konnte. Das auch in dieser Frage angerufene Bundesverfassungsgericht hatte erst am 12. Oktober den Weg für die Hinterlegung der deutschen Ratifikationsurkunde freigemacht. Bis zur Einführung des Euro waren jedoch weitere Hindernisse zu meistern. Nicht nur Helmut Kohl war deshalb überzeugt, daß sein Beitrag für das Gelingen des gigantischen Projekts unverzichtbar sei, er somit Bundeskanzler bleiben müsse.

Sein partnerschaftlicher Rivale Genscher hingegen, der dienstälteste Außenminister der Welt, erkannte die Zeichen der Zeit und damit seine eigenen Grenzen: Der Mann des geteilten und damit ruhiggestellten Europa war mit der neuen Wirklichkeit erkennbar überfordert. Der explodierende Balkankessel hatte seine Hilflosigkeit allzu deutlich werden lassen. Nachdem er zunächst Irmgard Adam-Schwaetzer als

Nachfolgerin favorisiert hatte, wurde nach einigem innerparteilichem Hin und Her am 18. Mai 1992 sein langjähriger Mitarbeiter Klaus Kinkel Chef des Auswärtigen Amtes. Nach dem Abgang Genschers konnte der Kanzler und Weltstaatsmann Helmut Kohl die Außenpolitik noch deutlicher als schon bisher prägen.

Die zunehmende allgemeine Ratlosigkeit angesichts des stockenden Einigungsprozesses konnte er jedoch nicht verdecken. Bei den frustrierten Ostdeutschen, die mit dem ruinösen Erbe von vierzig Jahren DDR und dem grundstürzenden Wandel ihres beruflichen und persönlichen Alltags zu kämpfen hatten, ließ er sich nun seltener blicken. Von seinem Versprechen eines Wohlstands für alle war für viele wenig zu sehen. Statt der Herzen jubelnder Menschen flogen Kohl jetzt manchmal faule Eier Enttäuschter entgegen, wie er 1991 in Halle wütend erfahren mußte.

Selbst in Personalangelegenheiten, seit eh und je eine Spezialbegabung des Kanzlers, unterliefen ihm jetzt ab und an auffällige Schnitzer. Wie schon bei Kanzler Adenauer wurde das auch bei Kohl in der Frage der Neuwahl eines Bundespräsidenten sichtbar. Ende August 1993 trug er im Alleingang dem sächsischen Justizminister Steffen Heitmann die Kandidatur für das Amt an – selbstverständlich ohne seinen zum CDU-Ministerpräsidenten in Sachsen aufgestiegenen Altwidersacher Kurt Biedenkopf vorher einzuweihen. Kohls Kandidat redete sich jedoch mit teils mißverständlichen, teils angreifbaren Ansichten zur deutschen Geschichte, Gegenwart und Zukunft um Kopf und Kragen und mußte im November 1993, weithin desavouiert, aufgeben.

Fortan ging der Kanzler Risiken aus dem Weg und favorisierte mit dem Verwaltungsjuristen und Präsidenten des Bundesverfassungsgerichts Roman Herzog einen seiner ehemaligen Mainzer Schützlinge – nicht zuletzt, um Johannes Rau, dem gescheiterten sozialdemokratischen Herausforderer der Bundestagswahl 1987, den Weg ins Schloß Bellevue zu verlegen. Diesmal ging Kohls Rechnung auf. Am 23. Mai 1994 setzte sich Herzog im dritten Wahlgang gegen Rau durch:

Die seit der Wahl Gustav Heinemanns erstmals wieder in Berlin zusammengetretene Bundesversammlung wählte ihn zum Präsidenten des wiedervereinigten Deutschlands. Kohl war es gelungen, seinen anfänglichen personellen Mißgriff elegant zu überspielen und die Partei einmal mehr auf sich einzuschwören. Etwas anderes blieb der CDU im Wahljahr auch gar nicht übrig. Weit und breit gab es keine ernstzunehmende Alternative zum übermächtigen Parteipatriarchen, der es immer besser verstanden hatte, durch intensive Kontaktpflege viele Netzwerke verläßlicher Unterstützung landesweit aufzubauen und sich zu verpflichten.

Im übrigen wurde der Held der Einheit unsanft in die Niederungen des politischen Alltags zurückgeholt. Professionelle Beobachter von Presse, Rundfunk und Fernsehen verfielen wieder, wie schon am Ende der achtziger Jahre, in die übliche Metaphorik – Kanzlerdämmerung, bröckelndes Denkmal – und weissagten das nahe Ende der Ära Kohl. Im »Superwahljahr« 1994 standen neben der Bundespräsidenten- und einer Bundestagswahl auch die Europawahl sowie acht Landtags- und zehn Kommunalwahlen an. Das war ein Marathon, den Helmut Kohl nach übereinstimmender Meinung nicht als Kanzler überstehen würde. Aber wie so oft kamen ihm unverhoffte Umstände zustatten. In diesem Fall war es der politische Gegner, der Kohl half, die Wiederwahl zu gewinnen und damit sogar die Amtsdauer des Gründungskanzlers Konrad Adenauer zu übertreffen.

Rudolf Scharping, SPD-Vorsitzender und Ministerpräsident von Rheinland-Pfalz, sollte Helmut Kohl nach dem Willen der Genossen das Fürchten lehren. Der 1947 geborene Politologe zählte zu den sogenannten Enkeln Willy Brandts, der ihn immer wieder für große Aufgaben ins Gespräch gebracht hatte: »Vergeßt mir den Mainzer nicht!« Jetzt trat Scharping als Kanzlerkandidat an, immerhin bereits der fünfte, den die Partei, seit Helmut Schmidt 1982 die Schlacht verloren hatte, nach Hans-Jochen Vogel, Johannes Rau, Oskar Lafontaine und Björn Engholm ins Rennen um die Rolle des Regie-

*Die Hoffungsträger: Willy Brandts politische »Enkel«
Gerhard Schröder, Oskar Lafontaine und Rudolf Scharping
vor der Presse, August 1994*

rungschefs schickte. Tatsächlich war Scharping eine Verlegenheitslösung. Alle Welt hatte damit gerechnet, daß der Kieler Ministerpräsident Björn Engholm, von Mai 1991 an Vorsitzender der SPD, 1994 gegen Kohl antreten würde. Der norddeutsche Hoffnungsträger blieb jedoch im Morast der Barschel-Affäre stecken und mußte einräumen, vor dem zuständigen Untersuchungsausschuß falsch ausgesagt zu haben. Am 3. Mai 1993 legte Engholm sämtliche Ämter nieder, verzichtete damit auch auf die Kanzlerkandidatur und zog sich völlig aus der Politik zurück.

Sechs Wochen später verwies Scharping per Urwahl aller Parteimitglieder seine Konkurrenten Heidemarie Wieczorek-Zeul und Gerhard Schröder auf die Plätze und wurde als bislang jüngster Parteichef der SPD-Geschichte designierter Kanzlerkandidat. Der kühne Vorstoß Gerhard Schröders, seit Juni 1990 Ministerpräsident in Niedersachsen, war rasch steckengeblieben. »Ich will Kanzler werden«, hatte er im Frühjahr 1993, keineswegs zum ersten Mal, selbstbewußt wissen lassen. Seine Partei schätzte jedoch Eigennominierungen wenig und wählte lieber Scharping an die Spitze. »Schröder ist der Kanzlerkandidat des Jahres 1998«, prophezeite allerdings schon 1993 jemand, der viele Kandidaten hatte kommen und gehen sehen: Helmut Kohl.

Das Rumoren seiner Kritiker und das Getöse des Wahlkampfes schienen dem Bundeskanzler neue Kräfte zuzuführen. Der pfälzische Antäus faßte wieder Tritt. Nicht nur, daß er den Kanzlerbonus und seine Reputation als international geachteter Staatsmann in die Waagschale werfen konnte. Kohl debütierte in der Rolle eines erfolgreichen, großen Regierungschefs, der kleinere Fehler machen und zugeben kann. Mit diesem Kunstgriff machte er sich instinktsicher beliebt, fand einen Zugang vor allem zu den gebeutelten Ostdeutschen, die mit reumütigen Mächtigen kaum Erfahrung hatten und jetzt in Kohl »ihren Helmut« wiedererkannten. Blühende Landschaften? Wohlstand für alle? Im Zeitraum habe er sich geirrt, bekannte Kohl freimütig auf zahllosen ostdeutschen Marktplätzen. Zu schwer seien die Altlasten aus der DDR-Zeit gewesen. Es werde eben ein bißchen länger dauern, aber dafür um so gewisser gelingen. Optimismus sei das Gebot der Stunde.

Zudem konnte die CDU-Wahlkampagne die SED-Nachfolgepartei PDS attackieren, war doch der Antikommunismus seit Jahrzehnten ein populäres, probates Wahlkampfargument. Jetzt zeitigte es im Osten die erhofften Nebenwirkungen: Der PDS, den »roten Socken« im Jargon des Adenauer-Hauses, liefen scharenweise neue Wähler zu, schon aus Protest gegen die Unions-Parolen. Selbstverständlich ging das auf Kosten der SPD, die in den neuen Ländern ohnehin kaum einen Fuß auf die Erde brachte. Auf einem anderen Blatt stand, daß diese polarisierende Kalkulation Kohls und seiner Getreuen kaum dazu angetan war, die innere Einheit Deutschlands voranzutreiben.

Des Kanzlers Mannschaft kümmerten derlei Spitzfindigkeiten nicht. Im Wahljahr ist nichts erfolgreicher als der Erfolg, und den wollte Kohl um den Preis jeder Strapaze. Wenn er einen Saal betrete, verriet er, gehe es ihm wie einem »alten Militärpferd: Man hört die Marschmusik, wirft das Haupt hoch und marschiert«. Es schien Kohl keine Sekunde zu irritieren, daß in allen Umfragen Scharping und die SPD weit vor ihm und der CDU/CSU notierten. Was ihn auszeichnete, war die Fähigkeit zur Autosuggestion, mit der er erst seine Mitarbeiter und dann seine Wähler ansteckte. Demoskopen brauchte er dafür nicht. Seine Einsichten über »das Leben« entnahm er anderen Quellen: etwa Männergesprächen in der Sauna des Ludwigshafener Hallenbads Nord oder der Beobachtung des Lademeisters im Rheinhafen der BASF – hatte der viel zu tun, ging es aufwärts in Deutschland. Kohl brauchte natürlich auch ihm gewogene Multiplikatoren in den Medien. Insbesondere die privaten Anbieter setzten ihn in Szene. Plötzlich und zur allgemeinen Verwunderung entwickelte sich Kohl zum Medienstar.

Für seinen Herausforderer Scharping dagegen galt: je erfolgverheißender die Umfragen, desto nervöser der Kandidat. Seine Fernsehauftritte waren deutlich weniger spektakulär als die des Kanzlers, waren nicht frei von Pannen und Peinlichkeiten. Eine zaghafte Verbesserung der Konjunkturdaten im Frühjahr 1994 leitete neues Wasser auf die Mühlen der Bundesregierung. Gleiches galt für das christdemokratische Erfolgsergebnis bei der Europawahl im Mai 1994. Die Waagschale begann sich langsam zugunsten des Kanzlers zu neigen. »Irgendwie haben wir uns alle an ihn gewöhnt«, fügten sich Kohl-kritische Journalisten ins anscheinend Unvermeidliche.

Gegen Ende des Wahlkampfs wartete der Kanzler mit einer Überraschung auf, als er öffentlich über die rechte Zeit des Abschieds nachdachte und mangelnden Ehrgeiz erkennen ließ, die volle Legislaturperiode bis 1998 im Kanzleramt durchzustehen. Als gleichsam natürlicher Nachfolger des ewigen Kanzlers galt Kronprinz Wolfgang Schäuble, der jedoch von Kohls Reflexionen über Rücktritt und Thronfolge in der Regel aus der Zeitung erfuhr – und dann wenig erbaut wirkte.

Am 16. Oktober 1994 brachten die Bundestagswahlen zum zweiten gesamtdeutschen Bundestag ein deutliches Ergebnis: eine neue Niederlage für die SPD, die bei 36,4 Prozent strandete – und einen durchwachsenen Erfolg der CDU/CSU, die immerhin 41,5 Prozent der Stimmen an Land zog. Die FDP kam auf knapp sieben Prozent. Die christlich-liberale Koalition brachte damit gerade einmal vier Stimmen über der Kanzlermehrheit zusammen. Der für das Superwahljahr befürchtete Rechtsruck war übrigens zur allgemeinen Erleichterung ausgeblieben, rechtsradikale Parteien konnten nirgendwo nennenswerte Stimmengewinne verzeichnen.

Die SPD quittierte das Debakel mit Personaldebatten und massiver Kritik an Rudolf Scharping, deren Grundtenor war, der Chef sei in seiner Dreifachfunktion als Kanzlerkandidat, Partei- und Fraktionsvorsitzender schlechthin überfordert. Gerhard Schröder ließ verlauten: »Ich hätte es gepackt.« Die Sozialdemokraten begannen zunehmend an ihrer »Oppositionsfähigkeit« zu verzweifeln. Vor und hinter den Kulissen

*Kanzler privat: Helmut Kohl im Sommerurlaub, 1990*

tobten Machtkämpfe. Schröder, Scharping, Lafontaine, im Wahlkampf als »Troika« angepriesen, zerrten in entgegengesetzte Richtungen und rangelten um die günstigste Ausgangsposition für die in vier Jahren anstehenden Bundestagswahlen. Die besten Karten hatte fraglos Schröder, der als einziger noch nicht gegen Helmut Kohl angetreten und dann gescheitert war. Zudem galt sein gemäßigt erfolgreiches rotgrünes Regierungsbündnis in Hannover als durchaus denkbare Option für Bonn.

Kaufen konnte er sich dafür vorerst allerdings nichts, schon gar nicht bei der eigenen Partei: Ende August 1995 entließ Scharping seinen Rivalen Schröder als wirtschaftspolitischen Sprecher der SPD. Den Ausschlag hatte dessen Hypothese gegeben, in Wirklichkeit gehe es nicht um linke oder rechte, sondern um gute oder schlechte Wirtschaftpolitik. Wer derlei behaupte, so Scharping, könne die SPD nicht vertreten. Allerdings waren auch die Tage Scharpings als SPD-Vorsitzender gezählt. Im nächsten Akt des Hauen und Stechens in der SPD-Spitze verlor er am 16. November 1995 auf dem Mannheimer Bundesparteitag den Vorsitz an Oskar Lafontaine, für den sich nach einer furiosen, improvisierten Rede in einer Kampfabstimmung 321 von 515 der Genossen entschieden. Auf Scharping entfielen klägliche 190 Stimmen. Nie zuvor in der Geschichte der SPD war ein Parteichef nach knapp zweieinhalb Jahren Amtszeit derart schmählich gestürzt worden. Damit waren es nur noch zwei, die für die Kanzlerkandidatur 1998 in Frage kamen, also imstande schienen, wie Lafontaine meinte, »den Dicken ... endlich auf die Matte zu bringen«.

Vorerst jedoch erleichterte die gelähmte SPD Helmut Kohl das Regierungsgeschäft. Am 15. November 1994 war er mit 338 von 671 Stimmen, also äußerst knapp, zum fünften Mal Bundeskanzler geworden. Eine Woche später trug er im Namen der konservativ-liberalen »Koalition der Mitte« seine Regierungserklärung vor. Es gelte, sagte er, »alle Kräfte anzuspannen, ganz Deutschland fit zu machen für das nächste, das 21. Jahrhundert«. Zu diesem Zwecke brauche man ein »Bündnis für die Zukunft«.

Zu innenpolitischen Zielmarken erklärte der Kanzler neben der Bekämpfung der Arbeitslosigkeit die Gewährleistung der inneren und äußeren Sicherheit, die Anpassung der Arbeitswelt an die Familie sowie die Lichtung des »Rechts- und Vorschriftendschungels«: »Wir wollen einen schlanken Staat.« Den beängstigenden Anstieg der Staatsquote auf 52 Prozent und die bedrückende Steuer- und Abgabenlast – 43 Pfennig jeder erwirtschafteten D-Mark schöpfte der Staat ab – erklärte Kohl mit den immensen Kosten der Einheit. »Wir alle wissen: Diese waren nicht allein durch Sparen oder Umschichten zu bewältigen.« Kohl ließ freilich unerwähnt, daß er selbst wesentlich zu diesem anfänglichen Trugschluß beigetragen hatte.

Die außenpolitischen Partien des Regierungsprogramms strotzten vor Selbstbewußtsein: »Wir haben heute – und dies zum ersten Mal in unserer Geschichte – gleichzeitig ausgezeichnete Beziehungen zu Washington, Paris, London und Moskau. Wir leben in Eintracht mit allen unseren Nachbarn. Darauf dürfen wir stolz sein.« Den Kern seiner Außenpolitik sah Kohl darin, die »politische Einigung Europas weiter zu festigen und entscheidend voranzubringen«, was obendrein im »existentiellen Interesse Deutschlands« liege. Die wichtigsten Bausteine eines Europa von morgen bildeten nach Kohls Meinung die gemeinsame Außen- und Sicherheitspolitik und vor allem die Wirtschafts- und Währungsunion »unter strikter Einhaltung der im Maastricht-Vertrag festgelegten Stabilitätskriterien«.

Man habe allen Grund, so Kohls Fazit, »mit Zuversicht in die kommenden Jahre zu gehen«. Kohl hätte statt dessen auch sagen können, es solle alles so weitergehen wie in den letzten zwölf Jahren. Diese Einschätzung blieb jedoch der Erwiderung des Oppositionsführers auf Kohls Regierungserklärung überlassen. Scharpings trockenes Fazit traf den Nagel auf den Kopf.

Wohin man auch blickte: Die Innenpolitik trat auf der

Stelle. Die innere Einheit ließ weiter auf sich warten. Die Strukturkrisen der Wirtschaft und des Sozialstaats fraßen sich weiter. Die Arbeitslosenzahlen stiegen, ohne auf Kohls Versprechungen – ihre Halbierung bis zum Jahr 2000 – Rücksicht zu nehmen. Die Arbeitslosenquote in den neuen Bundesländern pendelte sich auf dem doppelten Niveau der alten Länder ein, was die fortdauernde Kluft zwischen den Lebensverhältnissen in Ost und West recht anschaulich widerspiegelte. Die Staatsverschuldung wuchs, die Steuer- und Abgabenlast ebenso. Kohls entbürokratisierter, »schlanker Staat« war weit und breit nicht in Sicht: 1997 wurden mehr als 70 Prozent der weltweiten Steuerfachliteratur in deutscher Sprache gedruckt. Alles in allem lag auch dem fünften Kabinett Kohl insgeheim das Motto des Wahlkampfs von 1987 zugrunde: »Weiter so, Deutschland«.

Um Deutschland herum änderten sich unterdessen die Verhältnisse mit dramatischem Tempo. Nach der Epoche des Kalten Krieges brach das Zeitalter der Globalisierung an, der schranken- und grenzenlosen Ausweitung des Handels und der Märkte, zumal der Finanzmärkte, aber auch des Terrors und der Kriminalität. Die damit verbundene fundamentale Erschütterung des Nationalstaats, vor allem aber des Sozialstaats, die Infragestellung der herkömmlichen westlichen Massenarbeitsgesellschaft drangen nur sehr langsam ins Bewußtsein der politischen Eliten. War Deutschland mit seinen hohen Löhnen, seinem kleinmaschigen sozialen Netz, seinen verharzten Strukturen und seiner Status-quo-Mentalität noch konkurrenzfähig? Konnte es wieder »zukunftsfähig« werden, wie ein neues Modewort lautete? War der Aufbau Ost lediglich eine blasse Kopie des Modells West und damit wenig sinnvoll? Es gab viele Fragen, aber wenige konkrete, einleuchtende Antworten.

Nicht minder massiv war der Handlungsdruck in der Außen-, besonders in der Sicherheitspolitik. Die blutige Eskalation des Balkankonflikts machte der Bundesregierung die Verlängerung der noch im Golfkrieg praktizierten Scheckbuchdiplomatie unmöglich. Jetzt mußte Deutschland den Bündnispartnern gegenüber Farbe bekennen. Die Geschichte hatte als Alibi, als Rechtfertigung einer neuen deutschen Sonderrolle ausgedient. Im Januar 1993 sprach sich Butros Butros-Ghali, Generalsekretär der Vereinten Nationen, in Bonn für die »volle Beteiligung Deutschlands« an sämtlichen friedenserhaltenden Einsätzen der Weltorganisation aus und nannte es einen »Irrglauben«, die internationale Gemeinschaft fürchte sich vor bewaffneten deutschen Soldaten oder unterscheide die Einsatzmöglichkeiten nach Ländern, in denen Deutsche eingreifen dürften oder aus geschichtlichen Gründen lieber nicht eingreifen sollten. Anfang April 1993 gab das Kabinett deutschen Soldaten grünes Licht, in NATO-Maschinen vom Typ »AWACS« mitzufliegen und das von der UNO über Bosnien-Herzegowina verhängte Flugverbot zu kontrollieren. Das war eine historische Entscheidung, die faktisch den ersten Kampfeinsatz der Bundeswehr legitimierte.

Gegenteilige Eilanträge der SPD und FDP an das Bundesverfassungsgericht und die Errichtung einer nahezu geschlossenen Gegenfront der publizistischen und intellektuellen Elite blieben erfolglos. Am 12. Juli 1994 erklärten die Verfassungsrichter den Einsatz deutscher Soldaten außerhalb des NATO-Gebiets für grundgesetzkonform. Ende Juni 1995 beschloß die Bundesregierung, gegen das Gros der SPD, der Grünen und der PDS, die Beteiligung der Bundeswehr am Einsatz der »Schnellen Eingreiftruppe« in Bosnien-Herzegowina. Im September desselben Jahres unterstützten deutsche »Tornado«-Kampfjets die NATO-Angriffe auf serbische Stellungen.

Helmut Kohl hatte den passenden Zeitpunkt, sich zurückzuziehen, verpaßt. Andernfalls wäre er der erste Bonner Kanzler gewesen, der rechtzeitig und aus freien Stücken ging. Damit blieb nur eins: das Weitermachen. Während seines alljährlichen, übrigens offenkundig folgenlosen Fastenrituals kündigte Helmut Kohl 1997 seine Kanzlerkandidatur für die

Bundestagswahl 1998 an. Das war eine Flucht nach vorn, die überwiegend Verblüffung auslöste. Immerhin hatte Kohl bereits im Herbst 1996 Adenauers Rekord als Langzeitkanzler eingestellt. Das fünfzehnjährige Amtsjubiläum stand am 1. Oktober 1997 ins Haus. Und dann weitere vier, fünf Jahre? Das konnte nicht gutgehen. Niemand wußte besser als er selbst, daß er sich überlebt hatte. Wenn er es trotzdem noch einmal wissen wollte, lag das auch am Drängen einiger Freunde, etwa des luxemburgischen Ministerpräsidenten Jean-Claude Juncker, die – wie Kohl selbst – der Überzeugung waren, nur mit ihm werde der Euro das Licht der Welt erblicken.

In seiner eigenen Partei hielt sich die Begeisterung über eine weitere Kanzlerkandidatur des »Alten«, wie man ihn inzwischen nannte, in engen Grenzen. Selbst Kohls treuester Mitarbeiter Schäuble mochte nicht an einen Wahlsieg mit Kohl glauben. Er hielt einen rechtzeitigen personellen Spitzenwechsel während der Legislaturperiode für unumgänglich, konnte ihn aber schlecht offen, gar öffentlich verlangen, da er selbst als naheliegender Nachfolger gehandelt wurde. Tatsächlich war das Verhältnis der beiden getrübt, wenn nicht zerstört, seit Kohl noch einmal seinen Hut in den Ring geworfen hatte. Alle gebetsmühlenartigen Versicherungen und Bekundungen des Gegenteils waren blasse, durchsichtige Tünche.

Leichter taten sich naturgemäß Kritiker und Rivalen aus den eigenen Reihen, die nicht mehr in Amt und Würde waren, auch keine eigenen, weiteren Ambitionen in Partei oder Staat hatten. Zu ihnen gehörte an prominentester Stelle der ehemalige Bundespräsident Richard von Weizsäcker. Niemand konnte ihm eine politische Profilneurose vorwerfen, als er im Sommer 1997 mit Kohls System verhalten ins Gericht ging. Der Kanzler habe lediglich die »Mittel zur Erringung und Bewahrung der Macht« perfektioniert, aber alles andere sei verkümmert. Statt geistiger Führung herrsche »intellektuelle Schläfrigkeit«. Sein Fazit, so könne es nicht weitergehen, war eine klare Absage an Kohls neuerlichen Anlauf.

*Am Ende einer Freundschaft: Helmut Kohl und Wolfgang Schäuble, 1997*

Die SPD hatte inzwischen ihre internen Querelen kanalisiert, das Kandidatenkarussell zum Stillstand gebracht. Kohls Prognose von 1993 erwies sich als zutreffend: Gerhard Schröder sollte es für die SPD richten. Der niedersächsische Ministerpräsident war die letzte Hoffnung einer frustrierten Generation von Sozialdemokraten. Nach den 16 endlosen Oppositionsjahren, die Herbert Wehner ihnen 1982 vorhergesagt hatte, grassierte in ihren Reihen die Furcht, bei einer weiteren Schlappe als Sammelfußnote in die Parteigeschichte einzugehen. Selbst der SPD-Vorsitzende Lafontaine opferte der ersehnten Rückkehr an die Macht seine eigenen Ambitionen – was er allerdings später bereuen sollte. Nach Schröders überwältigendem Ergebnis bei der Landtagswahl vom 1. März 1998 griff er zum Telefon und begrüßte den frischgebackenen Wahlsieger mit den Worten: »Hallo, Kandidat«. Schröder hatte vorab seinen Anspruch, Kohl abzulösen, von einem deutlichen Vorsprung in Niedersachsen abhängig gemacht.

Als der 19jährige Wahlhelfer Helmut Kohl im Jahre 1949 auf einem CDU-Parteitag zum ersten Mal Konrad Adenauer in Person erlebte, schoß ihm der Gedanke durch den Kopf: »groß, aber viel zu alt.« Auf dieses in der Wählerschaft weit verbreitete Gefühl setzte die SPD, als sie 1998 ihren Bundestagswahlkampf gegen Kohl plante und ihren eigenen Mann dementsprechend vorstellte: Gerhard Schröder, 14 Jahre jünger als der Amtsinhaber, verkörperte den Bilderbuch-Typus des sozialen Aufsteigers, der von weit unten kommt und sich zäh nach ganz oben kämpft, dem Zenit entgegen. Das hatte er mit einigen Vollblutpolitikern der alten Republik gemeinsam, etwa mit Franz Josef Strauß oder auch Willy Brandt, einem seiner erklärten Vorbilder.

»Ich bin 1944 geboren, meinen Vater habe ich nie kennengelernt; er ist, wie es damals hieß, ›im Krieg geblieben‹.« Die Mutter hatte »sechs Kinder durchzubringen. Eines Tages habe ich mir geschworen, ihr davon etwas zurückzuzahlen. Ich selbst wollte raus aus dem Elend, nicht den Rest meines

*Das Amt im Visier: Bundestagsneuling Gerhard Schröder bei Kanzler Helmut Schmidt, 1980*

Lebens hinter dem Ladentisch verbringen müssen. Als mich jemand auf den Gedanken brachte, durch Abendschule könne man Bildung erwerben und durch Bildung sein Dasein verbessern, hat mich das fasziniert. So habe ich erst den Realschulabschluß nachgeholt, dann das Abitur, und ich konnte zur Uni.«

Schröder wurde Jurist und Rechtsanwalt. Weil er es besser machen wollte, für alle, »nicht zuletzt für meine Mutter«, trat er 1963 in die SPD ein. In den Jahren 1978 bis 1980 stand er den Jusos vor, zog 1980 erstmals in den Bundestag und 1986 in den Hannoveraner Landtag ein. 1990 gewann er die Niedersachsenwahl gegen den langjährigen CDU-Landesvater Ernst Albrecht. Als dynamischer Ministerpräsident einer rot-grünen Koalition machte er sich mit Modernisierungsvorschlägen – wie etwa »Innovationen für Deutschland« – einen Namen als Wirtschaftsexperte ohne Berührungsängste gegenüber den Industriekapitänen der Republik. Seine Partei beäugte Schröder argwöhnisch als »Automann«, gar als »Genossen der Bosse«. Schröder seinerseits machte sich im Gegenzug über den berühmten sozialdemokratischen »Stallgeruch« lustig: »Von weitem riecht es merkwürdig, aber drinnen ist es schön warm.« Auf derlei Wärme glaubte der aufstrebende Niedersachse verzichten zu können. Seine Erfolge verdankte er sich selbst, nicht der Partei.

Im Wahlkampf 1998 waren alle internen Irritationen vergessen. Die SPD wollte eindeutig lieber mit Schröder an die Macht kommen, als ohne ihn in der Opposition unterzugehen. Die Chancen standen auch deshalb gut, weil ihr Kandidat eine beachtliche Medienbegabung an den Tag legte, namentlich gegenüber den wahlkampfentscheidenden elektronischen: Schröder und die Fernsehkameras schienen sich gegenseitig anzuziehen. Vom Amtsinhaber ließ sich das nicht sagen. Die Strategie des Herausforderers war clever. Sie ließ sich auf den einfachen Nenner bringen, Kohl sei ein bedeutender Staatsmann mit unbestreitbaren historischen Verdiensten. Aber seine Zeit sei abgelaufen. »Danke, aber es reicht«, lautete ein Slogan der Wahlkampagne. Die CDU hatte dem wenig entgegenzusetzen, außer entrückt wirkenden Kanzlerporträts mit dem provinziell auftrumpfenden Untertitel »Weltklasse für Deutschland« oder dem mäßig originellen Wortspiel »Keep Kohl«.

Am frühen Abend des 27. September 1998 war das Rennen der beiden ungleichen Rivalen entschieden. Der Sieger hieß Gerhard Schröder. 40,9 Prozent der knapp 61 Millionen Wahlberechtigten hatten sich für die SPD entschieden, nur 35,1 Prozent für die CDU/CSU. Die FDP kam auf 6,2 Prozent, die Grünen auf 6,7. Die PDS schaffte mit 5,1 Prozent knapp den Sprung ins Parlament. Das Ergebnis war ein Erdrutschsieg der Sozialdemokraten, die das Feiern von Wahlerfolgen schon fast verlernt hatten. Zum ersten Mal in der Geschichte der Bundesrepublik war ein Kanzler direkt abgewählt worden. Erstmals nahm die von Willy Brandt Ende 1982 beschworene Mehrheit »diesseits der Union« in Parlament und Regierung konkrete Gestalt an.

Im Herbst 1982, vor dem Sturz Helmut Schmidts, hatte der damals neue Mann, Helmut Kohl, ein biologisches Machtgesetz formuliert: »Wer verbraucht ist, geht. Und wer die Kraft hat, kommt.« Jetzt wurde er selbst von dieser Lebensweisheit eingeholt. Am 27. Oktober 1998 wählten die Parlamentarier Schröder mit 351 von 665 gültigen Stimmen zum siebenten Bundeskanzler. Das waren sieben mehr, als die Koalition Abgeordnete stellte. Danach sprach er den üblichen Eid; die Bekräftigungsformel – »So wahr mir Gott helfe« – ließ er allerdings weg, im Gegensatz zu seinen Vorgängern. Kohl demonstrierte in der Stunde der Niederlage Größe und Gelassenheit, stemmte sich nach der Kanzlerwahl aus seinem Sessel und gratulierte per Handschlag seinem Bezwinger, der Kohls mächtige Pranke beidhändig umfaßte und ergriffen schüttelte. Eine an sich selbstverständliche und doch noble Geste, der die führenden Sozialdemokraten und Grünen stehend applaudierten. Nach sechzehn langen, für viele zu langen Jahren ging eine Ära zu Ende. Helmut Kohl meisterte seine letzte Amtshandlung souverän. Er hatte sich vorgenommen, mit Würde abzutreten, und hielt an seinen Entschluß fest, als die Stunde kam.

Triumph und Bürde der Neuen lagen dicht beieinander. Die Freude über den rot-grünen Wahlsieg verflog bei den frischgebackenen Koalitionären rasch. »Man spürt eben schon, was es bedeutet, jetzt Verantwortung zu übernehmen«, bekundete mit Joschka Fischer die Leitfigur der Grünen. Knapp zwei Jahrzehnte zuvor waren sie als reine Oppositionsbewegung angetreten. Jetzt hatten sie ihre vermutlich letzte Chance zum Sprung an die Macht genutzt. Der vormalige Straßenkämpfer und Friedensbewegte brachte es zum Außenminister und Vizekanzler, rückte damit in die erste Reihe des früher heftig bekämpften *Establishment* auf. Fischer sei »auf dieses Amt geradezu fixiert« gewesen, verriet Oskar Lafontaine. Und der Grüne mit der seltsamsten Biographie aller Kabinettsmitglieder kündigte weitere Überraschungen an. Er deutete den Wählerwillen als eine Aufforderung zu umwälzenden Veränderungen, weshalb er sagte: »Eine demokratische Revolution mit dem Wahlzettel, einen solchen Erdrutschsieg für die Opposition gab es bei uns noch nie. Das wird die Republik dauerhaft verändern.«

In der Tat wehte der Wind der Veränderung scharf wie nie durchs Land: neuer Kanzler, neue Koalition, in Bälde neuer Parlaments- und Regierungssitz, neue Währung, neues Jahrtausend. Schröders rot-grünes Kabinett schien den Wandel zu symbolisieren. Der spät zur SPD konvertierte Altgrüne Otto Schily übernahm das Innenressort. Die durch Schröders Sieg an den Rand geratenen beiden Kontrahenten und Partner der vormaligen Troika, Oskar Lafontaine und Rudolf Scharping, wurden mit dem Finanz- beziehungsweise dem Verteidigungsministerium abgefunden. Walter Riester löste Norbert Blüm, der als einziger Minister allen Kohl-Kabinetten seit 1982 angehört hatte, als Arbeitsminister ab. Der von Schröder persönlich als Wirtschaftsminister ins Spiel gebrachte Jost Stollmann verschwand bereits im Vorfeld der Regierungsbildung still in der Versenkung. Beiden Seiten war noch rechtzeitig bewußt geworden, daß seine Berufung ins Kabinett fatal für ihn wie die Aufgabe gewesen wäre. Statt seiner rückte der parteilose Werner Müller ins Kabinett.

*Staatstragend geworden: Gerhard Schröder und Joschka Fischer als Kanzler und Außenminister über den Wolken, 1998*

Bodo Hombach übernahm als Bundesminister für besondere Aufgaben die Leitung des Kanzleramts.

Die Grünen stellten mit Jürgen Trittin den Umweltminister und mit Andrea Fischer die Gesundheitsministerin. Mancher traute beim Anblick der neubesetzten Regierungsbank seinen Augen nicht. »Was machen die denn da? Wie kommen die denn da hin?« durchfuhr es den designierten CDU-Chef Wolfgang Schäuble. »Als sie da saßen, dachte ich: Das ist das falsche Bild, die gehören da nicht hin.« Erste Auftritte des einen oder anderen neuen Ministers, zumal auf internationalem Parkett, schienen schlimme Befürchtungen zu bestätigen.

Das war die Sicht der neuen Opposition. Die neue Regierung sah die Situation naturgemäß anders, entgegengesetzt: Nie zuvor bei einem Regierungswechsel waren die Altlasten derart niederdrückend. Viereinhalb Millionen Arbeitslose, zerrüttete Staatsfinanzen mit einem enormen Schuldengebirge von einer Billion D-Mark, marode Renten-, Krankenversicherungs- und Steuersysteme, ein zerrütteter Sozialstaat, ein kaputtes Bildungswesen, lähmende Überbürokratisierung allenthalben. Auch die Nation als solche, das größere, souverän gewordene Deutschland, bot kein erhebendes Bild. Zehn Jahre nach der Vereinigung war die innere Einheit, wenn man darunter die Angleichung der Lebensverhältnisse verstand, in weite Ferne gerückt.

Im Wahlkampf hatte sich Gerhard Schröder programmatischer Aussagen weitgehend enthalten. In Erinnerung blieben zwei Maximen. Erstens: Man wolle »nicht alles anders, aber vieles besser machen«. Zweitens: »Wenn wir es nicht schaffen, die Arbeitslosenquote signifikant zu senken, dann haben wir es nicht verdient, wiedergewählt zu werden.« Weniger als dreieinhalb Millionen sollten es äußerstenfalls noch sein. Ähnlich wie übrigens seine grünen Partner um Joschka Fischer und Jürgen Trittin, die er noch 1993 als »gescheiterte Theoretiker« abgetan hatte, dämpfte der Kanzler allzu hohe Erwartungen. Geflügelte Worte, emotionale Appelle im Stile Willy Brandts – wie »mehr Demokratie wagen« – lägen ihm nicht, meinte Schröder. »Mehr Volkswagen«, so scherzte er intern, passe besser zu ihm.

Des Kanzlers erste Regierungserklärung am 10. November 1998 wurde mit großer Spannung erwartet. »Vor uns liegen gewaltige Aufgaben«, begann er und kündigte einen »entschlossenen Konsolidierungskurs« an. Hatte Kohl 1994 eine »Koalition der Mitte« ausgerufen, so verlangte Schröder nun eine »Politik der Neuen Mitte«, eine Wendung, die Willy Brandt schon 1973 benutzt hatte. Die Kardinalaufgabe sei die Bekämpfung des Jahrhundertproblems Arbeitslosigkeit.

An die Adresse seiner alten Gegner in der SPD gewandt, verkündete Schröder: »Wir stehen nicht für eine rechte oder linke Wirtschaftspolitik, sondern für eine moderne Politik der sozialen Marktwirtschaft.« Noch 1995 hatte ihn ein ähnlicher Satz seinen Posten als SPD-Wirtschaftssprecher gekostet. Jetzt formulierte er ihn im Triumph. Weitere rotgrüne Prestigeprojekte waren der rasche Atomausstieg, eine sogenannte Ökosteuer zur Senkung der Lohnnebenkosten und ein neues Staatsangehörigkeitsrecht. Die Möglichkeit einer doppelten Staatsbürgerschaft sollte zumal die Integration ausländischer Kinder und Jugendlicher erleichtern. Alles übrige hätte genausogut Helmut Kohl verlesen können: Steuerreform, schlankere Verwaltung, »neue Gründerzeit«, Bildungsreform, Umbau des Sozialstaats, Aufbau Ost als »Chefsache«, Verläßlichkeit in der Außenpolitik. »Wir wollen ein Zukunftsbündnis in diesem Land schaffen.« Kohl hatte 1994 ein »Bündnis für die Zukunft« gefordert. Die Probleme blieben dieselben, die Worte auch. Nur die Taten standen noch immer aus.

Gerhard Schröder hatte die Wahl mit dem Versprechen gewonnen, den sogenannten »Reformstau« der Ära Kohl aufzulösen, den auf der Republik lastenden Mehltau abzuschütteln und sich dabei in erster Linie am Abbau der Massenarbeitslosigkeit messen zu lassen. Die Verwirklichung solch guter Vorsätze verlief erwartungsgemäß schleppend.

Die ökologisch-soziale Steuerreform blieb als erste im Sperrfeuer der Unternehmerverbände liegen. Arbeitgeberpräsident Dieter Hundt warnte vor einem »Abschreckungsprogramm für Investitionen und Wachstum«. Dennoch gelang es Anfang Dezember 1998, das »Bündnis für Arbeit« aus der Taufe zu heben – ein Kind, das Kohl 1997 in den Brunnen hatte fallen lassen. Von jetzt an kamen die Spitzen von Politik, Gewerkschaften und Arbeitgebern regelmäßig in informeller Runde zusammen, um über die Neuordnung des Arbeitsmarktes zu beraten. Einziges Ergebnis: Man wolle sich wieder treffen. Immerhin. Aber konnte man in solchen Prozeduren einen meßbaren Nutzen entdecken? Das wurde weithin bezweifelt.

Schröders Einhundert-Tage-Bilanz Anfang Februar 1999 fiel dürftig aus. Großen Versprechen standen winzige Ergebnisse gegenüber, etwa die geringfügige Erhöhung des Kindergeldes oder die Wiedereinführung der vollen Lohnfortzahlung im Krankheitsfall, die unter Kohl mit Augenmaß reformiert worden war. Für Schlagzeilen sorgten interne Reibereien. Oskar Lafontaine schwadronierte zur Verstörung Schröders über seine ehrgeizigen Pläne, »gemeinsam mit den USA und Japan ... der Welt eine neue Finanzarchitektur zu geben«, was in Washington und Tokio verständnisloses, gelegentlich auch besorgtes Kopfschütteln auslöste. Das britische Massenblatt *Sun* ging soweit, Lafontaine zum »gefährlichsten Mann in Europa« zu küren. In Wirklichkeit profilierte sich der streitbare Saarländer zunehmend als eine Art Gegenkanzler und baute sein Finanzministerium zur heimlichen Regierungszentrale aus. Kanzleramtschef Bodo Hombach sorgte unterdessen mit einer dubiosen Hausbauaffäre für publizistische Aufregungen: Was war von einem Kanzler zu halten, der einen solchen Mann zum Chef der Regierungszentrale machte?

In solchen mißlichen Lagen zeigte sich Schröders verblüffende persönliche Gelassenheit gegenüber Hiobsbotschaften aller Art. Dieser Gleichmut ist sein stärkster Trumpf. Von Schröder angetan, quittierten die Deutschen den Fehlstart

*Heimatlektüre: Gerhard Schröder liest die* Hannoversche Allgemeine *im Berliner Kanzleramt*

von Rot-Grün mit demoskopischen Traumwerten für den Kanzler. Er machte ganz zweifellos eine glänzende Figur, nur eben vornehmlich jenseits der Politik – ob nun als zigarrenrauchender Werbeträger italienischer Haute Couture oder als demonstrativ gutgelaunter Gast in Talkshows und quotenträchtigen Unterhaltungssendungen. Regieren mache Spaß, lautete die lebensfrohe Botschaft, die der untypische Sozialdemokrat im Kanzleramt der deutschen Spaßgesellschaft vermittelte.

Kein Wunder, daß das Wort vom »Spaßkanzler« die Runde machte. »Medienkanzler« traf die Sache noch besser. Mit Ausnahme Helmut Schmidts wußte keiner von Schröders Amtsvorgängern die Macht der Bilder derart virtuos zu seinen Gunsten einzusetzen. Seit Schmidts Zeiten hatte sich aber mit der Zahl der omnipräsenten Medien, Sender, Journalisten und Fotografen auch die Macht der Bilder ins Ungeheure gesteigert. Parteitage und ihre papiernen Beschlüsse, politische Programme und Verträge rissen niemanden mehr zur Begeisterung hin, ja fanden nur schläfriges Interesse – es sei denn, sie ließen sich spektakulär inszenieren, illustrieren.

Dennoch gelang es der Realität, in Schröders Welt des schönen Scheins einzubrechen. Es begann mit der hessischen Landtagswahl am 7. Februar 1999, die den Auftakt zu einer Niederlagenserie der SPD bildete. Mit einer populistischen Kampagne gegen die rot-grüne Initiative für die doppelte Staatsbürgerschaft, den sogenannten Doppel-Paß, schlug die CDU mit ihrem Spitzenkandidaten Roland Koch die rot-grüne Koalition unter Hans Eichel aus dem Felde. Koch wurde Ministerpräsident einer konservativ-liberalen Landesregierung in Wiesbaden.

In der SPD-Spitze löste die Wahlschlappe gegenseitige Schuldzuweisungen aus, zumal sie die knappe Mehrheit der rot-grünen Koalition im Bundesrat kostete. Mit Lafontaine hatte sich erstmals in der Geschichte der SPD ein Parteivorsitzender als Minister in die Kabinettsräson einbinden lassen. Die Große Koalition mit dem SPD-Vorsitzenden Willy Brandt als Vizekanzler und Außenminister stellte auch in dieser Hinsicht eine anders gelagerte Ausnahme dar. Jetzt erwies sich dieses Unikum als Fehlkonstruktion. Aus Schröders Sicht bestätigte sie die alte Weisheit, daß die Machtbehauptung ein anderes Personal erfordere als die Machterringung. Am Ende des duellartigen Machtkampfes zog Lafontaine den kürzeren und ließ am 11. März 1999 abrupt alle seine Ämter gleichzeitig fahren. Er schrieb nicht nur an Schröder: »Sehr geehrter Herr Bundeskanzler, hiermit trete ich von meinem Amt als Bundesminister der Finanzen zurück.« Er gab gleichzeitig auch sein Abgeordnetenmandat und vor allem den Parteivorsitz ab, was erhebliche Empörung in der SPD auslöste. Nie zuvor hatte sich ein Sozialdemokrat vom Kaliber Lafontaines derart sang- und klanglos, gewissermaßen im Handstreich, aller öffentlichen Pflichten entledigt und verdrossen ins Privatleben verabschiedet.

Es war eine Ironie der Geschichte, daß nun ausgerechnet Gerhard Schröder, der stets mit seiner Distanz zur SPD kokettiert hatte, zusätzlich den Parteivorsitz übernehmen mußte, übrigens auf heftiges Anraten Helmut Schmidts. 1993 war sich Schröder noch sicher gewesen: »Die Fülle der Aufgaben eines Regierungschefs macht ein ernsthaftes Engagement als Parteivorsitzender kaum möglich.« Aber Schmidt hatte erfahren müssen, welche Nachteile es brachte, wenn der Regierungschef nicht gleichzeitig über die Partei verfügen konnte.

Nach den wenig ersprießlichen ersten Amtsmonaten des Kanzlers machte das optimistische Wort der »zweiten Chance« die Runde. Der Richtungsstreit in der SPD schien zugunsten Schröders entschieden, die »Modernisierer« hatten die Oberhand über die »Traditionalisten« gewonnen. Diese Einschätzung vieler Beobachter der Bonner Szene teilte auch Joschka Fischer, der sich mittlerweile ganz in das Amt des Außenministers hineingefunden hatte, freilich mit einem Persönlichkeitswechsel sondergleichen. Der neue, abgespeckte Fischer hatte mit dem alten nicht nur äußerlich, sondern auch im Denken und Handeln kaum noch etwas gemein. Was den Rücktritt Lafontaines anging, meinte Fischer, man müsse neu Tritt fassen und wie beim Schachspiel die Grundaufstellung der Figuren noch einmal überdenken.

Hans Eichel, eben noch blasser Verlierer der Hessen-Wahl, rückte an die Spitze des Finanzministeriums. Bald darauf räumte Franz Müntefering den Stuhl des Bau- und Verkehrsministers und wurde SPD-Generalsekretär, vor allem, um dem neuen Parteivorsitzenden Gerhard Schröder den Rücken frei zu halten. Den vakanten Posten übernahm der Saarländer Reinhard Klimmt, der sein Amt als Ministerpräsident soeben infolge einer weiteren Wahlniederlage der SPD, diesmal im Saarland, eingebüßt hatte. Der skandalumwitterte Kanzleramtschef Bodo Hombach wechselte im Sommer 1999 von Bonn überraschend als EU-Koordinator auf den Balkan und verschwand damit zeitweilig aus der öffentlichen Wahrnehmung, jedenfalls in Deutschland.

In der Nacht zum 25. März 1999 begann die NATO-Operation »Verbündete Kraft«: Kampfjets starteten zu massierten Luftangriffen gegen militärische Ziele in Jugoslawien, um den serbischen Diktator zu einem Arrangement zu zwingen. Slobodan Milošević hatte nämlich sämtliche Vermittlungsversuche des Westens scheitern lassen, einen Vernichtungsfeldzug gegen die albanische Minderheit im Kosovo forciert und damit eine »humanitäre Katastrophe« heraufbeschworen – so die etwas eigentümliche Bonner Sprachregelung. Zehntausende Zivilisten kamen ums Leben, Hunderttausende waren auf der Flucht vor den brandschatzenden Banden der serbischen Bürgerkriegsarmee.

Am Abend des 24. März verfolgten die Deutschen am Bildschirm gebannt ein bemerkenswertes Schauspiel: die Verwandlung Gerhard Schröders. Der Kanzler charmierte diesmal nicht vor der knalligen Kulisse einer Talkshow, sondern erklärte seinen Landsleuten mit Grabesstimme, grauem Gesicht und den Gesten des Staatsmannes Sinn und Zweck der Kosovo-Aktion: »Ich rufe von dieser Stelle aus alle Mitbürgerinnen und Mitbürger auf, in dieser Stunde zu unseren Soldaten zu stehen.«

Damit meinte der Kanzler die Besatzungen der deutschen Luftwaffen-»Tornados«, die für die alliierten Kampfbomber Breschen in die jugoslawische Luftverteidigung schlagen sollten. Der relativ begrenzte Umfang des deutschen Beitrags schmälerte nicht seine historische Bedeutung: Zum ersten Mal seit dem Zweiten Weltkrieg standen deutsche Soldaten direkt in einem Kampfeinsatz. Gerhard Schröder, der selbst nie eine Uniform getragen hatte, war der erste Bundeskanzler, der den Befehl geben und verantworten mußte. Außer Zweifel stand, daß dem Kanzler und seiner Koalition keine andere Wahl geblieben war. Die Scheckbuchdiplomatie Genschers und Kinkels hatte ausgedient, Ausweichmanöver waren nicht länger möglich, sämtliche politischen und diplomatischen Mittel waren erschöpft. Ein erneutes deutsches Abseitsstehen hätte einen irreparablen Vertrauensverlust im Bündnis zur Folge gehabt.

Dieser Zwangslage konnten sich auch die Grünen nicht entziehen. Für Joschka Fischer und das Gros seiner Partei hatte die kritische Inventur des eigenen pazifistischen Gedankenguts bereits im Juli 1995 mit der Tragödie von Srebrenica begonnen, bei der rund siebentausend Bosnier einem serbischen Massaker zum Opfer gefallen waren. Die kritische Selbstbefragung der Grünen bewältigte das Dilemma des eigenen politischen Richtungswechsels einigermaßen grob, indem sie Milošević mit Hitler verglichen und das Belgrader Regime vor dem Hintergrund des Dritten Reiches richtig zu deuten meinten. Der Außenminister begründete daher seine Zustimmung im Sommer 1999 mit den Worten: »›Nie wieder Auschwitz‹ heißt heute ›Wehret den Anfängen‹. Gemeinsam mit ›Nie wieder Krieg‹ sind dies die drei konstitutiven Prinzipien meiner politischen Biographie.«

Das Kalkül der NATO ging nach einem mehr als siebzigtägigen Bombardement auf: Milošević lenkte ein und stimmte nach Vermittlung des finnischen Präsidenten Martti Ahtisaari am 3. Juni 1999 einem Friedensplan der führenden westlichen Nationen sowie Rußlands zu. Bereits Ende Mai hatte das UN-Kriegsverbrechertribunal einen Haftbefehl gegen den serbischen Diktator erlassen, der allerdings erst Ende 2001 vollstreckt werden konnte. Der vordergründige Erfolg der Operation hinterließ freilich ein weithin zerstörtes Land ohne Infrastruktur: Straßen, Brücken, Stromleitungen, Kanalisation, Fabriken, Schulen, Wasserwerke – alles lag in Trümmern. Nur wenige der zahllosen Flüchtlinge wollten zunächst in ihre verwüstete, zukunftslose Heimat zurückkehren.

Trotz aller Unzulänglichkeiten der provisorischen Regelung, die der Westen im Kosovo fand, machte Gerhard Schröder damals eine Erfahrung, die schon alle seine Vorgänger gemacht hatten: Meriten lassen sich am ehesten in der Außenpolitik erwerben. Im Januar 1999 begann überdies turnusgemäß die sechsmonatige deutsche EU-Ratspräsidentschaft. Neben dem Kosovo-Krieg stand hierbei die sogenannte Agenda 2000 auf dem Programm – ein Maßnahmenkatalog zur Vorbereitung der Osterweiterung, der Reform der EU-Strukturen und der Wirtschafts- und Währungsunion. Im Juli 1997 hatte es einen ersten Entwurf gegeben, im März 1999 wurde das Papier in Berlin beschlossen. Strittig blieben der zukünftige Finanzrahmen und der Subventionsabbau im Agrarbereich; die Strukturreformen wurden aufgeschoben. In Schröders Amtszeit fiel zudem der skandalumwitterte Rücktritt der Europäischen Kommission und ihres Präsidenten, Jacques Santer, sowie die Wahl des Nachfolgegremiums unter Romano Prodi. Schröder zog für sich eine durchaus positive Bilanz seines Engagements. Zweifellos hatte er, aber auch sein Außenminister, an persönlicher Statur gewonnen, auch wenn sich konkrete Erfolge auf diesem schwierigen Terrain in engen Grenzen hielten.

Am 19. April 1999 war es soweit: Der Deutsche Bundestag traf zu seiner ersten Plenarsitzung im alt-neuen Berliner Reichstagsgebäude zusammen. Die Entscheidung für die Verlegung der Hauptstadt, des Parlaments- und des Regierungssitzes vom rheinischen Bonn ins geschichtsträchtige Berlin war bereits am 21. Juni 1991 nach einer emotionalen Bundestagsdebatte gefallen; eine knappe Mehrheit der Volksvertreter hatte damals für Berlin gestimmt. Würde es eine »Berliner Republik« geben? Was würde sie den Deutschen bringen? Den Politikern brachte sie zunächst den Umzug an die Spree.

Die Bonner Republik endete, wie sie begonnen hatte: als Provisorium. Gerhard Schröder schlug im Sommer 1999 sein provisorisches Kanzleramt im ehemaligen Staatsratsgebäude der DDR auf, wobei ihm einfiel, daß er schon früher dort gewesen, 1985 einmal von Erich Honecker empfangen worden war. Das noch von Kohl geplante monumentale neue Kanzleramt am Spreebogen konnte erst 2001 bezogen werden. Den Umzug nach Berlin hielt Schröder für eine »Rückkehr in die deutsche Geschichte, an den Ort zweier deutscher Diktaturen, die großes Leid über die Menschen in Deutschland und Europa gebracht« hätten. Welches Leid hatte die DDR, würde man gern gefragt haben, über Europa gebracht? Ohnehin hatte der Kanzler ein eher unbekümmertes, entspanntes Verhältnis zur Geschichte. Historisches nahm er gemeinhin nicht so genau.

Schröder zufolge kam der Wechsel an die Spree zur rechten Zeit, weil sich mit ihm auch ein politischer Generationswechsel verbinde: »Es gibt kein Land, in dem die Ablösung der politischen Generation, die den Zweiten Weltkrieg noch unmittelbar miterlebt hat, nicht eine bedeutende Veränderung in der Politik bezeichnet hätte. Das gilt für uns in Deutschland allemal.« Bedeutende Veränderungen bahnten sich an, zweifellos. In der deutschen Außenpolitik waren sie für jedermann sichtbar.

In der Innenpolitik jedoch überwogen unverkennbar Kontinuitäten zur Ära Kohl. Nicht nur Schröders Hoffnung auf »ein kleines Wirtschaftswunder, gerade im Osten unseres Landes« blieb unerfüllt. Rot-grüne Eigenprojekte konnten selten überzeugen, waren häufig unausgereift. Gewiß, die Erhöhung des Kindergeldes zum 1. Januar 2000 und flankierende familienpolitische Maßnahmen stießen auf breite Zustimmung. Dagegen löste die Besteuerung der bislang abgabefreien sogenannten 630-Mark-Jobs statt der erhofften Zunahme fester Arbeitsverhältnisse eine Kündigungswelle bei Teilzeitbeschäftigten aus. Ähnliches galt für die Abschaffung der »Scheinselbständigkeit«. Der Kanzler, vor allem die SPD, rutschten in den Umfragekeller. Rot-grün schien kaum noch eine Landtags- oder Kommunalwahl gewinnen zu können. Der neue Generalsekretär Müntefering brachte die unglückliche Lage seiner Partei auf den Punkt: »Wir sind umgekegelt.«

Wo die Gefahr am größten ist, wächst bekanntlich das Rettende auch. Erstaunlich war die Richtung, aus der das Heil für die Sozialdemokraten nahte. Helmut Kohl rettete Gerhard Schröder – wenn auch unfreiwillig. Im November 1999 brachte Kohls alter Rivale Heiner Geißler die CDU-Spendenaffäre ins Rollen, in deren Verlauf dubiose Finanzpraktiken der Christdemokraten gleich in Serie aus der Vergangenheit ans Tageslicht befördert wurden. Über Monate fielen alle anderen politischen Themen in diese »schwarzen Löcher«, insbesondere seit der Altkanzler selbst einen Verstoß gegen Artikel 21 des Grundgesetzes einräumen mußte.

Mitte Dezember 1999 gab Kohl über das Fernsehen zu, zwischen 1993 und 1998 etwa zwei Millionen D-Mark an Spenden erhalten und am offiziellen Rechenwerk vorbei in schwarze Kassen geschleust zu haben. Eine direkte Verbindung zu anderen, etwa zur gleichen Zeit auffliegenden Spendenskandalen der Bundespartei wie der hessischen CDU gab es nicht, und daß sich der Altkanzler persönlich bereichert habe, unterstellten ihm nicht einmal seine Gegner innerhalb und außerhalb der eigenen Partei. Dennoch weigerte er sich unter Berufung auf sein persönliches Ehrenwort beharrlich, die Namen der fraglichen Spender zu nennen: Je mehr er unter Druck gesetzt werde, desto weniger sage er. Sein Amt als Ehrenvorsitzender der CDU legte er nieder. Auch seinem Nachfolger im Parteivorsitz, Wolfgang Schäuble, wurde die Verstrickung in die Spendenaffäre zum Verhängnis. Im Frühjahr 2000 gab er nach quälenden Streitereien über die Frage,

*Dem Wähler zugewandt? Oberbürgermeister, Kanzler, Ministerpräsident und Touristen in Potsdam, Sommer 2001*

ob er sich persönlich integer verhalten habe, seine Parteiämter auf.

Im April wählten die verunsicherten Christdemokraten in ihrem verzweifelten Verlangen nach einer unbelasteten Führungsfigur die weithin unauffällige, aber machtbewußte Ostdeutsche Angela Merkel als erste Frau zur Bundesvorsitzenden der CDU. Merkel galt lange – und zu Unrecht – als Erfindung Helmut Kohls, der das »Mädchen«, wie er sie nannte, 1991 zur Frauen- und Jugend-, 1994 zur Umweltministerin in seinem Kabinett gemacht hatte. Ihre hemdsärmelige Zielstrebigkeit zu Lasten ihres Entdeckers und Förderers sowie ihre Entschlossenheit, die schwarzen Löcher und Kassen der Union aufzuspüren, qualifizierten sie offenbar nun für den Parteivorsitz. Was christdemokratische Routiniers von ihr hielten, verriet Norbert Blüm, wenn er meinte, Angela Merkel bringe in die »perfekte Politikwelt gelegentlich ein Stück von natürlicher Unbeholfenheit ein«.

Für die SPD war Kohls Skandal ein Geschenk des Himmels, vergleichbar dem Glück eines taumelnden Boxers, dessen Gegner wegen Tiefschlags disqualifiziert wird, ehe er den entscheidenden Treffer landen kann. Kurzfristig beraubte die Spendenaffäre den Christdemokraten Volker Rühe guter Chancen für die Landtagswahl in Schleswig-Holstein und bescherte der dortigen SPD-Ministerpräsidentin Heide Simonis eine dritte Amtszeit. Mittelfristig hangelten sich die Sozialdemokraten aus ihrer Formkrise heraus. Wäre ihm das konservative Debakel ein Jahr früher vorausgesagt worden, gab Schröder zu, hätte er geantwortet: »Glaub ich nicht.« Damals konnte der Kanzler freilich nicht ahnen, daß einige Genossen aus Köln und Umgebung mit einem nicht minder fragwürdigen Spendenverhalten der Opposition ausgerechnet zum Bundestagswahlkampf eine ähnliche Steilvorlage liefern würden.

Im Frühjahr 2001 lief mit Blick auf die Berliner Regierung erneut das Wort von der »zweiten Chance« um. In diese Richtung wiesen auch optimistische Prognosen für Konjunktur und Arbeitsmarkt, die inzwischen ein Wachstum von knapp drei Prozent und allmählich auf 3,5 Millionen sinkende Arbeitslosenzahlen verhießen. Schröder schloß sich dem vermeintlichen Trend an und wagte seinerseits Prognosen: Es sei »durchaus realistisch, bis zum Jahr 2010 auf Basis der neuen Informations- und Kommunikationstechniken rund 750 000 neue Arbeitsplätze zu schaffen«. Das klang wie ein Versprechen, und war auch so gemeint. Vergessen schien, daß sein Vorgänger wenige Jahre zuvor Ähnliches angekündigt hatte – und gescheitert war.

Die konkreten Reformvorhaben dümpelten weiter wie Boote in der Flaute vor sich hin. Schröders *Green-Card*-Initiative zur Ankurbelung der *New Economy* brachte einige tausend ausländische Computerspezialisten ins Land. Der nordrhein-westfälische Spitzenkandidat der CDU, Jürgen Rüttgers, nutzte die Initiative zum Vorwand einer vordergründigen Kampagne unter dem Motto »Kinder statt Inder!«. Zum Wahlsieg verhalf ihm das nicht, eher zu Ärger. Gleichwohl hielt es Schröder für ratsam, vorerst einmal die endgültige Formulierung des Einwanderungsgesetzes zu verschieben, um es dann im März 2002 durch die Gesetzgebungsinstanzen zu zwingen: Ausgerechnet mit der Kraftprobe, ob und zu welchen Bedingungen das Einwanderungsgesetz der rot-grünen Koalition die Hürde des Bundesrats nehmen könne, eröffneten Regierung und Opposition den Wahlkampf des Jahres 2002.

Der Kanzler setzte dabei auf die mangelnde Geschlossenheit in den Reihen der Unionsparteien. Das Kalkül ging zwar in diesem Falle nicht auf, hatte aber aus Schröders Sicht einiges für sich. Mitte Juli 2000 war es ihm nämlich gelungen, eine Steuerreform durch den Unions-dominierten Bundesrat zu bringen, die unter anderem die Anhebung des jährlichen Grundfreibetrags, die Senkung des Eingangs- und Spitzensteuersatzes sowie der Körperschaftssteuer in Stufen bis 2005 festschrieb. Das Gesetz konnte die Länderkammer nur passieren, weil einige Christdemokraten, voran Berlins Bürgermeister Eberhard Diepgen, Chef einer Großen Koalition, die Parteiräson links liegen und sich ihr Ja durch Zugeständnisse des Kanzlers in anderen Fragen entlocken ließen. Das war nicht unproblematisch, bestärkte der Vorgang doch die Zweifel an den Führungsqualitäten der neuen Spitze um die Parteivorsitzende Angela Merkel und den Fraktionsvorsitzenden Friedrich Merz, die ohnehin alle Mühe hatten, ihre Partei von den Lähmungen der Spendenaffäre zu befreien.

Ende 2000 wurde diese Affäre über Nacht durch eine andere, die sogenannte BSE-Krise, aus den Schlagzeilen verdrängt. »BSE« stand für eine erstmals in Großbritannien aufgetretene, tödlich verlaufende Infektionskrankheit bei Rindern, deren Ursache vermutlich die Verfütterung kontaminierten Tiermehls war. Der Verdacht ihrer Übertragbarkeit auf den Menschen löste in der Bundesrepublik eine regelrechte Massenhysterie aus. Millionen Deutsche verzichteten kurzzeitig auf ihren Fleischkonsum. Tausende Landwirte bangten um ihre Existenz. Der Kanzler wirkte unbeeindruckt: »Die Currywurst wird weiter gegessen – aber ich will künftig wissen, wo sie herkommt.«

Immerhin zog er personelle Konsequenzen. Die grüne Gesundheitsministerin Andrea Fischer und der sozialdemokratische Landwirtschaftsminister Karl-Heinz Funke mußten gehen. Nachfolgerin Funkes wurde die Grüne Renate Künast, deren Ressort um den »Verbraucherschutz« erweitert wurde. Für Andrea Fischer rückte Genossin Ulla Schmidt ins Kabinett ein. Die BSE-Krise verschwand aus dem öffentlichen Bewußtsein fast ebenso schnell, wie sie aufgetaucht war – ohne daß sich an ihren Ursachen Wesentliches geändert hätte. Der viel beschworene Strukturwandel hin zu einer ganz neuen, verbraucherorientierten Landwirtschaft blieb weitgehend Papier. Ein halbes Jahr später sprach kein Mensch mehr von solchen Plänen, auch nicht von BSE.

Mit Funke war Schröder im dritten Regierungsjahr bereits der sechste Minister abhanden gekommen – ein absoluter Rekord in der bundesdeutschen Geschichte. Der erste Kanzler, Konrad Adenauer, hatte im selben Zeitraum lediglich den Rücktritt Gustav Heinemanns hinnehmen müssen. Der verbreiteten Kurzatmigkeit der rot-grünen Kabinettskollegen im Amte entsprach die magere Bilanz des Kanzlers zur Halbzeit der ersten Legislaturperiode. Schröders umsichtig gepflegtes Image als sozialdemokratischer Neuerer im Kanzleramt, als Modernisierer, Reformer und Auflöser Kohlscher Reformblockaden hatte sich rasch abgenutzt. Alles, was an sich zunehmen sollte, schrumpfte: das jährliche Wirtschaftswachstum auf weit unter ein Prozent, die Steuereinnahmen in den Haushalten von Bund, Ländern und Kommunen, die Umfragewerte der Bundesregierung.

Alles, was sinken sollte, nahm dagegen dramatisch zu: Die Arbeitslosenzahl durchbrach im Januar 2002 die Vier-Millionen-Schallmauer. Das »Bündnis für Arbeit« bewegte nur noch sich selbst. Die von Finanzminister Eichel geplante Senkung der Staatsquote auf 45 Prozent blieb ein frommer Wunsch, 2001 kletterte sie auf knapp 49 Prozent. Die geplante Senkung der Lohnnebenkosten ließ weiter auf sich warten. Das Gesundheitswesen stand vor dem Kollaps, die Sozialkosten stiegen drastisch weiter an; allein die Ausgaben der gesetzlichen Krankenkassen für Arzneimittel lagen 2001 um 25 Prozent über denen von 1998. Mit einem Wort: Gerhard Schröder stand in seinem dritten Regierungsjahr in weiten Bereichen dort, wo Helmut Kohl 1998 aufgehört hatte – auch deshalb, weil die Union jetzt gegenüber der rot-grünen Reformpolitik durchweg jene Blockadestrategien verfolgte, denen sie während ihrer letzten Regierungsjahre durch Sozialdemokraten und Grüne ausgesetzt gewesen war.

An den Reformbedarf in ihrem Lande wurden die Deutschen im Dezember 2001 auf geradezu dramatische Weise erinnert. In einem Schultest der OECD-Länder, der sogenannten Pisa-Studie (*Program for International Student Assessment*), schnitten die deutschen Schüler katastrophal schlecht ab. In der Lesekompetenz beispielsweise belegten sie Platz 21 von 31 untersuchten Ländern. Die sich anschließende wort- und gedankenreiche Debatte über Ursachen, Folgen und Konsequenzen dieses Debakels erschöpfte sich in ritualisierten Schuldzuweisungen, ohne überzeugende neue

Ansätze, noch weniger konkrete Ergebnisse zutage zu fördern. Natürlich war das nicht in erster Linie ein Beleg für die miserable Bilanz der seit drei Jahren amtierenden Regierung. Es war eine Quittung für eine Bildungspolitik, die man seit den ausgehenden sechziger Jahren beobachten konnte, weithin unabhängig davon, wer in Bund und Ländern jeweils politische Verantwortung trug. Im übrigen stand auch diese Debatte im Schatten der Weltpolitik.

Am 11. September 2001, 8.45 und 9.03 Uhr Ortszeit, waren nacheinander zwei entführte Passagierflugzeuge, vollbesetzt und vollbetankt, in die beiden Türme des New Yorker World Trade Centers eingeschlagen. Der südliche Turm stürzte um 10.07 Uhr zusammen, der nördliche zwanzig Minuten später. Die Trümmer der über 400 Meter hohen Bürogebäude begruben Tausende unter sich, deren Arbeitstag gerade begonnen hatte.

Eine knappe Stunde nach der ersten Explosion brachte der Aufprall einer Boeing 757 einen Teil des Pentagons, Sitz des US-Verteidigungsministeriums in Washington, zum Einsturz. Eine vierte Maschine stürzte in Pennsylvania ab, 140 Kilometer entfernt von Camp David, dem Landsitz des amerikanischen Präsidenten. Diese Terroranschläge von bisher nicht geahnter Brutalität und Präzision richteten sich gegen ökonomische Machtsymbole und militärpolitische Nervenzentren der USA und versetzten der sich unverwundbar wähnenden amerikanischen Nation einen tiefen Schock.

Der republikanische Präsident George W. Bush, nach einem umstrittenen Wahlsieg gegen Clintons Vizepräsidenten Al Gore seit Januar 2001 im Amt, kündigte in einer Fernsehansprache noch am selben Tag Vergeltungsschläge gegen die Täter und ihre Hintermänner an: »Die Mörder werden dafür bezahlen.« Als Hauptverdächtiger galt der arabische Terrorist Osama bin Laden, der allem Anschein nach beim afghanischen Taliban-Regime Unterschlupf und Unterstützung gefunden hatte. »Unser Land ist stark«, versuchte Bush seinen Landsleuten Mut zuzusprechen. »Terroristen können zwar das Fundament unserer größten Gebäude erschüttern, aber sie können nicht das Fundament Amerikas berühren.«

Auch in den europäischen Hauptstädten, in London, Paris oder Berlin, breiteten sich fassungsloses Entsetzen und die Ängste vor weiteren Anschlägen aus. Erstmals in ihrer über fünfzigjährigen Geschichte erklärte die NATO den Verteidigungsfall, allerdings unter dem Vorbehalt, daß die Attacke tatsächlich vom Ausland aus gegen die USA geführt worden sei, was bald als sicher gelten konnte. Osama bin Laden stand rasch als Drahtzieher fest. Amerikas »Kampf gegen den Terror« überlagerte als Hauptnachricht für Monate alle anderen Themen und Probleme.

Das galt auch für die Bundesrepublik, auch für Gerhard Schröder, dessen Verwandlung vom »Spaßkanzler« zum Staatsmann jetzt ein gutes Stück vorankam. Nicht erst bei der Besichtigung von *Ground Zero*, deren Schrecken ihm ins Gesicht geschrieben stand, wußte er, was auf Deutschland zukommen könnte. Allerdings goß der Kanzler zusätzliches Öl in die aufflammende Debatte. Er bezeichnete die Anschläge als »Kriegserklärung gegen uns alle«, gegen die »gesamte zivilisierte Welt«, und versprach Präsident Bush sofort »uneingeschränkte Solidarität«.

So weit war bislang kein Kanzler gegangen; allerdings hatte es auch nie zuvor eine vergleichbare Situation gegeben. Vor allem bei den Grünen und in der SPD-Linken erhob sich bald Widerstand gegen Schröders allzu schnellen, allzu demonstrativen sicherheitspolitischen Schulterschluß mit den USA, zumal er rasch den möglichen Einsatz deutscher Soldaten in Afghanistan einschloß. Altkanzler Helmut Kohl ließ aus der Kulisse verlauten, daß von denjenigen, die zwanzig Jahre zuvor gegen den NATO-Doppelbeschluß gestimmt hätten, jetzt natürlich nichts anderes als »uneingeschränkte Solidarität« erwartet werden könne, um ihre damalige amerikakritische Einstellung in Vergessenheit geraten zu lassen.

Schröders pauschale Beistandszusage erwies sich gleichwohl als unglücklich und zwang ihn im Laufe der Wochen dann doch zu Einschränkungen der »uneingeschränkten Solidarität«, etwa in Form des Zusatzes: »Risiken ja, Abenteuer nein!« Dieser Marschrichtung des Kanzlers konnte, wie der Nürnberger SPD-Parteitag im November 2001 zeigte, wenigstens die überwältigende Mehrheit seiner eigenen Partei folgen. Die Sozialdemokraten bestätigten Schröder mit 88,6 Prozent im Parteivorsitz. Sie billigten zugleich den außen- und sicherheitspolitischen Kurs der Regierung in erstaunlicher Einmütigkeit. Als Blitzableiter mußte der glücklose Verteidigungsminister Rudolf Scharping herhalten, der bei der Wahl zum stellvertretenden Parteivorsitzenden mit 58,8 Prozent das schlechteste Ergebnis erzielte. Die kanzlerkritische Parteilinke stand, wenn überhaupt, auf verlorenem Posten.

Weitaus schwieriger war es, den grünen Koalitionspartner auf Kurs zu halten. Der müsse, so Schröder, die Frage beantworten, »ob man sich auf die Wirklichkeit einläßt oder ob Nostalgie und Verdrängung auf der Tagesordnung stehen«. Die zweifelhaften Rauchzeichen der Grünen sowie drohende Querschüsse aus den eigenen Reihen, also die zunehmende Zahl politischer Deserteure unter den sozialdemokratischen Abgeordneten, zwangen den Kanzler zur Flucht nach vorn. Am 16. November 2001 stellte er dem Bundestag die Vertrauensfrage. Als letzter hatte Helmut Kohl am 17. Oktober 1982 von diesem Instrument Gebrauch gemacht – allerdings nicht im Sinne der Erfinder, da Kohl, ähnlich wie Willy Brandt Ende September 1972, lediglich den Weg zu Neuwahlen freimachen wollte. Während bei Brandt die Kabinettsmitglieder der Abstimmung ferngeblieben waren, wodurch das Mißtrauensvotum eine klare Mehrheit erhielt, hatte sich Kohl kurioserweise auch von der eigenen Fraktion das Vertrauen entziehen lassen. Bei Helmut Schmidts Vertrauensfrage lag der Fall ähnlich wie jetzt bei Schröder, wenn er auch am 5. Februar 1982 die Vertrauensfrage nicht an ein konkretes Thema – in diesem Fall das Beschäftigungs-Programm – gekoppelt hatte. Auch Schmidt war es vorrangig um die Disziplinierung der eigenen Fraktion gegangen. Es half damals nicht lange. Ein halbes Jahr später, im Herbst 1982, war Schmidts Koalition dann doch am Ende.

Gerhard Schröder wollte im November 2001 außerdem den zaudernden grünen Koalitionspartner zwingen, Farbe zu bekennen. »Es bestand die Gefahr«, sagte er, daß die »Opposition nicht ohne Erfolg hätte argumentieren können: Der Kanzler ist in zentralen Fragen einer von unseren Gnaden.« Die Sachfrage, die der Kanzler mit dem Antrag, ihm das Vertrauen auszusprechen, verbunden hatte, war der Einsatz deutscher Soldaten im Krieg gegen den Terror. 336 der 662 Parlamentarier stimmten für den Regierungschef. Vier Grüne votierten gegen den Kriegseinsatz, eine SPD-Abgeordnete ebenfalls, die aber vorher aus ihrer Fraktion ausgetreten war. Die Opposition stimmte gegen den Kanzler, womit dieser Unionsparteien und Liberale in die Situation manövrierte, auch gegen den Antiterroreinsatz der Bundeswehr zu stimmen.

Gerhard Schröder hatte hoch gepokert und – knapp – gewonnen. Drei Stimmen weniger, und die Koalition wäre am Ende gewesen. Die ehemals pazifistischen Grünen mußten einmal mehr zurückstecken, sehr zum Mißvergnügen der Parteibasis. Andererseits hatten die grünen Funktionäre bei dieser realpolitischen Disziplinierung mittlerweile eine gewisse Routine erworben, beispielsweise auch beim »Atomausstieg«, wo aus der grünen Forderung »sofort!« eine Höchstfrist von 32 Jahren geworden war. Ihre Chancen für die Bundestagswahl im September 2002 verbesserten die Grünen damit allerdings nicht. Anhänger und Wähler liefen ihnen in Scharen davon.

Auch die Sozialdemokraten erhielten ihre Quittung, wenn auch vorerst nicht von den Wählern, sondern von den Demoskopen. Das waren trübe Aussichten für Rot-grün und damit auch für Gerhard Schröder, der freilich längst auf ein bewährtes, seit den Tagen Willy Brandts gern angewandtes Kanzler-Rezept zurückgegriffen hatte und in die Rolle des weltgewandten Staatsmannes geschlüpft war. Je trister die heimische Großwetterlage, um so anziehender die große weite Welt: Nordamerika, Südamerika, Indien, China standen in immer kürzerem Zeittakt auf dem Programm – England, Frankreich, Rußland sowieso. Dabei ließen sich Konflikte mit dem Außenminister kaum mehr übersehen, weil Fischer seinerseits eine an Genscher erinnernde permanente Reiselust entwickelte, während Schröder immer stärker zu erkennen gab, daß er die Zuständigkeiten für Europa vom Auswärtigen Amt ins Kanzleramt hinüberziehen wolle.

Indessen war die neue deutsche Reisediplomatie nicht nur Ausdruck von leerem Aktivismus und schierer Problemflucht, sondern auch Folge des seit Jahren kontinuierlich zunehmenden weltpolitischen Drucks. Diese Entwicklung entbehrte nicht der Ironie: Ausgerechnet jene Garde rot-grüner Politikerprominenz, die sich in der ersten Hälfte der neunziger Jahre vehement gegen das von der Völkergemeinschaft eingeforderte internationale Engagement des vereinigten Deutschland gestemmt hatte, profilierte sich jetzt als Vollzieherin einer neuen Realpolitik und eines umfassenden militärischen Engagements. Etwa 10 000 Bundeswehrangehörige waren im Frühjahr 2002 in acht Ländern im Einsatz, auf dem Balkan und am Horn von Afrika, in Kuweit und Afghanistan, und ausgerechnet die rot-grüne Regierung mußte der Bevölkerung im März 2002 den Tod dreier Soldaten in der Nähe von Kabul erklären.

Die Außenpolitik blieb das dominante Thema auch dieser Regierung. Wie einst Helmut Kohl die Außen- und Sicherheitspolitik seiner beiden sozialdemokratischen Vorgänger nahtlos fortgeführt beziehungsweise – wie im Falle des NATO-Doppelbeschlusses – erst in die Tat umgesetzt hatte, wurde Gerhard Schröder jetzt zum Testamentsvollstrecker seines christdemokratischen Vorgängers, nicht zuletzt auf dem Feld der europäischen Wirtschafts- und Währungspolitik. Die praktische Einführung des Euro am 1. Januar 2002 markierte nicht nur die Trennung von der Deutschen Mark, dem Symbol des Wirtschaftswunders und monetärer deutscher Weltgeltung nach 1945, sondern auch den endgültigen

*Heimkehr der bei Kabul getöteten Kameraden, März 2002*

Abschied von der mittlerweile in Berlin angekommenen Bonner Republik.

Bei Lichte besehen hatte dieser Abschied am Tag des Mauerfalls begonnen und sich seither auf Raten fortgesetzt. Die Ostdeutschen verloren mit der »harten Währung«, für die sie 1989 noch demonstrierend durch die Straßen gezogen waren, ein weiteres Stück ihrer damaligen Wohlstandserwartungen – Blütenträume, »blühende Landschaften«, die in vielen Fällen keine Entsprechung in der Wirklichkeit gefunden hatten. Eine die Enttäuschten überzeugende Erklärung, erst recht eine Lösung ihrer Probleme hatte schon Helmut Kohl nicht gefunden; Gerhard Schröder gelang sie ebensowenig.

Dafür hatte der Kanzler nach dem 11. September und dem massiven Einbruch der US-Konjunktur einen Grund mehr zur Hand, warum sein Wahlversprechen einer radikalen Reduzierung der Arbeitslosigkeit derzeit schlicht uneinlösbar sei. Das war ein fadenscheiniges Argument. Schließlich hatte er sein Versprechen mehrere Jahre vorher und im vollen Bewußtsein gemacht, daß es immer Risikofaktoren gebe. Eine knappe Woche vor der Bundestagswahl 1998 hatte Gerhard Schröder zu Protokoll gegeben: »Wir können doch viele ökonomisch relevante Daten noch nicht absehen: Wie tief geht die asiatische Krise? Welche Folgen hat Rußland? Was ist los in Südamerika? Wie wird sich das Wachstum in den USA entwickeln? Andererseits ist mir völlig klar: Wenn wir es nicht schaffen, die Arbeitslosenquote signifikant zu senken, dann haben wir es nicht verdient, wiedergewählt zu werden, noch werden wir wiedergewählt.«

Allerdings behielt auch in der ersten Dekade des neuen Jahrtausends ein Befund der achtziger und neunziger Jahre seine Gültigkeit: Die größte Stärke der Regierung ist die Schwäche der Opposition. Damals lebten Helmut Kohl und die christlich-liberale Koalition nicht zuletzt von der Orientierungslosigkeit der SPD nach Helmut Schmidt. Jetzt sah es eine Zeitlang so aus, als könnten Gerhard Schröder und die SPD von der Zerfahrenheit der CDU/CSU nach Helmut Kohl

*Sieg oder Untergang? Die Aspiranten der Unionsparteien, 2001*

*Aufmarsch der Kandidaten, 2002*

profitieren. Ein altes Stück wurde jetzt mit vertauschten Rollen neu aufgeführt. In einem monatelangen Tauziehen um die »K-Frage« rieben sich die verzagten Konservativen bis auf die Substanz auf. Wer sollte im Herbst als Kanzlerkandidat antreten, wer, wie Wolfgang Schäuble fragte, die »Schröder-Show enttarnen«? Im Januar 2002 setzte sich der bayerische Ministerpräsident und CSU-Vorsitzende Edmund Stoiber gegen die CDU-Vorsitzende Angela Merkel durch – ein Ergebnis, das die SPD-Spitze voreilig mit Erleichterung quittierte. »Bei Frau Merkel«, meinte der amtierende Kanzler, »wenn sie weiter unterschätzt wird, könnte es heißen: die gewinnen das sowieso, muß man nicht hingehen. Bei Herrn Stoiber haben wir keine Mobilisierungsprobleme.«

Und er selbst? »Ich will«, sinnierte Gerhard Schröder im Herbst 1999, »nicht über acht oder zehn Jahre rechten, aber man muß sich klarmachen, daß nach einer gewissen Zeit in diesen anspruchsvollen Ämtern zwei Dinge auftreten: Man nutzt selber ab, die Arbeit wird leicht zur Routine, man ist also nicht mehr wirklich innovativ. Und bei langer Verweildauer im Amt kann man sich da keinen anderen als sich selber mehr vorstellen.« Als er das sagte, war der Kanzler gerade ein Jahr im Amt, und in diesem frühen Stadium seiner Regierung hätten ihm wohl sämtliche Vorgänger von Konrad Adenauer bis Helmut Kohl zugestimmt, wenn er hinzufügte: »Ich kenne mein Zeitmaß.«

# *Literatur*

Abelshauser, Werner: Wirtschaftsgeschichte der Bundesrepublik Deutschland (1945–1980), Frankfurt a. M. $^7$1993.
Adenauer, Konrad: Erinnerungen, 4 Bde., Stuttgart 1965–1968.
Baring, Arnulf: Im Anfang war Adenauer. Die Entstehung der Kanzlerdemokratie, München $^3$1984.
Ders.: Machtwechsel. Die Ära Brandt-Scheel, Stuttgart $^4$1983.
Ders.: Es lebe die Republik, es lebe Deutschland! Stationen demokratischer Erneuerung 1949–1999, Stuttgart 1999.
Bender, Peter: Episode oder Epoche? Zur Geschichte des geteilten Deutschland, München $^3$1997.
Benz, Wolfgang (Hrsg.): Die Geschichte der Bundesrepublik Deutschland, 4 Bde., Frankfurt a. M. 1989.
Beyme, Klaus von: Das politische System der Bundesrepublik Deutschland. Eine Einführung, München $^8$1996.
Brandt, Willy: Erinnerungen, Berlin/Frankfurt a. M. $^5$1990.
Dreher, Klaus: Helmut Kohl. Leben mit Macht, Stuttgart 2000.
Erhard, Ludwig: Wohlstand für Alle, Düsseldorf 1957.
Eschenburg, Theodor u. a.: Geschichte der Bundesrepublik Deutschland, 5 Bde. in 6, Stuttgart/Wiesbaden 1981–1987.
Garton Ash, Timothy: Im Namen Europas. Deutschland und der geteilte Kontinent, München/Wien $^3$1993.
Glaser, Hermann: Deutsche Kultur. Ein historischer Überblick von 1945 bis zur Gegenwart, Bonn $^2$2000.
Görtemaker, Manfred: Geschichte der Bundesrepublik Deutschland. Von der Gründung bis zur Gegenwart, München 1999.
Hentschel, Volker: Ludwig Erhard. Ein Politikerleben, München 1996.
Hillgruber, Andreas: Deutsche Geschichte 1945–1986. Die »deutsche Frage« in der Weltpolitik, Stuttgart $^8$1995.

Hogrefe, Jürgen: Gerhard Schröder. Ein Porträt, Berlin 2002.
Kielmannsegg, Peter Graf: Nach der Katastrophe. Eine Geschichte des geteilten Deutschland, Berlin 2000.
Kiesinger, Kurt Georg: Dunkle und helle Jahre. Erinnerungen 1904–1958, Stuttgart 1989.
Kleßmann, Christoph: Die doppelte Staatsgründung. Deutsche Geschichte 1945–1955, Bonn ⁵1991.
Koerfer, Daniel: Kampf ums Kanzleramt. Erhard und Adenauer, Stuttgart ²1988.
Kohl, Helmut: Ich wollte Deutschlands Einheit, Berlin 1996.
März, Peter: An der Spitze der Macht. Kanzlerschaften und Wettbewerber in Deutschland, München 2002.
Morsey, Rudolf: Die Bundesrepublik Deutschland. Entstehung und Entwicklung bis 1969, München ⁴2000.
Niclauß, Karlheinz: Das Parteiensystem der Bundesrepublik Deutschland. Eine Einführung, Paderborn ²2002.
Oberndörfer, Dieter (Hrsg.): Begegnungen mit Kurt Georg Kiesinger. Festausgabe zum 80. Geburtstag, Stuttgart ²1985.
Recker, Marie-Luise: Geschichte der Bundesrepublik Deutschland, München 2002.
Schmidt, Helmut: Hand aufs Herz. Helmut Schmidt im Gespräch mit Sandra Maischberger, München 2002.
Schöllgen, Gregor: Geschichte der Weltpolitik von Hitler bis Gorbatschow 1941–1991, München 1996.
Ders.: Die Außenpolitik der Bundesrepublik Deutschland. Von den Anfängen bis zur Gegenwart, München ²2001.
Ders.: Willy Brandt. Die Biographie, Berlin/München ⁴2001.
Schwarz, Hans-Peter: Adenauer, 2 Bde., Stuttgart 1986/91.
Steffahn, Harald: Helmut Schmidt, Reinbek ³1999.
Sternburg, Wilhelm von (Hrsg.): Die deutschen Kanzler. Von Bismarck bis Kohl, Berlin ²1998.
Turner, Henry Ashby: Geschichte der beiden deutschen Staaten seit 1945, München/Zürich 1989.
Winkler, Heinrich August: Der lange Weg nach Westen. Bd. 2: Deutsche Geschichte vom »Dritten Reich« bis zur Wiedervereinigung, München ⁴2001.

# Namenverzeichnis

*Kursivierte Seitenzahlen beziehen sich auf Bildunterschriften.*

Adam-Schwaetzer, Irmgard 264f.
Adenauer, Konrad 9–13, 22–28, 30–36, 37, 38–42, *43*, 44ff., 49, 52–56, 57, 58–62, 64f., 67f., 70, 71, 74, 75, 76ff., 79, 80, *81*, 82, *83*, 84, 90, 94, 96, 103, 111, 138, 148f., 163, 165, 182f., 192, 202, 209, 236, 237, 246, 254, 265f., 269, 276, 278, 298, 309
Ahlers, Conrad 74, 76, 145
Ahtisaari, Martti 291
Albrecht, Ernst 280
Allardt, Helmut 128
Andropow, Juri Wladimirowitsch 219
Apel, Hans 168, 170f., 177, 184, 192, 198, 213
Arendt, Walter 120, 184
Arnold, Karl 30f.
Augstein, Rudolf 74, 166, 252

Baader, Andreas 125, 184f., 188

Bahr, Egon 107, 129, 134, *135*, 142, 145, 152, 167f., 190, 213, 224, 243
Barlach, Ernst 196
Barschel, Uwe 230, 268
Barzel, Rainer 94, 103, 134, 137, 150, 204
Beethoven, Ludwig van 254
Biedenkopf, Kurt 206f., 222, 231, 235, 265
bin Laden, Osama 300f.
Bismarck, Otto von 61, 263
Blank, Theodor 32
Bloch, Ernst 206
Blücher, Franz 32
Blüm, Norbert 204, 235, 282, 296
Bölling, Klaus 183, 208
Börner, Holger 141
Brandt, Rut, geb. Hansen 11, 134, 136, 141f., 157
Brandt, Willy 11–14, 53f., 61, 65, 67f., 70, 71, 72, 79, 90, 95, 98ff., 103f., *105*, 106ff., *109*, 110ff., *113*, 114ff., 118ff., 122ff., 126–130, *131*, 132ff., *135*,

136ff., *139*, 140ff., *143*,
144–150, 152–160, *161*,
162ff., 166–170, 172, 179,
182f., 189f., 192f., 198,
202, *203*, 204–208, 210,
213, 217, 219, 224, 227,
241f., 255f., *257*, 266, 267,
278, 281, 284f., 288f.,
302f.
Brentano, Heinrich von 68,
73
Breschnew, Leonid Iljitsch
111, *135*, 141, 149, 172ff.,
188, 191, 193f., 219, 235,
238
Buback, Siegfried 185
Bucher, Ewald 89
Bush, George W. 300f.
Bush, George 233, 242, 251
Butros-Ghali, Butros 275

Callaghan, James 191
Carstens, Karl 73, 184
Carter, Jimmy 190ff.
Ceauçescu, Nicolae 174
Chruschtschow, Nikita S. 66,
107, 111, 234
Churchill, Winston S. 40
Clinton, Bill 300

Dehler, Thomas 80
Diepgen, Eberhard 297f.
Dohnanyi, Klaus von 167
Drenkmann, Günter von 185
Duckwitz, Georg Ferdinand
130, 134
Dulles, John F. 76

Ehmke, Horst 134, 136f.,
145, 152, 167ff.

Ehrenberg, Herbert 157
Eichel, Hans 288, 290, 299
Eichmann, Adolf 89
Eisenhower, Dwight D. 10
Engholm, Björn 227, 230,
266, 268
Ensslin, Gudrun 125, 184,
188
Eppler, Erhard 168, 193
Erhard, Ludwig 10, 12f.,
18f., 22, 28, 30f., 46, 49,
61f., 63, 64, 76, 78, 82, 83,
84f., 86, 87, 88–92, 93, 94,
115, 134, 164, 171, 182,
192, 211
Ertl, Josef 119, 168, 200ff.,
204

Fischer, Andrea 284, 298
Fischer, Joschka 262, 282,
283, 284, 289–292, 305
Fischer, Oskar 240
Ford, Gerald 174, 176ff.
Frahm, Martha 98
François-Poncet, André 24,
36
Franke, Egon 120, 168
Freisler, Roland 165
Friderichs, Hans 168
Funke, Karl-Heinz 298

Gaulle, Charles de 77f., 80,
81, 84, 91, 115, 209
Gaus, Günter 34, 80, 152,
217
Geißler, Heiner 204, 206f.,
216, 231f., 235f., 294
Genscher, Hans-Dietrich
119f., 154f., 157ff., 168,
170, 177, 179, 198, 200ff.,

204, 220, 223, 225f., 234, 239–242, 244, 247, 256, 264, 265, 304
Gerstenmaier, Eugen 62, 94
Gierek, Edward 176, 192
Giscard d'Estaing, Valéry 174, *175*, 177f., 191, 209
Globke, Hans 53
Goebbels, Joseph 220, 234
Gorbatschow, Michail Sergejewitsch 220, 223, 225f., 234f., 238, 240, 246f., 251f.
Gore, Al 300
Grabert, Horst 145, 152, 158, 160, 168
Grass, Günter 90, 95, 141, 146
Grewe, Wilhelm 55
Gromyko, Andrej 127ff., 172
Guillaume, Christel 156f.
Guillaume, Günter 156–159, 162, 166

Habermas, Jürgen 251
Hahn, Otto 59
Hallstein, Walter 56, 87, 106f.
Harmel, Pierre 112
Harprecht, Klaus 152
Hassel, Kai-Uwe von 78, 133
Hasselfeldt, Gerda 232
Heinemann, Gustav 42, 100, 118, 123, 160, 162, 164, 266, 299
Heisenberg, Werner 59
Heitmann, Steffen 265
Herold, Horst 159
Herzog, Roman 265f.
Heuss, Theodor 31, 54, 61f., 64

Hitler, Adolf 10, 16f., 22, 40, 54, 130, 142, 164, *253*, 258, 291
Höcherl, Hermann 134
Hochhuth, Rolf 89f.
Hoffmann von Fallersleben, August Heinrich 54
Hombach, Bodo 284, 286, 290
Honecker, Erich 141, 173f., 176, 193f., *195*, 196, 222, 226f., *228f.*, 230, 238, 240, 293
Horn, Gyula 239
Hundt, Dieter 286
Husák, Gustav 174
Hussein, Saddam 262

Jahn, Gerhard 120
Jaruzelski, Wojciech Witold 196
Johnson, Bird 86
Johnson, Lyndon B. 85, 88, 91f., 111
Juncker, Jean-Claude 276

Kádár, János 174
Kaiser, Jakob 31
Kant, Immanuel 206
Kennedy, John F. 66ff., 77, 79, 84, 111f.
Keynes, John M. 171
Kiesinger, Kurt Georg 10, 12f., 94ff., 97, 98, 100, 103, *105*, 108, *109*, 111, *113*, 115f., *117*, 118f., 134, 164, 182
Kießling, Günter 214
Kinkel, Klaus 159, 265, 291
Kissinger, Henry A. 111, 132, 147f., 252

Klimmt, Reinhard  290
Kluncker, Heinz  154
Koch, Roland  288
Kohl, Hannelore  182, 244
Kohl, Helmut  11ff., 61, 91f.,
    113, 163, 180, 182f., 198,
    201f., 204–207, 209–214,
    215, 216f., 218, 219f., 221,
    222–227, 228f., 230–236,
    237, 239–242, 244ff., 247,
    248, 249–252, 253, 254ff.,
    257, 260–265, 268ff., 271,
    272–276, 277, 278, 280ff.,
    285f., 293f., 296, 299,
    301f., 304, 306, 309
Kolakowski, Leszek  220
Kossygin, Alexeij  172
Krause, Günther  250, 260
Krenz, Egon  240
Kühn, Heinz  118
Künast, Renate  298

Lafontaine, Oskar  197, 198,
    200, 227, 254f., 266, 267,
    272, 278, 282, 286, 288ff.
Lambsdorff, Otto Graf
    200ff., 204, 216
Leber, Georg  157, 184, 213
Leber, Julius  98
Lenz, Siegfried  90
Leussink, Hans  120
Lorenz, Peter  185
Lübke, Heinrich  64, 134
Lübke, Wilhelmine  134

Mahler, Horst  125
Maihofer, Werner  168
Maizière, Lothar de  249
Manescu, Manea  107
Marc Aurel  206

Marshall, George  18, 32, 46
Matthöfer, Hans  168
Mazowiecki, Tadeusz  253,
    254
McCloy, John  36
Meinhof, Ulrike  125, 185
Meir, Golda  148
Mende, Erich  73
Merkel, Angela  260, 296,
    298, 307, 309
Merz, Friedrich  298
Miki, Takeo  177
Milošević, Slobodan  290f.
Mischnick, Wolfgang  120
Mitterrand, François  209,
    212, 217, 218, 219, 231,
    247, 264
Modrow, Hans  242, 244ff.
Möller, Alex  144f.
Momper, Walter  232, 241f.
Moro, Aldo  176
Müller, Hermann  120
Müller, Werner  282
Müntefering, Franz  290, 294

Nasser, Gamal Abdel  87
Nau, Alfred  150
Naumann, Friedrich  54, 211
Németh, Miklós  239
Niemöller, Martin  42
Nipperdey, Thomas  258
Nixon, Richard M.  68, 111,
    118, 132, 147, 172, 188
Nollau, Günther  157ff.

Ollenhauer, Erich  99
Ortleb, Rainer  260

Platzeck, Matthias  295
Pleven, René  41

Pöhl, Karl Otto   250
Ponto, Jürgen   185
Popper, Sir Karl   206
Portugalow, Nikolai   242ff.
Prodi, Romano   292

Raspe, Jan-Carl   188
Rau, Johannes   208, 224, 265f.
Reagan, Ronald   190, 193f., 204, 219, 225f., 233
Renger, Annemarie   164
Reuter, Ernst   20, 99
Riester, Walter   282
Robertson, Brian   36
Romberg, Walter   250
Roosevelt, Franklin D.   256
Rühe, Volker   236, 296
Rühmkorf, Peter   90
Rusk, Dean   114
Rust, Matthias   226
Rüttgers, Jürgen   297

Sadat, Anwar as-   149
Santer, Jacques   292
Schabowski, Günter   240
Schäffer, Fritz   31f.
Schalck-Golodkowski, Alexander   222
Scharping, Rudolf   266, 267, 268ff., 272f., 282, 302
Schäuble, Wolfgang   232, 250, 256, 270, 277, 276, 284, 294, 296, 309
Scheel, Mildred   134
Scheel, Walter   113, 118f., 127-130, 134, *139*, 146f., 150, *151*, 153, 157, 168, 179
Schiller, Friedrich von   254
Schiller, Karl   *101*, 102, 119f., 144f., 165
Schily, Otto   282
Schiwkow, Todor   174
Schleyer, Hanns-Martin   184ff., *187*, 188
Schmid, Carlo   24, 62, 64
Schmidt, Helmut   7, 11ff., 72, 92, 95, 99, 102ff., *105*, 106, 120, *121*, 134, 144f., 155, 159f., 164-174, *175*, 176-180, *181*, 182-186, *187*, 188-194, *195*, 196, 198, 200ff., 203, 204-209, 211, 213f., 215, 216f., 222, 226f., 255, 266, 279, 281, 288f., 302, 306
Schmidt, Ulla   298
Schneider, Oscar   232
Scholz, Rupert   232, 244
Schreiber, Manfred   125
Schröder, Gerhard (CDU)   67, 73, 78, 85, 94ff.
Schröder, Gerhard (SPD)   12f., 92, 180, 182, 267, 268, 270, 272, 278, 279, 280ff., 283, 284ff., 287, 288-294, 295, 296-299, 301-304, 306, 309
Schüler, Manfred   168
Schumacher, Kurt   17, 22, 24, 25, 26ff., 32f., 38, 72, 99, 246
Schuman, Robert   38
Seiters, Rudolf   245
Simonis, Heide   296
Sinatra, Frank   238
Späth, Lothar   222, 235f.
Springer, Axel Cäsar   238
Stalin, Josef   14, 16, 19f., 39, 41, 55, 127, 130

317

Stoiber, Edmund   307, 309
Stollmann, Jost   282
Stolpe, Manfred   295
Stoltenberg, Gerhart   180, 204, 212, 232, 235
Stoph, Willi   108, 138
Strauß, Franz Josef   32, 59, 74, 75, 76, 95, 100, *101*, 102, 137f., 180, *181*, 192f., 220, 221, 222, 225, 227, 230, 278
Strobel, Käte   120
Strougal, Lubomir   174
Stücklen, Richard   201f.
Suhr, Otto   99
Süssmuth, Rita   235

Teltschik, Horst   242, 244
Thatcher, Margaret   194, 233, 246
Tito, Josip   174, 194
Trittin, Jürgen   284
Truman, Harry S.   17f.
Tschernenko, Konstantin Ustinowitsch   219f., 227

Ulbricht, Walter   88f., 107f., 140

Vogel, Hans-Jochen   168, 208f., 227, 241, 244, 266

Wagner, Leo   150
Waigel, Theo   232, 250
Wechmar, Rüdiger von   145
Wehner, Herbert   25, 70, 72, 95, 98f., 103f., 106, 118, 120, 134, 145, 150, 155ff., 159f., 162, 164, 182, 202, 205, 212, 278
Weizsäcker, Carl Friedrich von   59
Weizsäcker, Richard von   *151*, 217, 219f., 222, 226f., 235f., 261, 276
Wieczorek-Zeul, Heidemarie   268
Wienand, Karl   150
Wilhelm II.   164, 211
Wilson, Harold   176
Wischnewski, Hans-Jürgen   186
Wörner, Manfred   204, 214

Zarapkin, Semjon K.   108, 110

# Bildnachweis

action press   271
AKG   51
argus Fotoarchiv   259
Bilderberg   243
Bild Zeitung   69
Bundesarchiv Koblenz   47 u. li., 47 u. re
Bundesbildstelle   57, 101, 175, 218, 253, 283
J. H. Darchinger   97, 113, 143, 203, 215, 279
DHM Bildarchiv   29
DIZ   21, 23, 43, 47 o., 81, 83
dpa   121, 248, 305
Walter Hanel / Frankfurter Allgemeine Zeitung, 8. 5. 2002   308
Fred Ihrt / Stern   117
H. E. Köhler / Wilhelm Busch Gesellschaft   139
S. B. March   135
Konrad R. Müller / Agentur Focus   277, 287, 295
Reuters   307
Staatsarchiv Bremen   15
Der Spiegel   25
Sven Simon Fotoagentur   63, 93, 109, 187
Ullstein bild   37, 105, 197, 257, 267
Werek Pressebildagentur   181

Folgende Bildrechte konnten nicht ermittelt werden. Die Rechteinhaber werden gebeten, sich mit dem Verlag in Verbindung zu setzen.   71, 75, 79, 86, 131, 151, 161, 195, 199, 221, 228f., 237

© 2002 by Siedler Verlag, Berlin
einem Unternehmen der Verlagsgruppe
Random House GmbH

© RTL Television 2002,
vermarktet durch RTL Enterprises GmbH

Alle Rechte vorbehalten,
auch das der fotomechanischen Wiedergabe.
Register: Matthias Weichelt, Berlin
Schutzumschlag: Rothfos & Gabler, Hamburg,
und RTL CREATION
Satz und Reproduktionen: Bongé+Partner, Berlin
Druck und Buchbinder: GGP Media, Pößneck
Printed in Germany 2002
ISBN 3-88680-762-2
Erste Auflage